斯坦因西域考古探险记

# 河西探险

〔英〕奥里尔·斯坦因 著
巫新华 译

商务印书馆
The Commercial Press

M.Aurel Stein
**Ruins of Desert Cathay**
**Personal Narrative of Explorations in Central Asia and Westernmost China**
© Macmillan and Co., Limited, London, 1912

根据英国伦敦麦克米伦有限公司 1912 年版译出

# 译 者 序

奥里尔·斯坦因是20世纪上半叶享誉世界的考古探险家和东方学学者。他于1862年出生在匈牙利布达佩斯的一个犹太人家庭，但是却接受了基督教洗礼。因为他父亲认为在当时的社会环境下，这样做会使小斯坦因能够融入主流社会，拥有接近外界更好的发展机会，从而前途光明。斯坦因没有让父母失望，他的确获得了世界近现代探险时期以来最大的文化财富，成为唯一一位在世界地理探险和考古探险两方面，以及国际学术界都享有崇高声誉的名人。更为难得的是他一生一直坚守信仰，1943年当他在阿富汗准备再次进行中亚探险考察时，病重不治，临终之前要求一个英国教会为他举行葬礼。

受西方地理探险所宣扬的各种社会成功人士典型事例的影响，斯坦因从小向往亚历山大大帝远征和中国唐代大和尚玄奘经行的旅程。他花费很多时间学习中亚和西亚的各种语言和文化、潜心研究历史和地理、用心编织人际关系，而后用其余的时间去探察古希腊人和希腊艺术进入中亚的路线，考察汉唐远征军西进的道路和古战场，追寻玄奘经行的遗迹。因此，他越过帕米尔高原和喀喇昆仑山隘进一步研究西域的历史文化与艺术，唤醒沉睡的塔克拉玛干沙漠文化宝库，接触到延伸进入大沙漠的汉长城，叩开了敦煌莫高窟藏经洞。诸多探险考察的举措与收获，震惊世界。为了事业上的执着追求，他终身未婚，以便把精力全部投入到他所热爱和追求的考古探险事业和东方学研究中。

1883年，年仅21岁的斯坦因获得德国图宾根大学哲学博士学位。1888年，时年26岁，斯坦因出任英属印度旁遮普大学注册官和拉合尔（Lahore）东方学院院长双职，正式开始其东方学学者的生涯。这期间他研究克什米尔古代文化与地理，在拉合尔学习犍陀罗佛教艺术并在英属印度西北边境省进行了一系列的考古学和地理学考察，为之后的中国西部与中亚等地的探险做准备。

1898年9月10日，斯坦因正式启动新疆探险考察行动计划，以意见书的名义上报旁遮普政府。他在意见书中写道："我申请的项目是，要求地方政府和最高当局支持由我计划的一次对中国新疆和田地区及其周围古代遗址的考古考察旅行。"1899年元旦前，印度政府内务和财政部初步批准了斯坦因新疆探险的申请。1899年初，斯坦因转入英属印度教育部工作，任"西北边境省和卑路支斯坦教育总监"兼加尔各答马德拉萨（Madrasah）学院院长。1900年5月31日，斯坦因去新疆探险，从此开始了他再未停歇的探险考古和东方学工作。

斯坦因在1900—1901年、1906—1908年、1913—1915年、1930年先后四次到中国新疆及河西地区探险。第一次探险出

译者序

版了《沙埋和田废墟记》（通俗本，1903年）、《古代和田》（考古报告，两卷，1907年），第二次探险出版了《西域考古图记》（考古报告，五卷，1921年）、《沙埋中国废墟记》（通俗本，两卷，1912年），第三次探险出版了《亚洲腹地考古图记》（考古报告，四卷，1928年），第四次探险因中国学术界的抵制和反对，开始不久即告终止。最后他综合三次探险与研究成果撰写了极具阅读性和学术价值的《西域之路》（即本丛书之《西域之路》，1936年中华书局出版了一个译本，名为《斯坦因西域考古记》，2008年广西师范大学出版社新译本名为《沿着古代中亚的道路》）。斯坦因四次中国西部探险考察，还有不少相关资料与著作出版，这里就不一一赘述。

上述著作全面记述了斯坦因在新疆、河西走廊、内蒙古西部地区探险考察的全部细节过程和所有重要古代遗迹与珍贵出土遗物。其中，以大量的文字和图版将上述地区古代遗址和遗迹与极其丰富、精美的出土文物展现于世人面前，揭开了该地区古代文化面貌和中西物质文化交流的神秘面纱。此外，书中还详细地记述了亚洲腹地的新疆、河西地区等地的山川、大漠、戈壁、雅丹、盐壳等种种奇妙的自然景观。斯坦因用他的鸿篇巨制向全世界打开了此前不为人知的"西域古代历史文化宝库"的大门，在国际上引起了巨大的轰动。于是也极大地吸引了那些垂涎欲滴的列强学者们和形形色色的探险家紧随其后，纷至沓来。

斯坦因在写作的过程中，邀请并集合了当时欧洲有关领域的一流学者，对各种难度较大的课题进行了长期的专题和综合研究。然后斯坦因以自己丰富的学识和研究成果为基础，总其大成，编撰成书。因此，这三部代表作既是斯坦因的专著，又是集体智慧的结晶，代表了当时最高的研究水平。从学术角度来看，虽然现在不难发现其中的错误和瑕疵，但其主要研究成果至今仍有重要的学术价值或参考价值，所以斯坦因的三部代表作在国际学术界享有很高的声誉。

《沙埋和田废墟记》《沙埋中国废墟记》主要记述了相关各次探险经历，将探险中"所见、所闻、所思告诉普通读者"。它们是通俗读物，篇幅短小，文字简明，清晰地勾画出各次探险的概况、主要发现、重要收获和随后的学术研究进展与成果，以及正式考古报告中未载的一些细节和逸闻趣事等。它们也是读者了解斯坦因的探险活动、主要发现和收获，以及其人其事的捷径。

《西域之路》是斯坦因综合他三次中亚探险考察与考古发掘的成果（包括研究成果）而写成的通俗著作。看过其三部鸿篇巨制的读者，据此可以流贯前后；没有读过的人，阅读此书也可以得到斯坦因在中国西部，尤其是新疆塔克拉玛干地区探险考察与考古发掘诸方面情况的梗概。书中事实叙述简洁而重点突出，对于中亚历史上各种问题的解读与评述也基本得到了学界的认可。故此，《西域之路》是我们了解西域以及20世纪中国西部探险情况不可多得的佳作。

斯坦因一生著作等身，成绩斐然，基于其考古探险、东方学研究方面获得的巨大成果和声誉，国际学术界给予了他极高的评价。这不为过，然而殊不知斯坦因的业绩，乃是当时西方列强垂涎并染指中国西部的产物。因此，我们有必要对其诸多成果与声誉背后的历史背景所导致的诸多行为略做披露，以正视听。

第一，斯坦因是肩负英国政府政治使命的学者。新疆地处亚欧战略要冲，故英国和其他列强"久有觊觎窥伺之心"。为此，他们处心积虑地将魔爪伸向新疆。因此，19世纪末20世纪初之后，列强诸国负有政治使命的各种探险家纷纷闯入新疆，斯坦因就是其中主要的代表人物之一。

斯坦因"奉印度政府之使命"（当时印度政府受英国控制），在印度勘探局、不列颠博物馆和英国皇家地理学会等官方机构的大力支持下，才得以在新疆进行四次探险活动，对此斯坦因在其著作中从不讳言。那么，斯坦因领受英印政府什么使命呢？"其目的系借考古迹为名，偷绘我国地图"，"名为考古，实则暗中盗窃吾新古物转运英国"。此外，还有一条就是收集各种情报。斯坦因在《沙埋中国废墟记》前言中，曾提到他到新疆和河西地区探险的目标和性质，但却未将上述三条包括在内。其实这缄口不言的三条，才是他探险的真实目标和性质，并在四次探险活动中不遗余力地坚决贯彻执行。正因为如此，斯坦因才被英国和英属印度政府奉为"英雄"，并获得英王授予的印度王国武士勋位和爵士勋位。正是以此为基础，其学术成果才被褒奖有加，他才有机会获得英国皇家地理学会和皇家亚洲学会颁发的金质奖章,以及牛津大学和剑桥大学赠予的名誉博士学位等一系列殊荣。因此,斯坦因到新疆探险绝不是纯学术活动,而是在很大程度上具有执行英印政府使命的政府行为色彩,他利用学术为英印政府帝国主义政策服务。于是,"命运之神"才对他"格外垂青"。

第二,靠谎言和骗术,并以行贿官员、收买走卒等不正当手段而横冲直撞于新疆、河西,乃至内蒙古西部大地。对于上面提到的三条,清政府和地方当局早有察觉。因此,诸如对斯坦因的活动要"随时侦察","应即查明禁阻","遵照部令严行禁阻通行","严密监视其行动,不准到处勾留","请饬属防范,严加监视"……此类描述,不绝于书。但是,斯坦因仍然我行我素,到处横行。就是因为当时中国贫弱,吏政腐败,官员贪污成风。斯坦因正是乘此由英国外交机构出面利用外交手段打压清政府和地方当局,并以"为发扬中国古时威名"、"但求古路,不论考古搜集之事"等名义进行欺骗;同时还用钱物贿赂各级官员,收买走卒为其张目(斯坦因著作中每有流露)。以第四次考察为例,斯坦因就拿出6 000美元"为运动新省官员费用",斯坦因甚至明说"只要拿些钞票行贿新疆官吏无不行的"。所以负有监视之责的一些官员,往往以"并无测绘及违约情事"等谎报平安。有的官员甚至以斯坦因有"英美两政府后援",不能用"无关实际之考古问题徒伤国际感情",准斯坦因考察"毫无不妥"、"务请当机立断"、"免误事机",如若不准"何以对国人"等言词要挟上级政府。这些丧失民族尊严和国格的腐败官员为虎作伥，是沙漠珍宝流失的我方原因。在这种情况下，当局虽然已认识到斯坦因以"多谋善窃著闻世界"，"惯于巧取豪夺"，其人"老猾"、"行踪诡秘"，他的话"全系谎言，不足置信"，但是由于当时清政府软弱无能、惧外媚外，加之这些腐败官员与斯坦因沆瀣一气，从中作梗，致使斯坦因以及其他列强探险家大量劫掠我国西部文物珍宝。

第三，到处收集情报，散布攻击和分裂中国的谬论。斯坦因利用考古和地理考察的名义，深入到新疆各地。所到之处他广泛收集当地政府、驻军、民政、民族构成、民情、民俗、民族关系等方面的情报，对敏感地区还进行体质人类学的考察与测量；广泛收集各地气候、水文、物产（包括矿物标本，甚至采集沙子和土壤标本），以绘制高精度地图。凡此所为，有的可以与考古和地理考察挂钩。但是，从斯坦因各种著作中反映的情况看，上述资料早已大大超出了学术需要的范畴。

除上所述，斯坦因在著作中将新疆称为"东突厥斯坦"，在大量考察材料面前尽管他不否认中国在新疆行使主权的历史事实，但其目的是煽动英帝国分裂中国领土，宣扬新疆古代是白人的家园以及新疆古代文化西来说，汉人是外来民族，并极力贬低汉文化在古代新疆的地位和作用，如此等等，不一而足。对此，当时中国官方机构也早已知晓，指出斯坦因侮辱中国，"轻薄中华民族之议论，尤堪发指"；对斯坦因"谓我只知有旧中国，我不管什么是国民党的少年中国之喊叫","外国人应不理会"中国,"以前外国人与中国学术团体接洽合作皆是无聊,而且上当。新疆并不能算是中国领土,中国并无中央政府,新疆又不开化,我的老经验依然适用,只要拿些钞(票)行贿新疆官吏无不行的。中国民族的生命已临最后之一日"等谬论予以痛斥。总之,上述情况表明,斯坦因为英帝国主义染指新疆和分裂中国充当了先行者。

第四,以偷绘高精度地图为己任。斯坦因的四次探险均由印度勘探局出资,提供先进设备,配备优秀的测绘人员,对所到之处偷绘详细地图。从斯坦因著作中可明确看出,他对测绘地图竭尽全力,比考古探察还要上心。为测绘地图,他本人或派员均实地勘察,凡山川等各种地貌,山口险隘,古今军事要地和要塞,古今交通线(包括古今军事道路和小路)、交通枢纽、烽燧(烽燧线即是古代军事警戒线)、驿站,古今城镇和居民点,各种水源的位置,水草分布状况等,地图上无不应有尽有。斯坦因测绘地图主要集中在第二、三次探险时期,所绘地图囊括地域之广、涉及腹地之深、详细和精确程度之高、数量之多,远远超出考古和地理学术考察之需要(《西域考古图记》《亚洲腹地考古图记》中刊布的仅是其所绘地图的一部分),具有不折不扣的军事价值。在列强诸国探险队中,大规模偷绘地图者只此一家,这大概就是"在大英帝国理所当然地成为第一个吃螃蟹的人"的真实含义。对斯坦因偷绘军事地图,当时清政府也非常敏感。在有关斯

译者序

坦因新疆探险的档案史料中，涉及其偷绘地图的公文最多。档案史料中明确指出，斯坦因到新疆的目的是"偷绘我国地图"，他的活动"当不离军事范围"。斯坦因所到之处，"窃伺关系军务要险地段"，"察看险要地方暨照绘地图"，"派人分往各处测绘"，"测绘险要"。"其受印度政府命令来华测量"，"自印度入新甘之军路详细测绘以去"；斯坦因"携百余万元之巨款，奉印度政府之使命，领测探之专员，结果如何，念之不寒而栗"。因此，当时清政府一再发出"注重国防"，对斯坦因"严加监视"、"绝不能任其自由行动"、"禁止测绘在案"之类命令，不绝于耳。但是，由于前面第二条所述原因，斯坦因偷绘军事地图有禁不止。

第五，大肆盗掘和破坏古遗址，疯狂劫掠大批文物。斯坦因的足迹遍布塔里木盆地、吐鲁番盆地和天山以北东部地区。在如此广袤的土地上，斯坦因几乎盗掘了汉唐时期所有重要的古遗址，对古遗址造成了严重的破坏，所出遗物也几乎被席卷一空，全部劫往印度和英国。对此，当时清政府指出，"古物保之国境乃尊主权之道"，斯坦因"盗取我国先民遗迹，蹂躏我国固有主权，实为吾族人士一大愤慨"，"此诚吾国家莫大之损失"。因而一再下令不准"斯坦因窃挖古物，测量地形"，以免破坏遗址，造成中国古代文物流失海外，并要求地方政府"派员严密监视，不得有发掘古物及携带出境"之事发生。最后，由于屡禁不止，所以在斯坦因进行第四次探险时，当时清政府被迫只能采取"将其驱逐出境"，"庶几主权、国防、国宝皆得保全"的政策。但是，斯坦因究竟劫掠多少古物出境，当时清政府根本不清楚。有的官员也只能笼统地报告"惟查该游历需用车辆、驼只、马匹甚多。询悉每考察一处，举凡一草一木，石块片瓦之属莫不装载而归，是以需用如此甚多"。此类报告虽然语焉不详，但也反映出斯坦因在明目张胆地进行洗劫。关于斯坦因劫往印度和英国的中国古代文物，至今尚无完整的统计。仅从他在著作中披露的情况看，就已触目惊心。

此外，斯坦因在河西敦煌等地和内蒙古额济纳旗黑城等地也大肆盗掘和劫掠，其中尤以对敦煌石室宝藏的劫掠最为臭名昭著。斯坦因在《西域考古图记》《沙埋中国废墟记》中详细描述了他及其帮凶蒋师爷如何巧施阴谋诡计，编撰故事，鼓动如簧之舌，欺哄愚昧无知的王道士，以几个小钱步步诱骗王道士上钩，盗取宝藏。事后，还形成文字，津津乐道其如何瞒天过海，在夜色中一次次偷走大量精品。最后装满24箱（每箱的重量相当于一匹马的负荷）写卷、5箱绘画等艺术珍品，全部运往不列颠博物馆。（斯坦因说此后法国伯希和到藏经洞时，藏经尚有15 000余卷，绝大部分被其劫往法国。后来斯坦因第三次探险时，又从敦煌石室盗走部分精品。）斯坦因开启盗窃敦煌石室宝藏之先，他与伯希和所盗走的敦煌石室宝藏，是人类文化史上空前的浩劫，震撼了中国，也使世界为之震惊！

总之，斯坦因劫余之后，新疆汉唐时期的遗址大都遭到破坏，遗物已绝无仅有，敦煌宝藏国内也仅剩少许。可以说在20世纪30年代以前，斯坦因乃是中国西部古遗址（斯坦因窃取石窟寺的文物比德国人少，暂不包括在内）最大的盗掘者和破坏者，是劫掠中国古代文物的第一大盗。

综上所述，最后就如何看待斯坦因的著作问题，再指出以下六点。

第一，斯坦因的三部代表作其实就是对他盗掘的遗址和劫掠的遗物进行的整理与研究，他的三部通俗读物则是这种模式简化后的随笔。因此，斯坦因的著作以资料为主体，其价值以资料取胜。在斯坦因的著作中资料与研究是皮和毛的关系，资料是斯坦因学术成就的基础。归根结底还是中国古代遗迹和遗物本身价值所致，是中国古代文化瑰宝对人类文明的伟大贡献。第二，斯坦因所处时代是现代考古学的初始发展阶段，其学术报告存在科学性缺陷。另外，由于是挖宝式发掘，往往抢时间、赶"任务"，放纵民工乱抠滥挖（这是遗址遭破坏的主要原因之一），随意处理复杂现象或根本未观察到的重要现象；加之斯坦因又经常离开现场（大多与测绘有关），因而其所获资料较乱。斯坦因的考古报告即以这样的资料为基础，以自己在现场所做的记录、日记和工人口述情况为线索，按流水账的方式报道遗址、遗迹和遗物的情况。因此，斯坦因的考古报告不规范，重要遗址的完整形制布局及其各部位间的关系，遗物组合构成情况，遗迹之间、遗物之间的相对早晚关系等绝大多数未交代清楚。这致使斯坦因的断代大都是以钱币、文字资料和少数他能够掌握时代特征的遗物进行推断，研究结论也存在商榷。不过，我们应将斯坦因的著作放在20世纪30年代以前的研究环境和研究水平中去考虑。正是这样，我们前面才给斯坦因的报告以较高的评价和一定的谅解。第三，就斯坦因的著作而言，他的研究成果和学术成就（前面已有总体评价，不赘述）是斯坦因坚决贯彻执行英帝国所赋予的使命，并为之奋斗的"敬业"和"献身"精神与其个人学术素质相结合的产物，同时也是许多欧洲学者集体智慧的总汇。斯坦因的研究成果大多与资料夹叙夹议，所以显得不太醒目，但仔细阅读仍能看得清楚。对于这些研究成果，我们应当采取实事求是的科学态度，以学术研究发展的历史眼光进行分析，取其所长，为我所用。同时也必须扬弃其糟粕（主要是斯坦因的立场所决定的），特别是他利用遗迹、遗物别有用心地攻击中国的谬论，必须坚决批判，以肃清影响。第四，斯坦因的著作和学术成果，是以肆无忌惮地践踏中国主权，疯狂盗掘中国古代遗址并劫掠中国古代文物为前提的。因此，斯坦因的著作即是西方列强侵犯我国主权之铁证，同时也为那段令国人屈辱而心碎的历史留下了真实的记录。所以我们在读斯坦因著作时，一定要牢记惨痛教训，勿忘国耻。第五，经斯坦因盗掘和劫掠之后，凡其所涉及的遗址均遭严重破坏，遗物也没有了。所以记录这些遗址和遗物的斯坦因著作，就成为今天研究新疆汉唐考古学的基础资料，其有关敦煌石室宝藏

## 译者序

的记录又是研究敦煌学的基础资料之一。这是英帝国主义的侵略政策假斯坦因之手所造成的，也是我们不愿意又不得不接受的残酷的历史事实。第六，根据前面介绍的情况，对于研究新疆考古学和敦煌学，以及一些相关学科的人，或那些想了解这方面情况的朋友，斯坦因的著作不可不读。毋庸讳言，斯坦因的著作对上述诸学科研究的发展，无疑具有重要作用。

20世纪上半叶，在塔克拉玛干地区乃至整个中国西部，斯坦因的工作都可以算是地理学考察与考古学考察相结合的最佳范例。地质学家、地理学家、传教士、职业探险家和自然学家从前来过这里无数次，可就没有一个有经验的考古学者前来探险。斯坦因无疑是考古学者中第一人。

本书根据斯坦因所著《沙埋中国废墟记》的第74—97章翻译。

本序的主要观点多处参考和借鉴了孟凡人先生关于斯坦因新疆探险考古的评价，特此说明并向孟凡人先生表示感谢。再者，由于笔者的专业能力和翻译水准所限，译文一定存在许多不妥之处，在此敬请方家批评指正。

巫新华
2020年5月于北京寓所

# 目　录

前　言　/ 001
第一章　　南山最西边的山脉　/ 017
第二章　　明代长城的门户　/ 033
第三章　　肃州和酒泉　/ 049
第四章　　穿越走廊南山山脉　/ 065
第五章　　穿越陶勒山山脉　/ 085
第六章　　从疏勒河源头到甘州　/ 103
第七章　　从甘州到天山　/ 125
第八章　　在哈密绿洲　/ 137
第九章　　考察吐鲁番遗迹　/ 151
第十章　　焉耆及其周围的遗迹　/ 167
第十一章　　从霍拉山到库车　/ 183
第十二章　　沙漠之海　/ 195
第十三章　　在古三角洲　/ 211
第十四章　　是盐湖沼泽还是冰　/ 223
第十五章　　在克里雅新河床附近　/ 233
第十六章　　更多的塔克拉玛干废墟　/ 241
第十七章　　从阿克苏到莎车　/ 259

河西探险

| 第十八章 | 和田的准备工作 / 277 |
| --- | --- |
| 第十九章 | 普鲁峡谷和扎依里克峡谷 / 293 |
| 第二十章 | 前往玉龙喀什河的冰川源头 / 309 |
| 第二十一章 | 穿越青藏高原 / 325 |
| 第二十二章 | 一条古老的山道 / 339 |
| 第二十三章 | 寻找英达坂 / 351 |
| 第二十四章 | 从昆仑山到伦敦 / 363 |

# 前　言

1906—1908年，我受印度政府委托，在中亚和中国的最西部地区进行了考古和地理考察，编纂这套书的目的就是将我这次考察中所见、所闻、所思告诉普通读者。这次考察的计划是根据我1900—1901年中国新疆之行的经验和成果而制定的。我把那次中国之行写成了一本书——《沙埋和田废墟记》(Sand-buried Ruins of Khotan)，该书于1903年第一次出版，内容通俗易懂。在这本书的前言中，我介绍了各种各样的历史遗迹，也正是这些古迹吸引我来到这个地区进行遗址与文物研究，那个时候这里还近乎一片文物考古处女地。随后，我出版了《古代和田》(Ancient Khotan，牛津大学出版社，1907年，两卷四开本)，该书中的科研成果"详细报告(Detailed Report)"描述了这里所独有的迷人古迹，这个地方曾经是印度文明、中华文明和西方古典文明相互交流的重要渠道，报告还描述了奇妙的沙漠地理环境，沙漠的这些地理条件有益于古迹的保存。因此，再详细说明我第二次和田之行的基本目的就好像显得没有必要了。

命运之神对我格外垂青，我才得以能够善始善终地完成这次考察活动，而且收获颇丰。我们的旅行和野外工作持续了两年半的时间，行程近 10 000 英里[①]，足见这次考察活动的广度和深度。回国后不久，即 1909 年初，皇家地理学会（Royal Geographical Society）便给我颁发了学会的最高奖——"奠基人金奖"（Founder's Gold Medal），这次考察活动所取得成果的重要意义从中可见一斑。也正是因为引人入胜的发现实在太多，尽管有大量的协助人员，我仍然花费了好几年的时间才完成研究成果的出版工作。即使现在，编写一部内容如此丰富和耗资巨大的"详细报告"亦非一般人能够做到。

通过这次考察，我也完全意识到了赢得社会关注的重要性，因为在这个地区还有很多未曾发现的东西，古印度的文明、宗教和艺术还有着深远的影响，而我们大英帝国理所当然地成为了先行者。因此，我十分感谢英国驻印度总督阁下允许我独立出版这套书。在这套书中，我尽力做到不仅仅要记述个人的经历以及对最险恶的沙漠和亚洲最高山区的探险考察，而且要涵盖那些被掩埋沙漠地下长达很多世纪而又重见天日的许多重大考古成果。我希望，书中的照片与全景图（其中许多由我拍摄）、古代艺术品的彩色插图和有关我与印度助手在行走途中绘制的精良地图，能有助于读者对我们的考察成果和考察时的恶劣自然环境条件有充分直观的了解。

---

[①] 书中所用长度单位均为英制。1 英里 = 1.609 344 公里，1 英尺 = 0.304 8 米，1 英寸 = 2.54 厘米，1 码 = 0.914 4 米，1 平方英尺 = 0.092 903 04 平方米，1 平方英寸 = 6.451 6 平方厘米。本书注释皆为译者所做，不再说明。

# 前　言

1900—1901年，我在和田周围的塔克拉玛干沙漠发掘的古代遗址充分反映了这里古代文化的重大史学价值。这种在中国新疆地区的绿洲中盛极一时的古代文化融合了中国文明、印度文明和西方古典文明。这些古代遗址也向人们展示了保存遗迹的环境，在这样的环境中，即使已经消失了近几个世纪的最简陋的遗迹，也能在沙漠的覆盖下保存下来，这个地区的气候可以和埃及相媲美。在第二次系统性的考察中，我继续向东行走，行程的直线距离近1 000英里。自上个世纪以来，这条路线连接了中国和中亚、西亚王国及西方古典文明世界，沿途上有零零散散的古代遗址，这为研究本地区的早期历史、艺术和宗教的日常活动提供了大量的线索。而在过去，除了中国史籍中的少量记载以外，再也没有其他资料。

我之所以对现实自然环境与社会状况和被掩埋的历史古迹给予同样的关注，有很多原因。在亚洲，可能没有其他地方像亚洲腹地的荒漠盆地那样，其历史的发展如此地依赖于自然条件，而且这些自然条件导致的社会变化在古代遗迹与出土遗物方面又有迹可循。关注气候环境对深入讨论这一地区气候逐渐变化的干旱问题非常重要。因此，我们穿越所经地区的典型自然环境特征及其对散落居民点的经济和社会状况的影响，也就成了这次考察的重要内容。

本书从印度和阿富汗交界的河谷写起，希腊风格的佛教艺术曾在此地被第一次用古典形式来描绘印度教崇拜的神灵和场景。然后，本书把读者从白雪皑皑的兴都库什山脉带到

河西探险

世界屋脊帕米尔高原上阿姆河的发源地,而后到塔里木河流经的大盆地,塔里木河最终消失在罗布泊的沼泽里。昆仑山脉包围了这个盆地以及和田的南部和西部。在该地区的考察活动中,我们深切感受到了冰川覆盖的山脉的险恶环境。接着,我在书中记述了在远离现代和田绿洲沙漠里的一系列探险活动,这有助于读者了解古代遗迹,也有助于读者了解塔克拉玛干沙漠是何等的恶劣。在那里,缺水常常阻碍了考察的正常进行,甚至危及生命,只有冬天是唯一可能进行探险活动的季节。

尼雅遗址的古代遗迹令人着迷,这里的古代民居自3世纪起便被遗弃不用,但残破的房屋梁架至今仍然竖立在这些居住遗址上。我们在遗址中发现了成百上千的用古代印度文字书写的木简、简牍,这种木质文书的封泥上常常留有古希腊、罗马风格印章的痕迹。向东北方向前进,到达一片古代河床,古河床风化得很厉害,罗布泊周围的土地结了硬硬的一层盐壳。这里与世隔绝,条件极端艰苦,我们的努力没有白费,发现了大量古代遗物。写到这里,我只想提两点。在距离饮用水源足有100英里的古代遗址,发现的文书表明,印度语曾在这里使用,这说明在中亚这种最偏僻的沙漠地区印度语的使用可以追溯到公元初的几个世纪。古希腊风格的佛教木刻和美丽的壁画(这种壁画曾用来装饰佛教庙堂)证明了古希腊艺术的重大影响,远至中国的西域地区。

像生活在马可·波罗以前的中国朝圣者那样,他到达中

# 前　言

国。我们沿着马可·波罗的路线穿越了大沙漠，我这次完全根据自己的意愿所进行的、庞大而又令人神往的探险活动得到了丰厚回报。我发现了古代中国长城城墙的最西段部分，古代中国就是利用这些长城来保护其经营西域的政治和商业的主要通道。这样的长城，西方国家在公元前后的几个世纪也曾利用它防御匈奴人的突袭，但现代人已经几乎完全忘记了这些军事设施。长城大部分保存完好，只是烽火台上没有了岗哨，我们沿城墙考察了200多英里。由于地处戈壁腹地，没有遭受人类的破坏，大量有关早期中国人活动和其他社会活动记录的历史遗迹才得以保存下来，同时保留了这片最贫瘠地方的人类曾经活动过的文化遗迹。

离敦煌不远，在古长城的西端有一块大绿洲，莫高窟千佛洞就坐落在此。沙质崖壁上凿有成百上千个石窟，饰有大量的壁画和灰泥雕塑，仍值得今天的人们去欣赏。1907年春，我有幸接触到大量的古代文献手稿和艺术图卷，这些东西在一个用石头封闭起来的小石窟寺内藏匿了900年左右，且保存得完好无损。我收集了24箱从这种奇异的藏匿处拯救出来的珍贵手稿和满满5箱刺绣以及类似的佛教艺术品，一位资深评论家将我的经历说成是考古史上富有戏剧性且硕果累累、含金量极高的偶然事件。根据大量保存完整的原画和部分修复较好的临摹本，人们得以欣赏其艺术价值和了解古希腊风格的佛教艺术对远东地区的重大影响，甚至可以说，它为东方艺术史揭开了新的一页。然而，阐明其中的问题尚需时日，

## 河西探险

若要从这些用汉语、梵语、回鹘语、吐蕃语及其他未知的中亚地区的语言写成的手稿中摘选出具有历史和文献价值的所有东西则需更长的时间。

在冰雪覆盖的南山山脉（Nan-shan Ranges），我们向西藏方向前进，并在大约20 000平方英里的地方进行了探险考察。这些地方很有意思，却不为外人所知。之后，探险队在塔里木盆地开展了第二次考古活动（1907—1908）。在这次考古活动中，我们不仅仅发现了价值巨大的古迹，而且克服了重重艰难险阻，在最宽处成功地横穿了号称"沙漠之海"的塔克拉玛干沙漠。返回印度之前，也就是1908年的夏天和秋天，我对位于和田和克里雅（Keriya，今于田县）南部的昆仑山脉进行了地理探险考察。昆仑山的这片山脉地势高峻，以前几乎没有人来此探险。山路崎岖不平，冰川（和田河的源头）高耸壮阔，但我们还是成功地进行了勘测。随后，我们穿过西藏西北的不毛高原，到达喀拉喀什河的上游高原山地。

这段旅程途经之地自然条件极端恶劣，一路上困难不断。在攀登上坚冰覆盖的昆仑主峰时（海拔约20 000英尺），我患上了严重的冻疮，右脚的脚趾失去了知觉，而此时恰逢探险活动即将结束。我不能继续带队考察，不得不让人抬着，沿着喀喇昆仑高原路线跋涉了300多英里，山路险恶，路上最高的山口海拔超过了18 000英尺。最后，我们终于到达列城（Leh），接受医生的治疗。康复的过程漫长而又痛苦，但一想到我的探险考察计划成功实现了，同时我意外受伤的插曲也

前 言

没有影响文物的运输,近百箱的文物已经安全运抵不列颠博物馆,我心中仍是倍感欣慰。

像行纪中所记述的,没有助手的帮助我就不可能克服重重困难,完成如此规模和广度的探险活动。探险考察过程中很多人都给予我支持,在此也难以充分表达我的谢意。首先,要感谢印度政府。在总督寇松勋爵(Lord Curzon)的支持和激励之下,以及总督先生对地理研究、印度历史和印度文明的浓厚兴趣,经国务大臣同意,印度政府于1905年批准了我的有关探险活动的建议,并提供了执行计划的大量物资装备,我也得以从行政事务中脱身。我的赞助人和朋友,比如我已去世的上司哈罗德·狄恩上校、爵士(Colonel Sir Harold Deane, K. C. S. I),故去的邓泽尔·伊伯斯顿爵士(Sir Denzil Ibbeston),以及现在的詹姆斯·威尔逊爵士(Sir James Wilson, K. C. S. I.)和麦克拉干先生(Mr. E. D. Maclagan, C. S. I),印度政府的前任和现任税务部长也给了我热情的帮助,使得印度政府能及时考虑并同意我的建议。不列颠博物馆董事会慷慨解囊,提供了预算费用的2/5,同时董事会要求相应地得到考古成果的2/5。鉴于不列颠博物馆过去曾经为东方学研究提供资助,我能把这2/5的文物带回不列颠博物馆,是对其投资给予的一笔不菲回报,即使从经济价值的角度来衡量也是如此。

1906年,我们启程开始这次探险活动,时任印度总督明托勋爵(Lord Minto)对此也很支持,这对我们是莫大的鼓舞。不仅如此,总督阁下对整个探险过程都给予了关注和支持，我的老朋友邓洛普上校（Colonel Dunlop Smith）即现在的詹姆斯爵士是总督阁下的私人秘书，上校在他的书信中就表述了总督对我的关心。由于明托勋爵的支持，我有了更多的时间来整理考察的成果。对此，我铭刻在心，没齿难忘。

如同以往一样，印度勘探局对这次探险活动的地理考察给予了最有价值的帮助。在朗格上校（Colonel F. B. Longe, R. E.）的支持下，勘探局爽快地答应拨给我当地一位训练有素的测量员，并承担雇用此人的费用。时任"三角法测量局"指挥、现任印度勘探局局长的伯拉德上校（Colonel S. Burrard, R. E., F. R. S.）利用每个机会，支持我们的探险活动，并为我们使用他领导下的勘探局地图资料提供方便。正是由于伯拉德上校不懈地帮助，我的地理探险考察成果才得以整理出来，并将94幅地图结集出版，比例尺是图上1英寸等于4英里，该地图集将和"详细报告"一起出版。优秀的测量员拉伊·拉姆·辛格（Rai Ram Singh）曾参加了我的第一次探险活动。后来，考虑到他的身体状况，拉伊·拉姆·辛格返回印度，他的同事拉伊·巴哈杜尔·拉尔·辛格（Rai Bahadur Lal Singh）接替了他的工作。和拉伊·拉姆·辛格一样，拉尔·辛格经验丰富，工作勤奋，他不仅是地理测量方面的得力助手，而且能依靠他解决许多实际问题。有关考察的这几卷书所记述的内容，充分证明了他们工作的巨大价值与面对恶劣自然条件所表现出的乐观态度。

精神上的支持对探险活动同样重要。在这个方面，皇家

# 前　言

地理学会除了借给我仪器、器械设备，还给予精神上的支持。我必须为实现科学研究的目标而努力工作，皇家地理学会肯定了我两次中亚之行的成果，使我深受鼓舞，任何一个像我这样的科学家都会因学会的这种鼓励而感激不已。不论是在穿越茫茫戈壁，翻越亚洲腹地的崇山峻岭，还是回来以后整理科考成果，或是在与他人相处不太融洽时，我总能感受到学会秘书斯科特·凯尔逊博士（Dr. J. Scott Keltie）的关注和同情。通过地理学会，我和地理学助手们的测量成果才能被更多的人所利用，地理学会会刊已经刊载了地图集微缩的三幅主要地图。在此，我向地理学会特致谢意。幸得地理学会的同意和出版社的合作，本书将再次刊载这些地图。

　　一过印度的政治边界，我就清楚地意识到这次任务的成功与否，在很大程度上取决于所在国地方当局对这次探险活动的重视程度和支持意愿。就这方面而言，开始我绝对没想到结果会如此鼓舞人心——阿富汗国王哈比布拉汗（H. M. Habibullah）很乐意地允许我经过阿姆河上游前往帕米尔高原，并为我通过这段引人入胜的古代通道做了有效的安排。而在当时，这条通道是不对欧洲人开放的，因此这一帮助显得更加难能可贵。在此，我想向这位亲切、体贴、热情的国王表示深切的感谢，是他帮我实现了我的科学考察学术夙愿，让我有机会亲临这些我年轻时就梦寐以求的地区。

　　穿越帕米尔高原的中国边界以后，我所考察的地区几乎全是沙漠和高原荒山。但是，就是在那里，我最深刻地意识到中国行政官员的积极配合对我计划的实施是何等的、绝对的重要。没有他们的得力帮助，交通工具和民工就无法得到保证，这两项对令人生畏的沙漠探险之行，即寻找沙漠中的"古代城镇"是必不可少的；同样，没有这些官员的帮助，我也不可能在这荒无人烟的高原贫瘠山区得到牲口和考察队成员所需的食物，不可能得到漫长的考察急需的供给。从本书中，读者会看到我是多么地幸运，绿洲的各级官员都给予我们以关注和支持，一块块绿洲成了我们探险的大本营，为探险活动提供了源源不断的服务。在许多的衙门，我很快找到了值得信赖的朋友和学者，他们对我的探险考古活动和考古取得的成果表现出了浓厚的兴趣。

我有许多人需要感谢，在此我要特别提到以下几个人：和田按办车大人；廖大老爷，他在罗布泊附近凄凉的流放之地为我提供帮助后死在那里；博学的县吏王大老爷和敦煌的军事指挥官林大人，他们两人竭尽全力为我沿长城的考察排除困难。但是最重要的，我要衷心地感谢我的老朋友潘大人，时任阿克苏道台，他还记得上次探险和参加探险的人员，即使远在他方，他也会竭尽全力运用其职位的影响为我分忧。

从一开始，我的老朋友马继业先生（Mr. G. Macartney, C. I. E.）代表我与新疆行政当局进行交涉。马继业先生曾在喀什担任多年英属印度政府的代表，现在是阿富汗驻新疆的总领事。他的名声和品德不但在政府官员中，而且在民间广受推崇，他的帮助和影响保证了我的工作得以顺利进行。尽管远

## 前言

隔千山万水，他也时刻为我提供最有用的帮助，我对他感激不尽。马继业先生在他喀什噶尔的寓所热情地招待了我，而当我远在1 000多英里之外时，他特别关照安排考古所获成果（文物）和信件能顺利地寄送。我在最后才谈及这件事，绝对不是说它不重要。

除此之外，马继业先生还向我推荐了一位出色的中文秘书——蒋师爷，我对此尤为感激。由于我一直没能够认真地学习汉语，一位称职的中国学者对我就显得尤为重要。蒋师爷不仅是位热心的老师和秘书，更是位好学的同伴。为了我的科学研究，他总是与我共同工作，同舟共济。从我的叙述中，您将体会到他对我所取得的成绩发挥了多么重要的作用。自从与这位机敏而诚挚的中国同伴分别以后，我仍然经常想念他！

上文对探险的目标、范围和性质做了简要论述，读者可能不知道我回来以后整理科考成果的任务有多么繁重。许多细节问题的解决除了需要借助新的材料，还需要多年积累的学术素养，我必须要把由亲身观察而得出的基本结论付诸文字，而且越快越好。从开始我就意识到出版这本书能把早期的记录保存下来。因此，这两卷书除了个人的兴趣之外，不仅仅是考察日记的简单出版，或者是一个旅行者的第一印象记录，而是在一定程度上体现了学术研究的新起点，可以说是"详细报告"的补充。

因此，这本书所担负的责任更加重大。就我而言，我也有义务记录方方面面对我的帮助，哪怕只是一笔带过，因为没有他们的帮助，探险活动就不可能有如此丰富的收获。首先，我要感谢印度政府，经国务大臣同意，印度政府批准我回英格兰工作两年零三个月，以执行特殊使命，即完成对发掘所获古代文物的整理工作。我希望这些珍贵文物能公之于众，更希望在四卷本的"详细报告"完成以后，国务秘书能够批准出版。如果这都能实现，我将对官方的配合和支持感激不尽。

由于我的老朋友、主要助手、拉合尔梅奥艺术学校（Mayo School of Art, Lahore）已故校长安德鲁斯（F. H. Andrews）先生再一次鼎力相助，我才得以在较短的时间内，完成对这些古代历史、艺术文物的整理和研究。安德鲁斯先生曾经长期实地对印度艺术进行全面的研究，加上他非凡的艺术天赋和对东方艺术品的广泛阅历，使他成为英国在古代中亚艺术和手工艺品问题方面独一无二的专家。安德鲁斯先生为了我们共同的任务，牺牲了自己教学之余的休息时间，为此我永远都感激他。

除了在艺术和技术方面的合作外，安德鲁斯先生还悉心为本书绘制插图，为本书增色不少。扉页上黑白色的花饰就出自安德鲁斯先生之手，系仿制沙漠里黏土上的古代印章所作。除感谢安德鲁斯先生的指导性工作外，我还要感谢以下几位年轻的考古学家：德鲁普（J. P. Droop）先生、洛里默（F. Lorimer）女士、伊夫林－怀特（H. G. Evelyn-White）先生和伍利（L. C. Woolley）先生，他们对考古成果整理工作付出了辛勤的劳动，在两年半的时间他们或一起或相继担任我的助手。在此，我向他们表示诚挚的谢意。

# 前　言

　　自从不列颠博物馆保管我收集的文物那天起，馆长凯尼恩博士（Dr. F. G. Kenyon）及各部门保管员，比如巴尼特博士（Dr. L. Barnett）、克洛文爵士（Sir Sidney Clovin）和里德先生（C. H. Read），竭尽所能，提供支持，并提出了不少有价值的建议，大大方便了我的工作。为了满足我研究的特别需要，助理保管员和博物馆馆员阿伦（Messrs. J. Allan）、比尼恩（R. L. Binyon）、贾尔斯（L. Giles）、霍布森（R. L. Hobson）、乔伊斯（T. A. Joyce）、史密斯（R. A. Smith）提供了非常有用的信息。在这里，我也要向他们深表谢意。

　　许多著名学者为本书的面世提供了帮助，他们与我一起共同整理带回的资料。在美术和技术方面，我首先要诚挚地感谢我的老朋友、巴黎大学教授福彻（A. Foucher）先生，他是古希腊风格佛教艺术方面的权威。正是福彻先生对佛教图饰的广博学识，我才得以对其中最有意义的壁画和绘画做出正确的阐释。珀西·格兰德纳（Percy Grandner）教授不吝赐教，他以其丰富的考古知识，对我阐释古典艺术帮助颇多。维也纳帝国大学的史特罗兹高夫斯基（J. Strzygowski）教授也在亚洲腹地和西方后期古典艺术之间的联系方面提供了类似的指导。在西藏艺术遗迹方面，我的朋友沃德尔上校（Colonel L. A. Waddell, C. B., C. I. E.）以其对西藏佛教的丰富阅历，给了我有益的协助。亚瑟·丘奇爵士（Sir Arthur Church, F. D. S.）毕生研究古代绘画、壁画和浮雕，他慷慨地允许我直接参考、借鉴其科研成果。维也纳帝国学会（Imperial Academy of Vienna）的冯·魏斯纳（von Wiesner）教授是植物生理学的权威，他为我研究古代纸张和纺织品的质地和特征提供了富有启发性的建议。我的老朋友、匈牙利地质测量局局长罗兹（L. de Lóczy）教授，竭尽全力，为我在沙漠考察中遇到的地理地质方面的问题答疑释惑。

在文献研究的合作者中，我首先应该感谢沙畹（Ed. Chavnnes）先生。他是法国著名汉学家，也是西域早期关系方面的权威。我归来之后，他立即投身于我所发现的中国古代文献的细节研究和出版工作，并毫无保留地把他的学术成果供我使用。本书得以出版，沙畹先生功不可没。回头看看有关古代遗迹的几乎任何一个章节，我都能体会到沙畹先生提供的资料对我阐释古代遗迹的历史具有多么重要的意义。听说沙畹先生有关这些古代中国文物的学术著作即将在我的"详细报告"之前出版，我心中甚感欣慰。伯希和（Paul Pelliot）教授是法国中亚考古队的负责人，他已经要求我负责把从千佛洞里发现的大量古代中国文献编成目录。

鲁道夫·霍恩雷（A. F. Rudolf Hoernle, C. I. E）博士是我国中亚研究的先驱，他对印度婆罗米（India Brahmi）文字（新疆地区的未知语言之一）进行了初步的分析，他的分析对我的研究很有参考价值。另外三名同样老资格的学者、教授——拉普森（E. J. Rapson）、森奈特（M. É. Senart）和博耶（Abbé Boyer），曾对我的第一次探险取得的成果付出了辛勤的劳动，并提出批评性的意见，现在他们又对这次考古发现的佉卢文（Kharosthi）古代简牍、木简文书进行研读分析。在这

前　言

里，我不仅要感谢他们对古代佉卢文文书的解读，还要感谢他们为我所做的其他工作。在梵文的原始资料研究方面，我的朋友巴尼特（L. Barnett）博士、伯森（L. de la Poussin）教授给了我有力的帮助。

在解读大量的吐蕃古文献方面，瑞丁（C. M. Ridding）女士在印度办公室资料收藏管理员托马斯（F. W. Thomas）博士的帮助下，先期开始西藏佛教经文编纂目录的工作。后来，我有幸得到了资深专家 A. H. 弗兰克（A. H. Francke）博士的协助。著名的东方学专家、鄂尔浑（Orkhon）铭文破译者汤姆森（V. Thomsen）教授核查和释读了我早期发现的突厥如尼文（Runic Turki）文书。柏林皇家人种学博物馆的勒柯克（A. von Lecoq）博士曾在吐鲁番进行发掘，取得了丰硕的成果，我要感谢他在研究古代突厥语摩尼教写卷方面的帮助。我也要感谢印度政府助理秘书丹尼森·罗斯（E. Denison Ross）博士，他对回鹘语佛教文书进行了初步研究。柏林的皇家人种学博物馆馆长米勒（F. W. K. Müller）教授是释读粟特文书之第一人，他对粟特文书进行了分析。这种伊朗语更早时期的遗迹中的某些无法破解的文书与阿拉姆语相似，在这方面，我的朋友考利（A. Cowley）博士和果肖特（R. Gauthiot）先生已经对其进行了深入的研究。

因此，我不惜花费较长的篇幅来感谢各界朋友为我在学术方面所做的各种帮助。就出版这本书的目的而言，是要把探险考察的成果展现在读者面前，确定其科学意义。不过相比之下，前者显得更为重要。有鉴于此，书中附有大量的插图，在此我特别感谢出版社在书的编排上给我的自由。尤其感谢班伯里的亨利·斯通父子公司（Messrs. Henry Stone and Son of Bambury），他们以高超的技艺和热心，成功地把古代艺术品复制成彩色插图，并呈现在读者面前。

最后，我要衷心感谢所有关心本书方方面面的朋友们。《学园》期刊已故编辑科顿（J. S. Cotton）先生从普通读者的角度帮我对本书进行了修改。他也应出版社之约，愉快地为本书编写了索引，作为东方学术语汇编，我相信索引具有重要的实用价值。牛津大学墨顿学院的研究员艾伦（P. S. Allen）先生从繁忙的学术研究中抽出时间，在我的朋友马格达伦学院的约翰逊（J. de Johnson）先生的协助下，对该书进行了细致入微的校订。艾伦先生寄给我的信笺，在旅途中一直伴我左右，成了我克服各种困难和挫折的动力之一。牛津大学气氛活跃，大家相处融洽，我有幸在这里完成本书，这应归功于墨顿学院的院长和诸位同行的热情支持和关怀。正是因为他们，我才有了一个安静的工作环境，我会永远记住和感激他们。

无论是在爱色斯（Isis）的仓库，还是在不列颠博物馆的地下室，抑或在充满温情的伦敦，我都怀念去过的沙漠和高山，我在那里度过了最快乐的时光。若能忘却漫漫旅程的所有艰辛，只去感受我年轻时代就梦寐以求的古代原野所给我的探险自由，那将是多么开心的事啊！不过，那终归是个梦想。

奥里尔·斯坦因<br>1911 年 11 月 3 日于牛津大学墨顿学院

第一章　南山最西边的山脉

风景如画的隐居处和万佛峡所在的地方，空气清爽，让人的心情十分愉快。我真不想在忙碌了两天，完成我的工作之后马上就离开这里。虽然这里也有被石墙掩蔽起来的石窟寺，可是这里没有像隐蔽的"图书馆"（莫高窟藏经洞）那样宝藏丰富的古代遗迹需要想办法获取。几峰骆驼已被从雪山脚下的蒙古人牧场驱赶回来，再加上我们自己的骆驼数量已经足够将要进行的探险考察使用，于是，我们在7月3日早晨再次出发，沿着流经万佛峡踏实河的河流前进。开始，我们攀上一个平稳上升的岩石平地，然后又经过一个狭窄的河口。这里，河水冲过了从桥子可以看见的第二座贫瘠山脉，开出一条路来。

山体裂开，寸草不生，形成一个峡谷迷宫，锯齿状的山棱从10 000英尺高度的地方垂直而下，不禁让人感到害怕。但是，一旦经过看似这座外围山群的最高点后，眼前的景象突然之间全部改变了。远处，大约南边30英里处，出现在我们面前的是群山形成的一个半圆，在它们突出的山顶上是冰川和小冰河。一个没有裂谷的扇形巨大山体斜坡展现在眼前，从山脚向下，看上去好像很多山谷流出的所有河流、溪水全部逐渐汇流并冲向我们刚刚攀爬通过的山口奔腾而下。

从这里向上攀爬一段距离，我们就来到了科兹洛夫（Kozloff）地图所标示的石包城遗址。它们虽然小，但显然是修建良好的古代炮台，从目前的建筑结构看，它们建造的年代不会很久远。它俯视着宽阔的河边草地，占据了一个非常

## 第一章　南山最西边的山脉

有战略意义的位置，从南边经过高山通向河口处平原的不同道路，都在炮台的视线之内。一个规模宏大的塔楼占据了北角，大约有30英尺高，形成一个明显的地界标志。因此，我们选择它作为天文纬度观测的基准点基地，并把帐篷搭建在下面较远的地方，那里的沟谷有10码宽，1.5—2英尺深，沟谷有绿草和流动的活水。我们的营地处于海拔7 450英尺的高度，所有的酷热都已远离我们。

这里的地面特别适合开展大范围的勘测活动，我在南山时就决定要做这些考察。穿过巨大的冲积三角洲上平坦的地面，我们立即就能看见整个平地由群山环绕，形成了一个开口大约50英里长的弧形，我们因此改变了原来的行动计划。宽广的阿尔卑斯山般的高原给人以自由空旷之感，加上高山远景，让人觉得这里十分贫瘠和荒凉。但是，由于它的地面特别平坦，使我们能够在六天之内，勘察了1 200平方英里的区域，这里我也尽力缩短对我一天接一天工作的描述。

我们向西南方向前进，两天之后，来到喀什噶尔山口（Kashkar Pass）附近。这两天的跋涉已经让我明白，即使是沿着南山最西边水源丰富的山脉，气候也是极为干旱。沿着巨大的冲积坡，攀上10 000英尺的高度，我们再也找不到地表水，发现所有穿越山中的河床都很浅。不久，我就相信，即使是在积雪融化的季节，主山脉山谷中的水，也会在它们流经巨大的碎石河床时被全部吸收。想找到水源来安营扎寨是十分困难的，直到我们在去喀什噶尔山口的路上碰到放牧骆驼的汉人牧民,这个问题才得以解决。大量的杂色碎石斜向堆积形成一条斜坡,一直延伸到山脚下。碎石坡覆盖着一层薄薄的黏土或黄土,长着稀疏的灌木和草,充分证明了土壤和空气都十分干燥。我们在石包城下面的山谷河口处所看见的水,毫无疑问,都是来自山体裂缝。因为在山坡高处被碎石山坡河床吸收渗透进入地下的河水,从山谷下方众多裂缝中又一次渗流出来。

沿着山地主脉边缘绕行之后,我们开始向东进发,来到一个被称作大宫岔(Ta-kung-ch'a)的大峡谷,这里的河水来源于一座高达20 000英尺的大雪峰。我们把帐篷搭建在一个小草原上,小草原处于一个受到侵蚀、大约有0.25英里宽的河床上。7月8日,带上一些水,我们开始向分水岭进发,走了大约6英里,到了一处宽阔的石头河床,河边是砾岩山崖,高处的砂岩山崖色彩各异,引人注目,有紫色、亮红色和深绿色。我们发现一户坚强的蒙古人和他家的牲口,男主人把营地扎在了一块有草的地方(图1–1),于是我们就请他做我们的向导。这个蒙古牧人告诉我一些关于达赖喇嘛的奇闻逸事。1904年,达赖喇嘛去安西时,曾经路过喀什噶尔山口。就在最近,当这个蒙古人从乌尔噶(Urga)去西宁的途中,他又一次遇见了达赖喇嘛以前的随从。

离开了海拔12 000英尺走向向东的主脉山谷,我们沿着一个东南方向坡度更陡峭的山谷攀行。顺着绿色的碎石和片麻岩山坡,经过10英里的路程,我们来到了通道的最高处,

# 第一章　南山最西边的山脉

图 1-1　大宫岔山谷东侧蒙古牧人的营地

这里海拔 13 400 英尺，南边的景色尽收眼底，可是这里十分荒凉。一个荒凉的盆地状的山谷出现在面前，方圆 6—8 英里，南边交接的是一条零乱的山体构成的山脉，高度都不超过 14 000 或 15 000 英尺，大片闪闪发光的盐层覆盖了干裂的湖床。我们的向导指着一条通道，说它可以越过低矮的山脉，到达敦煌河的源头冰达坂（P'in-ta-fan）。

青藏高原的轮廓展现在我眼前，我惊奇地发现在 300 码范围之内，有一头野驴靠近我们。刺骨冰冷的北风告诉我，在青藏高原最北边的这些荒芜高地，夏天的微风是什么样的一种冷风。由于大宫岔通道的位置，我们可以看见远处主山脉的南坡。因此，我可以相信这里的永久雪线海拔是 18 000 或 18 900 英尺，而在北坡雪线甚至更高。

那天，我们从大宫岔的东面出发，正当我们在一个被称为苏吉泉（Su-chi-ch'üan）的小山泉处扎营时，我们感受了第一场雨，这让我着实激动不已。蒙古牧人说，这里的山地要进入夏天了。雨细细的，柔柔的，给人一种身处阿尔卑斯山的感觉，夹杂其间的还有一片片的雪花。7月10日下午，天空转晴，我可以出去四处观察。经过一场雨，植物好像被施了魔法一样，原来看上去很矮小、没有任何生气、枯萎的样子，可现在叶子突然之间全部张开了，显得生机盎然。我第一次注意到，在草丛中坚强地长着一些火绒草和一些类似盾叶鬼白根茎（Podophyllum）开着白花的植物。正是这场突如其来的雨，证明了海拔约11 000英尺山脉较低的山坡上植物虽然稀少，却有极强的生命力。

随后，我们租用的骆驼从昌马（Ch'ang-ma）的山间绿洲赶了上来。因此，我可以让我们健壮的骆驼在哈桑·阿洪的照顾下休息一下（图1-2）。在万佛峡那里的牧场，它们可以享受到丰美的牧草以及劳作后十分需要的长假，能够一直休息到秋天我回到安西的时候。此前在安西时，伊布拉音伯克以及在万佛峡友好的道士们都建议我，让骆驼休息一下。可以说，我现在这么做是完全正确的。

6月11日，我们向东北方向前进，山坡比较容易攀行，但寸草不生。经过石包城和昌马的大盆地之间不显眼且使

# 第一章　南山最西边的山脉

图 1-2　哈桑·阿洪在苏吉泉给骆驼捆装行李

人不易察觉的分水岭后，我们发现一座光秃秃的山，叫鹰嘴（Ying-tsui）山，山脚下有一条水中微含硫的小溪，我们就在此地扎营。晴空万里，让人心旷神怡。第二天早晨，我们看见主山脉有冰河围绕，海拔高度超过 20 000 英尺，向昌马延伸。从这里到视线所及光秃秃的山顶之间，有一条向昌马倾斜的巨大平展的沙石斜坡地面，这与远山的雪峰构成鲜明的对比，给人以难以忘怀的印象。这里每一处视野所及的广大砾石原野都单一得令人心烦意乱。在东南边砾石冲积扇上方，有一个很大的冲击下切的沟谷，表明疏勒河沿着它北岸的雪山流向昌马。

在布满石头的高原上，又走了14英里，灌木稀少，除了数不清的低浅河床之外，这里没有一滴水。后来，我们又沿着一条宽阔干涸的河床前进，也没发现任何水源，直到离夏河（Sha-ho）半英里的地方，也即绿洲最西边的农庄，才找到了水。奇怪的是，从这里向前水源都很充足，好像所有来自雪山的地下水都迫不及待地要流到地面上来。周围的一切似乎都被施了魔法，全变绿了。我们高兴地沿着昌马宽阔的绿洲，慢慢地骑行了11英里。

河的左岸是沼泽地，除了右边的沟渠之外，到处都是水。在夏河的主干河道不远处，是大约15码宽、2英尺深的河水，河水清澈见底。这里海拔7 000英尺，气候给人的感觉现在还处于春天，嫩绿的树叶和幼苗装点着砖红和紫色的低矮山脉，山脉环绕着绿洲，显得格外美丽。在西南和南边的山上，整个雪峰显得分外雄伟庄严（图1-3）。确切地说，肥沃开阔的山谷和远处林立的白色山峰的背景相互映衬，不禁让我想起了可爱的克什米尔。

后来，在当地叫"堡子"（P'u-tzu，图1-4）的由高大围墙围起的村庄中，一座较大的寺庙成了我们的栖身之处，住着还挺舒适，只是庙里有些昏暗。昌马所属玉门县的长官正确判断了我们行走的路线，派了一个小官和几个士兵来迎接我们。当我表示不需要他们提供服务，但希望他们能给我安排向导和运输工具，把我带过前面那座山去长城的门户嘉峪关时，他们断然拒绝了。我很早就知道，这地方的汉人不喜

## 第一章 南山最西边的山脉

欢山。当我表示不再让他们找向导，只需要驴或骡帮助我们穿过艰险的山路时，他们仍然不是很愿意提供帮助。为了保护好自带的骆驼不出现意外，我费了九牛二虎之力说服那些反对我们继续前进的人所提出的异议，决定马上出发。于是，6月13日下午，我们又上路了，虽然我的队员看上去都不愿意离开昌马绿洲。

那天晚上，我们到达了疏勒河的右岸。在这里，河水如同从山上倾泻下来一般，猛烈地翻滚着波涛，汹涌而下，河面大约有20码宽。从河上坚固的悬桥经过时，我们可以看见桥下河水流量非常大，而且十分混浊，发出巨大的声响。以

图1-3 自昌马村向西南望大雪山

河西探险

图1-4 建有城墙的昌马堡子内部（向西北望）

前的河面要宽得多，这一点我可以根据旧河床来判断。走到现在河岸边后，我们又一直继续向前走了整整1英里。河床水位正好在洪水水位约40英尺之上，不过河床在昌马所在的冲积平原下面深达约50英尺。

夜晚，我们把帐篷搭在了河边碎石河床上，大家都无精打采，可我却非常兴奋，因为我找到了一条清晰的通向东南方向的道路，而昌马人曾声称根本找不到任何这样的路线。第二天早晨，我费尽口舌，让赶骆驼的人走这条路，而不是他们所想要去平原的大道。沿着陶勒山（To-lai-shan）西边山谷边缘地带攀缘行进，比较平稳，也相对容易。地面长满

## 第一章　南山最西边的山脉

了灌木，但是没有水源。我特别高兴，经过 17 英里的跋涉之后，一些昌马人还是逐渐表露出他们熟悉当地道路，探险队转进了一个隐蔽性极佳的山谷。在那里，我们在砂岩崖下找到了一条小溪，在海拔 10 000 英尺的地方安营扎寨。晚上，当地人终于说出，他们可以带领我们去通往嘉峪关的山路。先前，他们表现的无知完全是为了避免走让人讨厌的山路而已。

他们的坦白和在这片未被开发、广阔且荒芜的山林地带寻找水源的经历，使我明白最好还是让我们"不情愿的"当地向导带路。我们沿着他们所指的路走了两天，经过了水渠口（Shui-ch'ü-k'ou）通道，穿过了一个风景秀丽的狭窄山谷，在那里我们又一次找到了向山外流的水源。在两个地方，一个是烟门子（Yen-mên-tzǔ），一个是窟窿山（Ku-lung-shan），山谷收缩成一条曲折的山中狭道，处于高而陡峭的悬崖之间，在这里我们发现了城墙残迹和靠着路边修建的烽火台。可是，附近也没有水源，同样还有其他迹象表明这个地区受到干旱的困扰。

从 7 月 16 日我们搭建帐篷的青草湾子（Ch'ing-t'sao-an-tzǔ）俯视宽阔的山谷，一半是寸草不生的沙石戈壁，一半是灌木丛生的荒地，小绿洲穿梭点缀其间，从肃州到玉门县的道路从中而过。在去肃州之前，我决定先去考察一下最北边山系的分水岭，俄罗斯著名的地质学家和旅行家奥布鲁切夫（Obrucheff）曾从这里经过土达坂（Tu-ta-fan）通道。由于没有向导和合适的交通工具可以从南边去通道，于是我决定排除困难，从北边前往那里。

沿着山脉的碎石斜坡，穿过白杨（Po-yang）河，我们来到了土达坂山谷谷口的一个很小的村落破落户墩，等待行李运过来，直到深夜。在等待的过程中，从庄园家族里百岁老人那里，我听说了许多当地奇怪的故事。耕种完全依赖于谷口唯一的一条小溪，大量田地被放弃，表明了这里的水量愈来愈少，但老人不同意这个观点，而说那是因为在东干人叛军袭击这里时，死去了许多的人和劳作牲口，以至于无法修缮和管理灌溉水渠。孝顺的儿女替他准备好了坚实的棺材，正摆放在他家最好的屋子里，可老人看上去并不为此骄傲。由于海拔超过了8 000英尺，这里主要的农作物是燕麦。晚春时分，这里田野里开着蓝色小蝴蝶花和其他野花，不禁让人联想起5月的敦煌。

第二天早晨，即7月18日，我把行李寄存在大韩庄（Ta-han-chuang）附近的一个村庄，然后带着测量员向南山通道进发。我们发现在被称为青头山（Ch'ing-tao-shan）的狭窄谷口，有一个蒙古人修建的小防御工事。十二年前，为了抵抗来自西宁方向的东干人叛军，这里还开凿了壕沟。从这里上去，山谷迅速变得宽阔。骑着马继续往前走，眼前的景物越来越绿，山谷里长满了我在这些山中从未见过的茂盛野草和一种类似阿尔卑斯山植物的野花。这一切都太奇妙了！前些日子，整天还只能看见岩石、碎石和冰雪，好久

第一章 南山最西边的山脉

都没有看到这样的景色了。分水岭山脊海拔 12 380 英尺，宽阔的山脊上覆盖着野草，到达这里时我心里特别高兴。一幅壮观的画卷展现在眼前，南边和西南方是为白杨河提供水源的山峰（图 1-5），为冰雪覆盖，属于西部的陶勒山山脉，而陶勒山的大沙石层就在下面的峡谷中；东南方有一些特别引人注目的山峦，山坡上覆盖着大片的冰雪，根据测量仪器观察得知，它们有 19 000 英尺高；再往西，我们认出了陶勒山和最北边山脉的许多山峰，通过平板仪测量，证明它们就在昌马附近。因此，测量员可以把那些有趣的地方加入测绘地图中，填补到目前为止仍然留在地图上的空白。

图 1-5 自土达坂向西南望可见到陶勒山的一部分

事实上，土达坂是一个十分有趣的"山间观测站"。从地形学的角度，它使我们确信南山的走廊南山山脉冰雪覆盖的山峰，把肃州和甘州间的平原一分为二，与低矮陡峭的山峦直接相连，经过昌马的北边和东边，穿过我们以前曾经经过的烟门子（Yen-mên-tzü）河口。随后的观察使我相信，和现在我们所观测的山脉相比较，它是一片贫瘠山脉西部的低矮部分。植被的改变是在我考察土达坂时第一个就注意到的现象，这表明整个地区气候条件的改变，因为我们已经进入了长城占据的高原。离开亚洲中心巨大的干旱盆地最东边的界线，进入了受到来自太平洋水汽影响的甘肃境内。

回到青头山谷口两座孤零零的农庄时，已经是晚上六点了。山里清新的空气让人心情愉快，不平坦的峡谷和一直向外延伸的低矮山峰那皱褶的山坡，在夕阳下显得格外美丽。露出地表的黏土层呈深红和紫色，和看上去像片麻岩的白色岩石交替在一起，两座用于防御的农庄与这样的背景相互融合，组成了一幅迷人的图画。很难相信，这些一大堆古代房屋遗址形成的黏土堆竟然曾经是无家可归的种田人的栖身之地，而不是被强盗用来劫道的山寨。

我让队员把帐篷扎在前面的大韩庄。从山上看下去，大韩庄距离很近，据说山后就是人口密集的村落，但是想走5英里的直线道似乎不可能。深下切的峡谷割裂了肥沃的黄土山坡，我们不得不绕道而行，可我并没有感到什么不快。走过了几个风景如画的小高地，每个高地都有梯田和半毁坏的

第一章 南山最西边的山脉

城堡式农庄,腐烂的气味在田野和房屋上空飘荡,破落户墩(Po-lo-hu-tung)给马迷兔(Ma-mi-t'u)带来了生机,可这里的水似乎比破落户墩少,大多数耕地看上去已经废弃了(图1-6)。

当我们靠近高山奇怪的外崖时,景色更加引人注目,一片荒芜,但闪闪发光,这就是穿过向东延伸到嘉峪关的那个巨大峡谷的景象。寸草不生的荒原呈现棕绿色,12—15英里宽,被冰雪覆盖的南山边缘和北边荒凉的红色山脊区分开来。从8 000英尺的高度往下看,我可以清晰地看见低处砾石山脊封住了峡谷的东面,上面有一条在夕阳下闪烁的淡白色线条,

图1-6 昌马绿洲设防的村庄(向东南疏勒河方向望)

河西探险

那就是我们一直期盼的"长城",离它还有 20 多英里。但是,我想我可以辨认出长城线上的烽火台,烽火台那边是一大片黑色的土地,也就是肃州地界。我终于进入了"明代长城以内的地方",这里是明代长城的最西边。

来到大韩庄小绿洲时,天色已晚。在设防的村落外面,两个小官和六个身穿红色外套的士兵正站成一排迎接我。这是嘉峪关要塞的一个哨所,其职责想必是警戒长城所在山的侧面。在这些人中,有一个挺漂亮的小孩,大约五岁,穿着一件他父亲留给他的红色夹克,袖子几乎拖到了地上。我的帐篷搭在一条溪水边上,处于长满绿草的梯田间,花香四溢,晚风清爽。在月光下,我看见许多树木沿着岸边排开,我感到好像又一次把帐篷搭在了克什米尔某个安静的角落里。

# 第二章 明代长城的门户

河西探险

7月19日早晨，大韩庄依然是一派美丽的景色。草地上绿草茵茵，鲜花盛开，一派生机。即使在海拔7 700英尺的高度，溪水仍然没有失去它应有的活力。趁着队员们在装行李，我爬上了一个小高地，这里是昨天迎接我的军队所驻扎的炮台。在它的西北角，有一座巨大的瞭望台（烽火台，图2-1），但已被毁坏，从远处看它好像从那荒凉的沙漠长城里被整个移走了。瞭望台附近是雉堞状的墙，呈正方形，将摇摇欲坠的驻地营房围于其中。就在此时，昨天迎接我们的士兵又一次出现了，还是穿着红色的外套，那个孩子士兵仍然是他们中的一员，从照片上可以看见。毁坏大半的营地旁边是一个个很小的菜园，从东面往下，我看见用于维系绿洲生命的溪流，从一个宽阔的、干裂的河床中一处长满草的地方流了出去。

图2-1 南山脚下大韩庄现在哨所的烽火台

## 第二章　明代长城的门户

去往大"关门"（嘉峪关）的旅程漫长，让人心烦，光秃秃的戈壁上满是石子，只有几簇灌木还在奋力挣扎地活着。地面向东倾斜，强烈的太阳光直射下来，加上又没有风，热量和气温不断地上升。远处的嘉峪关塔楼已经看不见了，取而代之的是逶迤的山峦，矗立于东方的地平线。长条的黑土地显示那里是大片的丛林，在闷热的空气中发出耀眼的亮光，好似波光粼粼的水面。南边绵延的雪峰闪闪发光，比在土达坂看到的雪峰更加壮观，更加吸引人。去往安西和新疆的公路两旁是漫长的贫瘠山脉，当我们横穿山谷时，它们离我们越来越近。我仔细观察着山脉，希望能在去玉门县和疏勒河的路上，找到一些沿着山脚建造的古城墙遗迹（图2-2）。功夫不负有心人，整整走了16英里，终于在壕山口（Hao-shan-kou）谷口与山脉的东南边相交叉的地方，发现了一条大路，坐落于低矮山脉上的三座巨型塔楼烽火台清晰地展现在眼前。塔楼的外表面涂抹着白色灰泥，显然年代很久远了，正是我要寻找的古代防御线残迹。但是，它们离得实在太远了，而白天还需要赶路，所以我不可能做细致的考察。

即使没有这些历史古迹，我也能感受到古道上那狭窄车辙的历史重要性（我们就是沿着这道车辙向东前进的）。我知道，我脚下的这片土地，正是两千多年里中国历代王朝所有怀着向"西域"拓展梦想的冒险家曾经经过的地方。这些贫瘠荒凉的山岭和狭窄迷宫般的峡谷，过去一定让第一批准备征服西域的中国军队和探险家们感到头痛。成百上千、成千

河西探险

上万的士兵和将领们，曾从河西这块荒无人烟的土地上经过，然而，他们中又有多少人活着看到了他们热切期盼的、回到"长城之内"故土的那天呢？

图 2-2 肃州北部部分古代长城城墙
注释：A 字母上面穿着中式服装的是艾森木神父（Father Essems）。

汉代和以后许多朝代的编年史，都大量记载了中国向西军事扩张和统治的故事。可是，我们可以上哪里去寻找那些人们所关心的、具有重要价值的、关于在漫长的很多个世纪里与匈奴、突厥、吐蕃、阿拉伯人的斗争中失去生命的人的记载呢？我想，从古到今，从阿姆河到甘肃长城地区，在事端频繁、十分之九地区都是荒凉沙漠的地方，因为王朝统治

第二章　明代长城的门户

者经营西域的戍边政策，古代中国内地多少人曾经远赴边关，获得功名与财富。但是，对于那广阔的地域，我又如何证明呢？就像影响印度一样，那些通过或短暂停留在这里的部族人群，他们的大迁移曾经深刻影响了欧洲的历史，我又如何寻找呢？从历史的记载中，我们根本找不到这些在漫长的历史进程中守护在中国通向西方道路上的古道捍卫者。

因此，我完全能理解蒋师爷看见酒泉嘉峪关关城时的心情。从那些尽职尽责、雄心勃勃的新疆官员那里，听到的只有他们每年对西域新疆的叹息声！像许多人一样，十七年前，蒋师爷曾在这里含泪与真正的中国内地道别。现在，又一次来到这著名的关口，他和我一样激动不已。可是，他表面上表现得很坚强，但我仍能暗暗地感受到，在他的内心深处隐藏着伤痛与难以平复的情绪。虽然回到了"关内"，用当地汉人的话说，叫"口内、口里"，但这不是他的最终目的地。当年经过整整三个月的旅行，蒋师爷丢下了家中的妻子和刚出生的儿子，远离自己的故乡湖南来到新疆。然而，要攒够退休后要用的钱，这还需要好多年，因此他毅然决定抛开回家的念头参加探险队，直到这次探险考古工作完全结束为止。

沿着平缓上升的碎石荒地，走了 4 英里，我们终于来到了一座类似高地的宽阔山脊顶上。山脊的东端正好是嘉峪关的城墙，这里离关城大约 2 英里。首先映入眼帘的是木质结构的多层门楼（图 2-3），当我靠近城墙时，可以看见守护大门的方形炮台两侧的黏土墙向远处延伸。向南的城墙延伸了

037

河西探险

图2-3 长城的嘉峪关（自西南望）

大约7英里，一直到达南山突兀的山脚下；向北的城墙延伸了4英里多，我们所站的悬崖将它隐藏起来。在靠近壕山口东面崎岖的山坡上，我仍可以看见夕阳照耀下熠熠生辉的城墙。

毫无疑问，选择这样的天险，来抵御西面野蛮敌人的进攻，保护南山脚下北面的绿洲，这是完全正确的，也充分利用了地形的特点。与之相比，雪山和北山（Pei-shan）荒凉山脉之间宽阔的斜坡更难以守护。然而，当我明白了具有天然地理优势的雄伟关卡所起的作用时，我不禁为一个具有考古价值的问题而感到奇怪。这堵墙保存完好，年代也不是很久远，而另一道城墙却只剩下了残垣断壁，绵延很长，穿过了东北方的平原，它们俩到底有什么联系呢？

## 第二章　明代长城的门户

　　我知道，无论是中国，还是欧洲书籍和地图中，保护甘肃北部边界的古"长城"都被描述成一条壮观的城墙，围绕在肃州绿洲的最西边，一直到南山脚下。但是，现在所看见的从西南向东北延伸的"长城"，却并不和我面前的这个关口相连。在一定的角度上，长城与嘉峪关现在的城墙距离很近，但在北边却相距很远，这显然表明它们建于不同的时期，所建的目的也不相同。追问当地人想来寻个究竟，刨个根底，只能是白费力气。面对这座我最喜欢的古代防御设施，他们表现出让人难以想象的冷淡、固执和无知，除了我们面前的这座城墙，他们甚至拒绝去找其他的长城城墙。

　　那天晚上，不再研究古文物，因而，我有足够的时间到处逛逛。在宏伟关城楼阁的大门外面，一队士兵和官员等着我，他们是受嘉峪关要塞的统领商大人（Shuang Ta-jên）的派遣，前来迎接我的。接着，也就是古克什米尔语称之为"门神"的商大人，为我举行了一场较为正式的欢迎仪式。仪式结束以后，我们向"城墙"走去。这时，我立刻发现呈现于眼前的是一个令人惊奇的壮观景象。我本来以为，城墙里面是堆砌在一起的简陋泥土房屋，可事实正好相反，从砾石山脊俯视城中，映入眼帘的是一片绿树围绕、令人心旷神怡的绿草坪，靠近守护大门的小城堡的南边。砾石山脊脚下的东边，山泉涌出，给这里带来了生机和活力，也为这里增添了一个美丽的名字"嘉峪关"，即"美丽山谷的屏障"之意。

来到了这个迷人的地方，我立刻领着探险队穿过城墙上一个作为方便通道的大缺口。平时，我很少选择枝叶茂盛的树下作为搭建帐篷的地方，这次例外。商大人穿着官服，从衙门来拜访我。他是一个绅士，年纪稍大，非常友善，平易近人。虽然他在此任职已经有足足十二年，也已经见过许多官员和其他人经过这里，有些人对他表示出漠不关心，但是不管我有什么借口，他仍然坚持一定邀请我去他衙门里吃顿便饭。不一会儿，我们就热烈地开始讨论他镇守的这座古代关隘的历史，以至于我都忘了已经很久没有洗澡和换衣服了，就跟着这个和蔼的老人去了他的衙门。

穿过嘉峪关的大门，走了一小段路，我不禁为眼前所见到的景象而震惊（图2-4、图2-5）。显而易见，红色黏土高墙经常得到整修，墙上有数不清的城垛瞭望孔和楼阁，使人立刻想起了中世纪或古老东方旅行家所绘制的类似军事设施素描。走过了三道拱门，我们才来到隐藏于城堡后面的兵营。这些门道和伦敦的一些街道一样宽，低矮的挡墙上面堆着小石堆，摆放着武器装备。在第二道门，我看见一座寺庙（图2-6），装饰精美，木刻艺术细致精美，屋顶上绿色的瓦片在阳光下闪闪发光，十分漂亮。据说，它建于明朝。最里面的城墙所围起来的小城看上去破败不堪，唯一的一条街上大半房屋已经毁坏，没有房顶。但是，长官的衙门仍是个舒适的地方，院中干净别致的花床为这间色彩暗淡的木结构房屋平添了几分色彩。

第二章　明代长城的门户

图2-4　嘉峪关西内门上具有环视四周的关楼

图2-5　壕山口峡谷内为守卫通道而建的已损毁的关垒城墙
注释：左边是古城墙的遗迹，护城墙朝东。右边的城垛墙朝西。

041

河西探险

图2-6 嘉峪关东城门内的观音庙①

如果友好的主人能在招待我们简单而干净的饭菜之前,先将碗盘用热水、毛巾、肥皂清洗一下,我将不胜感激。显然,他早已对这里经过的客人和他们的要求进行过专门研究。我们谈论了这些长城军事设施的历史,以及最近一次东干人叛乱所带来的杀戮与破坏,时间很快就过去了。商大人第一次来到这里,是刘锦棠领导军队再次征服西域的时候。他为我栩栩如生地描绘着那时他们在嘉峪关和哈密之间历经千辛万苦开辟道路、穿越荒漠的情景。大约一个小时后,伴随着一轮新月,我和蒋师爷回到了营地。这一天,在中国内地的

---

① 此照片应为"关帝庙",是斯坦因弄错了。——编者

## 第二章　明代长城的门户

河西走廊西部，我感受到了最热烈的欢迎。

7月20日，我对那些旧城墙进行仔细的考察。商大人一早就来拜访我，还领来了我向他索求的当地向导，所以耽搁了一会儿才出发。我登上建在西门城墙上的塔楼时，太阳已经高高升起，从这里可以看到远处的景色。站在二层楼上，我能很容易地看见大部分已毁坏的防御工事，即附近向东延伸、穿过辽阔平原的长城与黏土敌台哨楼。长城所经过的大部分地方，现在成了一片荒凉的砂石戈壁，只有几块面积很小的耕地相互连接，好似细小的链子。很快，我骑马向北去勘察嘉峪关真正的军事防御工事。巨大的黏土墙从南到北包围了整个山谷，有的建在低矮的地面上，有1弗隆①长。有的利用两座高耸的砾石山脉作为天然的屏障，初看上去很奇怪，直到我意识到这堵墙利用了山脉的一个陡峭的峡谷才明白。俯视城墙，可以看见它建于高原顶部，白天完全可以防止弓箭和火枪的射击，而且最有利的是附近的泉水可以提供丰富的水源。

显然，后来的城墙设计者也并没有忽视山脉的作用和优势，相互独立的黏土敌台哨楼周围挖有壕沟，并砌起砖墙，其中有三座黏土楼阁是在大门防守处和北面壕山口支脉的尽头之间立起，很显然这也是出于此目的而建造的。根据土坯的形状和排列判断，这些楼阁修建的时间较晚，但它们毁坏的状况和不断修补的痕迹，表明它们比后面延伸的城墙年代

---

① 弗隆（furlong），英国长度单位，约201米。

要早。至于城墙，向导说是明朝留下的，但很难确认。主墙和敌台哨楼周围用于住宿和守城人集合的砖墙保护得非常好。

雉堞状的黏土胸墙上排列着城垛的瞭望孔，表明这里是用枪炮来防护的。但是，这些建于墙内、离墙较近的塔楼与沙漠中古长城瞭望塔的主要建筑方式有一点不同。碎裂黏土的坚固圆锥体，底部方圆约34平方英尺，顶部有一守望的房间。有一面墙上有双排的脚洞，帮助哨兵沿绳爬上顶部。保护敌台哨楼的外围墙方圆有60平方英尺，是士兵们的小营房，现在已被毁。主墙的墙脚看上去厚度有11英尺，墙高16英尺。

我注意到，城墙上第一座敌台哨楼离大门大约2英里，我在前面已提过，它由西南向东南伸展，墙毁坏程度非常严重。经过很仔细的观察，证明了我以前的猜测，它年代更早，建造年代与其他的不同。这面墙，地面上的厚度只有8—9英尺，高度只有10—11英尺，也是用灰泥建造的。保卫嘉峪关山谷里的城墙内部的黏土层厚度有4—5英寸，而右边那些更古老的墙，黏土层有10—12英寸厚，这些测量数据让我一下子想起了这与敦煌北部和西部防御工事中观察到的黏土层厚度很近似。那时的探险证明它们的年代是汉代，结论是根据墙的高度和敌台哨楼排列距离显然在1.5—2英里这两个方面得出的。我现在观察的这座古墙的敌台哨楼有相同厚度的黏泥层，25—26英尺的尺寸也与敦煌的长城相似。

我已经有足够的证据，证明由此向肃州北边和甘州延伸的城墙，事实上是我在敦煌沙漠和安西附近寻找的古代前线

## 第二章 明代长城的门户

防御线的延续。但是，我很快就放弃了通过考古挖掘来验证它确切年代的想法。耕地一直延伸到古老的城墙脚，甚至更远，再加上土壤潮湿和人为的破坏，事实上，要想沿着城墙寻找有年代记载的古代文物是不太可能的。另一个方向的城墙也同样如此，我不得不放弃考古发掘的想法。在和嘉峪关防御工事交接处，古老的城墙不见了，而且1英里多的城墙都坐落在壕山口山脊陡峭的山坡上，我没有办法寻找任何更古老的长城的明显痕迹。

嘉峪关西面的大路旁边是山脉形成的天然防护墙，因而也就没有必要再修建防护城墙。我没有足够的时间去尝试和观察崎岖支脉倾斜的石头斜坡上裂缝的城墙，因为继续观察向北延伸的另一条城墙显得更为重要。沿着这条城墙，向前走了大约3英里，来到了叫黄草营（Huang-tsao-ying）的小村庄，村庄和繁茂的田地安逸地依偎在壕山口的谷口处。从谷口流出的溪水那边，护墙又延伸了大约半英里，然后爬上了崎岖岩石山脉的山坡，大约有200英尺，就是这里全部的长城城墙。

观察为防护主长城城墙外的小山谷谷口而形成的三角地区，是一件很有趣的事情。在南边建了一段较短的辅助城墙，从谷口一直延伸到谷口右边陡峭的山脉边上。沿着谷口向上走了大约1英里后，我发现在一处极为狭窄的大约宽度只有180码的地方，山谷被一座防护城墙封住了。城墙和嘉峪关的主墙有相似的建造结构，年代也相同。两边黑色的岩石坡显然是片岩，非常陡峭，高达300—400英尺，天然的山脉有效地保护这个大房子免受袭击。前面谷口被封闭，右面又有主防护墙，黄草营的居民们应该感到安全了。在谷口往上只有百余码的地方，我发现了另一堵城墙的残余，看上去十分奇怪，它的胸墙面向东面，正好和需要保护村庄的方向相反。这堵墙用碎泥块建造，体积巨大，位于粗糙的岩石上，连同胸墙，它的高度约11英尺。

如果谷口坐落于阿富汗边境上的某个地方，两座防御工事距离如此之近是不足为奇的。因为在那里，双方总能看到对方营地的人和透出的光线，不管是现在还是过去，将防御工事修建得如此之近都是不常见的。但在这里，中国的西北边地，主要事务不是进行内战，而是抵御来自长城城墙之外残酷无情的敌人，修建如此之近的两座防护墙堡垒，一定有不同的原因和道理。不需要多想，就能知道它的作用。面向东边的黏土防护墙堡垒，除了它巨大的结构，从它的毁坏程度就能判断出它的年代更为久远。它不是用来保护山谷谷口，因为再往上走没有任何的耕种价值，而是保护穿过壕山口山脊南边大路的安全。

上面已经提过，崎岖山体连接在一起，构成了一道天然屏障，以抵御来自北面的攻击。这座天然屏障在一处地方有一裂口，正是黄草营的谷口，在汉代保证这条古代长城道路的安全就变得十分重要。但当唐代放弃了这条经过敦煌然后通往"西域"的长城时，防护壕山口堡垒的隘路就没有意义了。当建造新的堡垒仅仅为防护当地的安全时，旧墙当然就全部被毁坏了。这些简单的历史遗迹观察记录，解释了为什

## 第二章 明代长城的门户

么会有两道面对面的长城城墙存在。

事实上，在壕山口谷口，我才真正明白了汉代长城的城墙和嘉峪关的防护墙发挥了明显不同的作用。从嘉峪关右手边延伸出去的碎泥砌成的城墙现已倒塌，它曾经和敦煌、安西的长城相连，时间可以追溯到公元前2世纪。自从汉代中国向西扩张开始，它的作用就是保护南山脚下狭窄的绿洲带，这是完全有必要的，因为这一绿洲地带是中国与西域商业、政治、军事交流的通道。现在连接嘉峪关大门的第二条城墙是较为晚近时期才修建的，所建的目的完全相反，是中国又一次实行传统的闭关政策，用以防止残忍的西方人，并从而停止与西域的贸易交流。在西方文献记载中，第一次提到这座墙是在伟大的帖木儿（Timur）的儿子沙哈鲁（Shah Rukh）在1420年派遣使者将哈烈国国书送到明朝皇帝手中时。

关于嘉峪关从最早开始一直到现在所执行的边关政策，或许可以从沙哈鲁的记载中了解到。他的陈述由亨利·玉尔（Henry Yule）先生摘录，他记录到："他们到达一个处于山中隘道的坚固堡垒，称作喀热勒①，道路从中穿过。在他们被允许进城之前，要清点人数，登记名字。然后，他们继续向前，到达肃州。"一位突厥托钵僧于1560年给查理五世在君士坦丁堡的特使吉斯兰·德·巴斯贝克提供了一个类似的记录。从波斯边境出发，他的商旅队经过数月长途跋涉，"来到一个隘

---

① 喀热勒（Karaul），守护城堡。

道形成的中国关口，陡峭崎岖的山脉相连并把关口围起，除了穿过一个狭窄的峡谷，没有其他通道，国王已经在此设置防御设施"。他们向商人询问，"你们驮运的什么东西，你们从哪里来？"等等。

在返回嘉峪关的路上，我考察了一段古城墙。离它的尽头大约有两英里，耕地延伸到毁坏的长城墙脚，有些地方还已经越过城墙。由于几个世纪的灌溉，土壤一直保持湿润，因而寻找这个长城第一次开始防守时所残留的遗迹是不可能的。烽火台自身也不可能有古代遗物保留下来，因为这些敌台哨楼在过去几千年中经历了太多的修补，大量的砖块被用来填补原有泥土的缝隙和覆盖顶部。

在这里，我没有什么机会进行考古挖掘工作。但是，我已经知道了有关这段长城的年代和特征，对此也就满足了。当我骑马返回营地时，经过了肥沃的村落土地，而不是考古工作通常所处的环境——干涸的沙漠，于是我更无什么遗憾了。在许多鸦片地里，罂粟花盛开，有粉色的，有紫色的，十分漂亮。我多么希望能用彩色照片或一个聪颖的印象派画家的画笔，来记录下这片古老土地壮丽的色彩！在整个肃州绿洲，鸦片是最主要的农作物。我听人说，开始的时候，鸦片使农民过上了富足的生活，但接着又毫不留情地毁灭了他们时，我心里一阵难过。因为种鸦片的人抵制不住诱惑，自己抽起了鸦片。于是，不久，这里的种田人变得懒惰、爱赌博，染上其他坏习惯，最后不得不典当财产、借高利贷，可这便宜了放高利贷的人。

# 第二章　肃州和酒泉

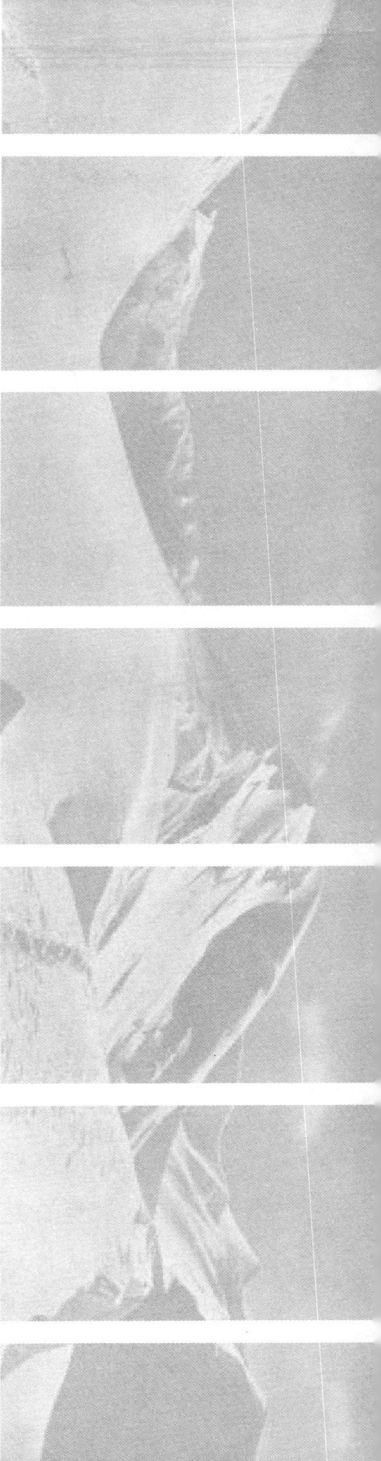

## 河西探险

对嘉峪关进行迅速的考察之后，在7月22日的早晨，我们出发去往肃州。肃州是关内第一座真正的大城市，这对于我的队员似乎具有很大的吸引力，因而行李和人员都早已准备好，就等着出发。但是，出发的时间非常早，友好的"嘉峪关守将"仍然以个人的名义，一个人前来为我送行。管辖肃州区域的准将派遣十个全副武装的人，特意来迎接我们。他们在我们临行前一晚到达，现在由他们护送，因而我们的车队显得特别引人注目。小小的队伍拿着两面灰色大旗，他们头上所戴的大草帽加上作装饰的飘带，更让人觉得古怪。在他们的古老武器配备中有一两支卡宾枪，对于这个中世纪装备的队伍来说，看上去就特别奇怪，有些不协调。站在南山山脉的雪峰上，从南面往下看，人们很少会注意到去往肃州的这条19英里长的大通道。大部分山路是石子覆盖的荒地，这对于我们的小马可是件痛苦的事，因为前几天的行军一直未钉蹄铁。途中，我们经过北大河左岸纵横交错的渠道，不过依靠它们来灌溉的肥沃黄土带却在北边好几英里以外的地方。

炎热和强烈的太阳光炙烤不断袭来，到下午三点时，在河西岸连成一片的耕地边缘，我们远远看见了肃州高高的城墙，心里顿时感到一阵轻松。我们穿过的许多支流没有水，但是两边深深的黄土岸堤和碎石覆盖的整整1英里长的宽阔河床，证明从北大河涌来的河水有时非常大。我们骑马穿过了长满小麦和鸦片的田地，来到城门近郊一块很小的地方，

## 第三章　肃州和酒泉

这里原本是已去世的当地政府首脑林大人（Lin Ta-jên）即比利时人林辅臣的衙门所在地，现在临时给我作栖身之处。房子很肮脏，杂草丛生，但面积很大，有几个大院子和厅堂。虽然房屋的第一位主人离开肃州和他那坐落在通向新疆国道上的办公室才几年，整座建筑已经看上去好像即将倒塌，破败不堪，先前华丽壮观的景象也已消失得无影无踪。整座建筑没有遵循传统的中国风俗，院子和主要的屋子都面向北方，用来解决没有树木遮挡而急需阴凉的问题。所以，我立刻离开了这座墙体都已经破烂、房顶聚满蝙蝠的房子，赶马去城镇北墙那边，听说那里唯一的一座寺庙可以暂作住处。

我一路飞奔，尘土飞扬。那里果真是个好地方，令我非常惊喜，长满芦苇的大盆地里注满了清澈的泉水，还泛着气泡。在盆地上方呈阶梯状的地面上，我看到了那座寺庙，它的殿堂位于一个漂亮的凉亭和花园旁边，由通风的柱廊相连接（图3-1）。一时我不禁怀疑自己是否回到了克什米尔湖的湖畔或拉合尔平原（Lahore Campagna）一处古老的蒙古乡村。过去，我在这两个地方曾经度过了一段美好幸福的时光。目前在肃州，这两个地方的特征似乎一下子相互融合，在酒泉这最令人愉快的地方，全部展现在我的面前。酒泉这个迷人的地方自从古代就一直为人所知晓，它曾经还是这个城镇的名字。

石头排列砌筑而成的水槽里，泉水清澈透明，青苔和掌叶铁线蕨蔓延生长，就好像那迦（Nagas）受人尊敬的兄弟把

河西探险

图 3-1 肃州酒泉寺庙入口的亭子和柱廊

神灵和人类所喜欢的克什米尔漂亮的和迷人的景色借给了这里每个角落。庙堂粉刷得十分华丽,木质结构的走廊和观景楼摇摇欲坠,花园里灌木茂盛,这更像是一座以前蒙古或锡克达官贵人毁坏大半的别墅,这不禁又让我想起了拉合尔附近的乡村。最后,我决定暂时住在这个地方,再次回味一下以前的快乐,远处的契丹[①]和气候让人想起克什米尔沙赫巴拉瓦勒(Shah Balawal)的令人愉快的古老花园,加上绿树成荫的阶梯和粉刷精美的小神龛,是我在拉合尔最喜欢的住处。

---

① Cathay,即中国。

第三章　肃州和酒泉

国王，或说大王（maharaja）和他的几个大臣曾在那里被谋杀，几个来拜访我的老朋友开玩笑说，这里是我的"坟墓"。这个中国的复制品酒泉会不会真的是我的"坟墓"呢？

我支起了帐篷，从帐篷里可以俯视清泉、湖面、河对岸大片肥沃的土地和通风的柱廊。一座小小的观景楼早已没有了大门、窗户和其他有用的房屋防护物，屋顶装饰带来了些许期盼的阴凉。后面是一座用围墙围起的花园，园中长满了果树，树上杏子已经熟了，这是个保留隐私的好地方。园子外的西边，高大的老榆树似乎要和克什米尔的筱悬木树（Plane-trees）比个高低（图3-2），榆树下就是我的会客

图3-2　肃州酒泉的花园和寺庙院落
注释：左边隐于群树中的寺庙是我的临时接待大厅。

厅——一个典雅的完全木质结构的大寺庙，房顶雕刻精美，走廊的屋檐曲线别致。显然，建造它更多考虑的是为社会活动提供一个便利的场所，在北边一些小的凹室里放着粉刷过的制作年代较晚的神像和奇异人物像，大厅里空空如也，没有任何迹象体现出宗教用途。

整个屋子通风很好，墙壁上网状形的细小屏障上面早已没了纸的覆盖，所有的门和壁板都破败不堪。小花园的花坛里长满了金盏花、太阳花和牡丹花，穿过花园，就来到了受人敬仰的殿堂，殿中的颜色绚丽夺目。旁边有一个毁坏大半的小木屋，它成了蒋师爷的住处，只要屋里有一张睡觉的台子，他就很高兴了。先前已经拒绝了好几处寺庙、称它们太"夸张"的测量员，这次也把帐篷搭在了主殿院子前的一处有阴凉的凉亭处。

我为在肃州逗留期间能有令人赏心悦目的环境而感到特别高兴。因为遇到了一些未曾料到的困难，我在这里待的时间比事先料想的要长。在能够开始进山考察前的六天，我的工作十分繁忙，但心情愉快。由于仔细讲述经过需要很大的篇幅，所以在这里只做个大概的介绍。第一天大部分时间是用于对肃州主要的达官贵人进行官方性拜访。北京公使馆和外务部派遣了一位道台做我在甘肃的账务管理员。我发现他是一个温文尔雅的老人，受到多年病痛的折磨。和他谈话有一定的障碍，因为他讲话的声音特别低，而且不清楚，即使听力极佳的蒋师爷也很难听懂。不过，有关我的6 000两（约

## 第三章 肃州和酒泉

合1 000英镑）账户问题的每个细节，最终还是得到了妥善处理。

翟（ch'ai）是一位将官，他与众不同，给人的印象特别深刻。他气质高雅，风度翩翩，加上他待人热情、真诚，立刻让人知道他就是个老士兵。飘逸的白须不仅对他来说是一种自豪，而且对他的很多随从来说也是一种骄傲，这也使蒋师爷十分着迷。翟在新疆北部的要塞任职很长时间，曾去过俄罗斯、欧洲和其他地方，他还提到去过一个邻邦国家。在异国他乡旅行的过程中，他渐渐对外国产生了好感。我可以看出来，他对我的考古发掘工作有些担心，正如4月份我的考古发掘工作同样在兰州引起当地官员的不安，但他是出于好心和谨慎，根本不是想阻止我的行动。他对我从汉代边防线上发掘出土的文物十分感兴趣，而且在看到从兰州得到的指令时没有过问这些珍贵文物，也没有影响我在沙漠和其他地方的考察工作，为此我感到非常高兴。

在肃州的达官贵人中，最有趣的也许要数金台辛（Chin t'ai-tsin）。他是肃州独立地区的长官，思维敏捷，反应迅速，年龄大概在50—60岁，具有很高的文化造诣，懂得人情世故。他的穿着以及他衙门的家具装饰，就说明了他不俗的品位和别具匠心的安排。他穿着一件质地精良的淡色丝绸衣服，和季节非常吻合。他那些花饰点缀漂亮的瓷器茶杯和其他"宝贝"，让我有一种鉴赏家见到有价值珍品时所感受到的愉悦。显而易见，他行为端正，有教养，受过良好的文化熏陶。虽然他比道台的职位要高，但他没有告诉我们他在学术上所取得的成绩。出于某种考虑，他从来不佩戴徽章，但是从他所提的问题和对历史问题的灵敏反应，我可以看出他阅读范围很广，思维很有深度。

拜访归来后，我把他与我所谈的内容在脑海里稍稍进行了整理，这显然远远比肃州三位"主要"政府官员的晚宴要有趣得多。出于礼貌，他们把我"自己的"寺庙营地当作是召开座谈会的场所。那天早晨，我刚把帐篷搭建在酒泉附近，就惊奇地发现，平时被人忽视的殿堂，有人正在迅速对其进行墙壁表面的修复工作。当我的主人和他们的随从穿着盛装，撑着大伞，带着其他办公室装饰用品聚集在寺庙院子里，而我被邀请进我自己的会客室时，我几乎认不出这整修后的屋子竟然还是原来的寺庙殿堂。

接着是一个隆重的宴会，从下午四点持续到黄昏。菜名目繁多，很快我便放弃了清点他们从远处拿来的昂贵可口的食物。金台辛作为官方三人组中最小的官，负责所有的安排。看着他们的安排和花费，我想他们可能认为我喜欢宴会这种场面。根据他们在新疆的经历，金台辛和将军争着讲一些逸闻趣事，看谁能搞活晚宴的气氛。甚至平时只允许喝茶而不喝其他饮料的温和的老道台，也频频举杯，同时还说了一些祝福的话语。

不过，这令人愉快的聚会并没有让我忘记需要立刻解决的问题。根据中国传统习惯和蒋师爷的建议，我利用宴会最

## 第三章 肃州和酒泉

后"谈论公事"的时间,提出关于我预先设想的去南山的探险计划。我需要交通工具和向导,并且希望当地能保证尽力给我们提供帮助。我很清楚甘肃汉人、官员和其他人并不喜欢高山雪峰。相反,他们担心若我进入中国统治的不受欢迎的地区,那样会引起麻烦。但是,我根本没有想到所有管理事务和军务方面的官员会一致地出乎意料地用很严肃的口吻,说没有去往肃州河和甘州河源头的道路,山脉和山谷存在"野蛮的西藏强盗"和其他各种各样的危险,不要进入这些山区。不过,最后,这些具有影响力的官员说服了当地居民冒一次险,协同我们进入那片连名字都没有的隐秘的土地。

考察肃州河和甘州河绿洲所属的高山大谷、寻找俄罗斯人曾经到过的一些地方、考察平和的汉人在南山许多地方的淘金地点都不是我最大的兴趣所在。老实说,我真正的兴趣是西藏,而不是甘州。如果我自己有马匹作交通工具的话,我就能让我的官方资助者不用担心,我可在没有当地帮助的情况下,在山中开辟我自己的考察路线。但是,我没有足够的时间和金钱,来找到历时大约四个星期探险所需要的十六匹马。此后,为了能让我对南山长时间探险考察的计划失去信心,肃州的官员们时常保持着一种漠然不过问的态度。

毫无疑问,他们之所以表现出这种态度,仅仅是因为不想承担有关我人身安全的责任。但是,这一点并不能消除我的失望情绪。不过,那天晚上谈及此事是不恰当的。第二天,我立刻派蒋师爷去金台辛的衙门,带上了地图,并告诉他如

河西探险

何应付和对答那些官员可能提出的关于我探险考察行动的愚蠢问题。蒋师爷带回的话让我安心了些，至少租用当地马匹的命令已经下达。我是否能够让马匹的主人和我们一同去山里，看上去还没有答案，在进山考察这件事上所需要的帮助竟然受到如此的冷落，我感到特别遗憾。为了不错过任何可能的机会，我向大家声明准备购买马匹。但是，带来的马匹能用于勘察的没有几匹，而且健康状况很差，看来寻求衙门帮助的希望也是十分渺茫。

甘肃的比利时传教会艾森木神父几个月前来到肃州，能有欧洲客人来访无疑是一种莫大的安慰。在一年之后，在这令人沮丧和踌躇犹豫的日子里，我再次感受到让人兴奋的欧洲社会氛围。我在敦煌考察时，这个新的传教机构还没有建立，因此当我收到他的汉语名片时，不禁惊喜万分。我立刻给他发电报邀请，然后将屋子打扫收拾一遍，很快我的小屋变得井井有条，洋溢着热情好客的气氛。我发现他是一个和蔼可亲的年轻神父，他对中国非常了解，对当地的老百姓很有同情心。和他相处了几个小时，时间虽短，但很有意义。显然，把我对甘肃的一点点印象告诉这位在这个地区有过很多经历的热心学者，简直就是班门弄斧。

我们谈了许多有关马可·波罗的故事，马可·波罗有关肃州和甘州的记载表明他对当地的观察十分准确。我还谈到了我对"寻找中国，寻到天堂"的勇敢的鄂本笃（Benedict Goës）的记忆。在肃州，鄂本笃认为离目的地已经很近了，

## 第三章 肃州和酒泉

然而在耽搁了整整十六个月之后，这位忠心的耶稣会教士于1607年患病，最后贫困潦倒，离开了人世。每当我到达他曾经经过的所有地方时，我都会想起他，想起他那勇敢的精神。拉合尔、白沙瓦、帕米尔、大色勒库尔山谷、莎车、和田等，在这些地方，我都寻觅过他留下的痕迹。现在，我要感激上帝，让我能够延续他的事业。没有任何迹象说明他被安葬于何处。艾森木神父是由耶稣会派遣、从北京到这里接班的，在我们的麻烦问题解决之前的几天，他才来到这里。我希望肃州的天主教教会能够建造一座永久的教堂，这样，就能让人永远记住鄂本笃这个名字，并尊敬他、敬仰他。

肃州城是在最近一次回乱和大肆杀戮与破坏后，选择了一个新的地方重建的。它看上去整齐繁忙，一派欣欣向荣的景象，但遗憾的是，这里缺少像敦煌周围那样古老的寺院遗迹。新寺庙也不多见，显然新近从中国不同地方来这里定居的人们还不想捐款为宗教信仰出点力。在这里，很多商店都出售从海港运来的商品，来自日本的商品也是充裕丰富。我想从中挑选几件，以后留作官方礼物之用，但没有找到。只有一些来自西方的劣等商品，似乎才能让人回忆起肃州——这个过去曾作为古代中国的中亚贸易中心的曾经繁荣的历史面貌。

比起什么东西也没买的"购物"，或许和艾森木神父一起去考察古代长城城墙更让人精神振奋。在向北直线距离8英里的地方，我们见到了长城城墙的遗迹。有的地方经常出现沼泽地，我们有时不得不绕道而行。耕地仍然延伸到了长城，但是都被分隔成了一条一条的。在分割的地方，我们反复发现了被弃的古代耕地的痕迹，但现在已长满了粗草和灌木。在城墙南面的沼泽地上，我们看见了一些还未完全成形的沙丘，表明蒙古戈壁离这里不远。现存的长城城墙本身也只是片片断垣，建筑手法与我在嘉峪关北面勘察时所见到的长城城墙完全相同。但有趣的是，这里的黏土墙不是建于原来的地面上，而是建在低矮的泥土堆上，显然这些土堆首先是为了建造一个牢固的地基，否则，在两千多年前，长城就有可能已经被水浸透，早已倒塌了。

广阔的耕地里，庄稼长势良好，表明这里土壤肥沃，水源充足。绿色的田野犹如波浪般伸展，加上许多盛开的红色罂粟花，一排排白杨树和榆树构成了一幅壮丽的乡村美景。背景是犹如阿尔卑斯山般巨大的南山雪峰，雪峰周围乌云密布。当我们返回时，暴雨已经引起了洪水。宽阔的河床被泥水覆盖，水流汹涌，深达 3 英尺，已经和堤岸齐平。

由于我坚持要进山进行考察，并且坚决要拿到所需的交通工具，衙门屈服了，最终帮助我解决了问题，随之难以克服的关于人身安全方面的反对意见也被一一解决。第五天，蒋师爷说他亲眼见到了在知县的衙门里齐集了十四匹马。我立刻答应以超过政府租用的费用来支付报酬，并保证照顾好马匹和他们的主人。但我仍然有疑问，就是在如此重的驮装压力下，在进入山中之后，马匹能坚持多久，能走多远。所

## 第三章 肃州和酒泉

以这些甘肃汉人看上去仍担心群山会带来恐惧,对他们来说,"不知名的秘密地方"远比最远处的山脉危险。因此,大家都抱怨政府征集牲口的命令,因为这些牲口原本是平时用于官方在平原地带驮运货物的。

在最后几天,敦煌发来电报,报告社会情势危急,这使道台、将军和知县变得更加小心。在勘察"千佛洞"时,我从敦煌的农民那里就听说了当地长期存在的、拖欠税收的事情。随着官方措施的实施,产生了社会问题,当我仍在那个地区时,为了避免发生暴乱,我的知己朋友汪大人和他的军事助手林大人一直保持妥协。现在,传来消息说财政命令的实施引起了严重暴乱。在主要的煽动者——一位文人拒捕被杀之后,汪大人的衙门受到老百姓的袭击,部分被毁坏,双方大约有十二人被杀。

政府官员们都十分担心敦煌的征税将引起更大的麻烦。又传来谣言,称他们已经打开城门,让暴动者入城。不管怎样,汪大人确实面临着巨大的危险,现在不得不向肃州寻求军事援助。根据蒋师爷获得的消息,衙门中宁可牺牲汪大人而受到总督的责骂,也不愿出兵惹来麻烦,损害自己的利益。将军反对出兵救援,他表示如果出兵,敦煌的百姓将因害怕承受被处置的严重后果,而陷入绝望境地。老道台无疑可以保护自己,不用承担任何责任。精明的知县金台辛十分害怕,怕因为自己管理有方的名声,导致自己可能最终会被派去解决敦煌的问题。这使我不禁担心起来,远方敦煌的暴乱是否会让我的中国官方朋友们更多地顾虑和担心我进山考察呢？

7月7日，我一直期盼的交通工具终于被运到我的住处，我一下子轻松了许多。可来的人看上去十分生气，而且对我出钱雇用他们十天表现得很不情愿，并且一再嘟囔说，他们之所以这样做是想为他们自己和牲口挣点粮食。事实上，他们是在用毫无礼貌的言语暗示他们只会把我们的行李运送到山脚下，不会走更远。

然而，从营地出发还需要许多东西，因此我并不介意他们的这种警告。同一天，我去衙门道别。现在，他们看上去是采取了措施，把我进山考察看成是一件重要的事情来对待。为什么道台、将军或知县不能心甘情愿地帮助我呢？当我听说道台会命令金台辛和我一起出发，到山脚下最后一个村庄金佛寺（Chin-fo-ssu）监督我的工作时，我不得不承认我颇感疑惑。

晚上，这些达官贵人回访我，正好赶上我在自己的屋里为感谢艾森木神父而举行类似野餐的简朴晚宴。因为我的传教士朋友带来了他的一个本国助手，因而蒋师爷认为虽然只是简单的晚宴，但根据中国的习俗，需要增加菜量，这样，空间有限的帐篷一下子变得拥挤了许多。但是，当将军和知县出现在门前，我不得不邀请他们入席时，我的克什米尔厨师自制的各式小"拼盘"就显得有些不够用了。他们一来，我的拉达克佣人艾则孜就慌了手脚。花了好多年的时间，他才学会如何摆弄欧洲风格的晚餐。现在，他突然之间有机会来

## 第三章　肃州和酒泉

根据真正的中国风俗做这件事，而在以前，他一直没有机会对自己的手艺进行展示，结果是一片混乱，令人捧腹，我们改用筷子吃牛乳蛋糕。幸好，客人们没有因为这点小事而大动肝火。头脑冷静的提拉巴依立刻拿出看家本领，给客人们提供了一顿特色晚餐，不管他们是当地汉人，还是一直住在中国内地穿着中式衣服接受中国传统的艾森木神父，都只能按欧洲的方式来行事了。最终，一切恢复正常，不管有什么缺憾，客人们都享受了长满芦苇的湖景和夜晚清新宜人的空气。

# 第四章 穿越走廊南山山脉

虽然有人看守十六匹马和骡子，7月28日早晨，它们还是很晚才被带了过来。把那些用不着的物品寄存在衙门，这大大减轻了我们的负担。不管怎样，中午十一点，整个队伍准备就绪。前往东南方山脚下的整个行程，可以分成两站地来走。最先的3英里，我们穿过了肥沃的田地，经过了林荫道，道边在最近一次东干人穆斯林大叛乱后重建的军营现已毁坏一半，然后来到光秃秃的从山上缓缓倾斜下来的沙石平原。

经过6英里的荒芜土地时，太阳光十分强烈。但是，看见远处连绵不断的雪峰和北边地平线上山西堡（San-chi-p'o）那宽阔富饶的土地，心里一下子舒坦了许多。数不清的沟渠河流纵横交错，河水发源于北大河东面的走廊南山山脉。接着，我们进入了一块肥沃的红色黏土扇形地带，这里的耕地紧密相连，但许多田地已经长时间没有人耕种，表明这里缺少劳动力或必要的水源。在石灰窑庙（Shih-hui-yao-miao）附近一座正在修建的大型寺院里，我们安营扎寨。从山中刮来的狂风整整吹了一夜，狂风没有给平原带来一滴雨，却吹走了长时间笼罩在大雪山上的云层。

第二天，我们前往东南方只有大约16英里的金佛寺。一路上，天气晴朗，凉爽宜人，让人好不舒服。除了两处砂石戈壁之外，路途中经过的都是肥沃的乡村土地，此地被称为"红山"，即"红色的山峦"之意，所经之处都是红色的低矮丘陵群。特别引人注目的是村落附近或分布于田野的大量古树，其中大多数是榆树。田间的淡绿色和泥土的亮红色和谐

## 第四章 穿越走廊南山山脉

搭配,让眼睛一直能感受到美感的存在。在红山的一个村庄里,我发现一处用围墙围起的又小又破的寺庙,在几个毁坏大半的屋子里有一大群学生在上课。每个教室里,学生们都在背诵课文,发出嗡嗡的声音,"和尚"(指老师)可以不离开他自己小小的屋子而能根据读书声很容易地了解学生的学习状况。在他的屋子里,有几个好学生正在接受孔夫子名著的教诲,我再次为这所乡村学校所表现的良好秩序和整洁干净而惊叹。我们的闯入虽然引起了一点骚动,但并没有使这些小孩子离开他们的课桌。嗡嗡的读书声虽然让人心烦,但还是继续着,直到门口楼台上的钟在微风中响起。

继续向前走了大约4英里,我们来到了一个风景如画的小镇贵银寺(Kuei-yin-ssǔ),我至今仍记忆犹新。小镇现在已经完全被废弃,大约有250平方码、30英尺高的高大土围墙仍然竖立着,但是里面剩下的仅是一座孤零零的寺庙和几棵老树。墙边有几英亩地仍然能得到灌溉,但其他散落开来的梯田已经荒废。显而易见,这里的耕田也在不断减少。难道这是因为缺少水源,或是在最近一次东干人大叛乱的灾难中而毁掉的吗?可是,一如既往,询问那些居住在这个地区的人们是根本没有用的。

穿过一大片地上布满碎石和鹅卵石的宽阔地带,我们终于到达了金佛寺绵延数里的田地,它们占据了山谷谷口冲积扇的中心地带,我们就要从这里进入山中。小镇给这么一大片肥沃的土地起了个名——"金佛寺"。高高的城堡城墙保存

图4-1 金佛寺镇的北墙,后为走廊南山山脉的山脚

完好,上面还有楼阁和城垛(图4-1)。土墙的东门外,我们看见了几个小官带着一大群身穿红衫的士兵正列队等候我们。但是,安排给我们宿营的寺庙肮脏不堪,更糟糕的是除了门前一条肮脏的水渠,我们也找不到任何水源。

沿着平稳上升的山谷谷地向上,很快找到一处有遮阴可以搭建帐篷的地方。营地在一个长满了茂盛灌木的梯状果园里,后面是一座周围用壕沟围起很高的敌台哨楼,附近有农家,景色简直就是一幅十分迷人的图画!从这个果园旁边流过的沟渠已经干涸,但可以确信,很快就会有水注入,于是

## 第四章　穿越走廊南山山脉

我决定就留在这里。这里海拔 6 300 英尺，靠近山脉，气温已经比较凉爽。但是，几个小时过去了，仍然没有活水流过。最后，运来了几桶水，但气味和颜色表明这是水槽中的水，而不是沟渠中的活水。

在无聊的等待过程中，一群充满好奇心的村民给我带来了一些乐趣（图 4-2）。我还不得不接待专门赶来为我的安全做安排的金台辛，显然他很担心那些从肃州过来的马匹的主人们。搬下行李后，牲口和牲口的主人就全部消失了。第二天，或是把他们再召回来，或者用当地饲养的马匹代替。耽搁一天没什么大不了的，于是，我请蒋师爷用他那娴熟的外交手段和文雅的气质，与那些肃州来的人谈判，这些人可真

图 4-2　前来参观我的帐篷的金佛寺村民

是顽固不化。深夜，我还听到他们涌进蒋师爷的房间，称他们宁可被毒打，也不愿进入那些可怕的山区。我半夜休息时，希望仍十分渺茫。

第二天，我立刻派蒋师爷去县长家里，因为很长时间没有马匹的消息，我心里十分紧张。利用这段时间，我给家里写了封信，先通过兰州新开的帝国邮局寄去，然后再经过天津或西伯利亚大铁路送达。若那些信件能在十月份的第一个星期到达英国，表明中国当局建立的现代邮政服务的工作效率还是非常高的。当我的思绪正遨游远方时，有关交通工具的事情也有了新的进展。中午，蒋师爷带回消息，说县长已经留下了肃州的一半马匹，而且他正努力在金佛寺当地招募不足的马匹。

后来，我还是进一步做出了让步，答应付给比在敦煌和其他地方高出一倍的马匹租金。但是，要我同意他们提出的每匹马减少一半负重的要求，我实在是做不到。在肃州，我已经寄存了所有可能两个月之内用不着的东西。现在，我不能再丢下任何一件行李，除了一堆从肃州衙门带来的银圆。幸好，两个队员可以留下来，因为在山中不需要奈克·拉姆·辛格照顾生活，我可以派他和翻译阿合买提（Ahmad）去甘州。确信我有会说汉语的朋友，奈克同意暂时分离，虽有些不高兴，但还是表现得很冷静。在甘州逗留几个星期，他可以好好休息一下，同时他也有机会可以按照他自己的贾特人（Jat）口味来烹制食物了，平时由于等级差异，他不能总

## 第四章 穿越走廊南山山脉

是按自己的口味来做饭。已经好长时间没有糖和干净的黄油，我希望他在甘州能利用这段时间尽力找到一些，以备之需。

重新筛选了一遍行李之后，晚上我去拜访金台辛，发现他正为自己的努力获得成功而特别高兴。十六匹马匹和骡子已经确定下来了，不再会有当地民工的痛哭或抗议。村里的首领已经答应给他们和牲口提供二十四天的食物，当然前提是我提高租用价格。因此，好多天以来一直困扰我的麻烦事解决了，我一下子轻松了许多，开始与金台辛聊起当地一些有趣的话题，如耕地的明显减少、灌溉系统和其他问题。询问村民这方面有关的信息是徒劳的，但是金台辛是个善于观察的人，因而我可以问他。据他说，在官方的记载中，提到自从最近的一次穆斯林东干人叛乱以来，灌溉的水源和耕地的税收都一直在逐渐减少。

对中国的一个地方官员"在外任职"时如何安排自己的生活，我也十分感兴趣。金台辛是个很有品位的人，从他那讲究的帐篷和旅行床周围干净的彩色丝绸织锦就能看出来。晚上，当我们返回营地时，蒋师爷告诉我，从个人的角度讲，金台辛能确保我安全出发，当然这会给金台辛带来很多麻烦，但同时对他也有好处。因为到金佛寺来，他就很可能不用因为兰州发来的电报而被派往敦煌处理麻烦的事务。当我想到中国官员对电报也会产生恐惧感，心里不禁觉得好笑。显然，他们的目的和印度边界上那些经常由自己解决问题的守将的动机截然不同。

## 河西探险

7月31日早晨，我们终于开始进山了。直到上午八点，马匹才陆续到齐，装行李花了整整两个小时。但是，看见他们不再有怨言，也很卖力，我也就不介意耽搁这点时间和因银子太重而带来的困难。装有供给人和马匹食物的行李也得再检查一遍，另外又加了四头驴，帮助运送马夫的粮食。在一片混乱嘈杂中，我几乎忘记了和殷勤的县长道别。清晨，天气凉爽宜人，走过两英里贫瘠的冲积坡，上面有许多现在已经废弃的农田痕迹。然后，经过山谷谷口，这时一片清新的绿色展现在我们眼前。

有一座漂亮的戍堡敌台哨楼把守着入口，在它旁边是一个装饰精美的寺庙，已经行将毁坏，大树底下是一个大村庄。路边新开了一家商店，商店里面有一座色彩华丽的小神龛，很显然商店的主人是想从经过这里去南山开金矿的矿工们那里挣到一些钱。我注意到，山的入口处遍地都是茂盛的绿草和野花，这与敦煌和安西贫瘠的山谷显然不同。第一眼我就能看出南山的中心地带气候湿润。看到马上将有一场大雨来临，我兴奋不已。再次看见山谷陡峭的山坡上，像阿尔卑斯山那样清新、清澈的溪水从身旁流过，我抑制不住心中的喜悦。

6英里之后，我们经过了第一道煤层山岩，在这些山中有许多煤层山岩。现在只是表面上有一些，但很显然这里将来会成为甘肃一个重要的工业区。沿着崎岖的山路向上走两英里，我们看见了一条巨大的护墙堡垒，它将山谷封闭起来，两旁陡峭的岩石坡之间大约有150码宽，墙的南侧布满了各式各样的

## 第四章 穿越走廊南山山脉

草和苔藓。自从离开克什米尔,在其他地方我从来没见过大自然发挥这样的作用,掩盖和抹去人类的劳动。堡垒的这些残迹看上去十分古老,几英里之外是一处迷人的草地,叫营沟口(Ying-kao-ko),成了我们理想的安营之处。雨已经停了,帐篷也已经搭好,我可以享受一下满手捧着阿尔卑斯山鲜花的感觉,其中有我的老朋友——深蓝色的龙胆根。两山之间的峡谷里长满了茂盛的丛林。队员们很快生了堆火,来烘烤身上的衣服,这些肃州的穷人很少能经受得住旅途的艰辛。

我正高兴马匹可以在这阿尔卑斯山般的牧场好好享受一番时,来自莎车的萨合提巴依(Sahid Bai),那个脸长得很凶但特别听话的马夫,一脸担忧地来到我面前,说有五匹马迟钝地站在那里,不肯吃草或饲料。我立刻怀疑马匹吃了遍布南山一些地方的有毒草,关于这方面问题老马可(Marco,指马可·波罗)在肃州的一章中已经谈了许多。威尼斯人的记录完全正确,我的马匹见到那些草时激动不已,而本地的马匹却显得格外小心和谨慎。马匹的鼻子有一点流血,有古代拉达克克拉喀什兽医本领的提拉巴依立刻开始为它们救治,这多少让人有了一些安慰。但整整两天或三天的时间,这些可怜的马匹才恢复了知觉和胃口。傍晚时分,天又下起了雨,许多队员都跑到我的帐篷里。马夫为了躲雨,都聚集在我帐篷外的屋檐下。我经常为自己能给人提供这种帮助而感到特别高兴!从金佛寺来的县长坚持要他们做护送的五个士兵,颇有远见带来了两个小帐篷。

第二天醒来,天已经放晴,天气清爽宜人。但早上一开始,厚厚的一层薄雾仍掩盖着高处光彩夺目的山坡,我们不得不等到太阳出来,才能看见去往峡谷的山路,而且至少也得等到队员烘干了他们的衣服和帐篷。前两天攀行的山坡十分陡峭,现在我们已经到达了海拔 10 400 英尺的高度。转过营地上方的一个岩石山脉,山谷一下子变宽了,成了一个四周群山围绕的小平地。沿着陡峭的阿尔卑斯山般的草地,继续向上 1 000 英尺,我们来到了一处被称为半坨坝(Pan-t'o-pa)的绿草青青的高地。在高地边缘处有一敌台哨楼,由木质框架和黏土土坯建成,尺寸和建造手法与我在长城沙漠中见到的瞭望台极为相似。但是,周围的环境却完全不同!碎泥和木结构看上去已全部腐烂,但由于气候条件和平原上的不同,所以对年代进行估计是根本不可能的。

但是,有一件事是肯定的。这座敌台哨楼和通道口另一座类似的敌台哨楼,以及向前在旧堡卡(Chio-po-chia)通道处发现的小城堡残迹,都表明这些山曾经用来防御敌人的入侵。到底是谁曾经威胁到南山现已无人居住的山谷低地呢?我想应该是小月氏(Little Yüeh-chih),古代河西走廊一个游牧民族的残余,公元前 1 世纪的中国史书记载,曾提到他们曾在这些山中。据说,在公元前 2 世纪时,由于汉朝[①]的攻击,他们的祖先被迫西迁西域。他们的宗族是大月氏(Great Yüeh-

---

① 应该是匈奴。

chih），称为"印度–斯基泰人"（Indo-Scythians），后来成了阿姆河地区和印度北部地区的统治者。只要从雪山上俯视这些山谷和平原，我们就能理解其中的历史故事！

穿过高原，到达南边壕子（Hou-tzǔ）通道，距离只有 0.75 英里，但是通道非常狭窄，不禁让人惊讶。从冰雪覆盖的山顶流下的雪水，在右边布满鹅卵石的盆地里消失，四面长满草的山坡环绕在盆地周围。毫无疑问，雪水通过一条地下通道，流到了下面的金佛寺山谷。当我到达通道时，展现在眼前的是海拔 11 350 英尺、规模宏大的奇怪地貌。一座半圆形的雪峰矗立在中间，海拔 9 000 英尺，雪峰之下是一个平坦的盆地，一直延伸到通道南面的山脚（图 4-3）。

图 4-3 从壕子山口向南穿过千湖盆地

河西探险

　　第一眼，你可能会把盆地当成了湖泊，因为昨晚雨水的湿气引起了浓雾，如照片中所看见的。没有看见河流从周围的山顶或山脊流进这个盆地，我攀过了长达 300 英尺陡峭的山坡，终于来到盆地的边缘。这时我发现平坦的底部，从北到南整整有两英里长，但是根本没有水。精细的沙粒覆盖着底部，表明盆地经常会有水源注入。在一处平坦的地方，两边陡峭的山坡上有一条水流的痕迹，证实了这一猜想。据说，在冰雪开始融化时，现在我们穿过没湿脚的盆地底部将有一潭浅水。

　　就在盆地底部的山坡开始向主山脉慢慢倾斜上升的地方，我们的路线转向东南方，去往第一个侧道。沿着这条道路，我们将穿过从走廊南山主脉高耸出来的山脉。攀上海拔 12 600 英尺的山地，我们来到了旧堡卡（Chio-po-chia）通道，这里是富饶的山间草原，较为容易攀行。在它的山脊上，有个用粗石、黏土土坯砌成的两层小城堡，城堡用来防守，但现已毁坏。从上往下看，可以看到一个很深的山谷，有许多陡峭的雁列山岭，不禁让我想起曾经穿越过的和田南边喀让古塔格（Karanghu-tagh）山峡谷时的情景。坎坷艰难的粗糙盘旋状山路，突然反方向往下延伸。很庆幸，运行李的马匹还能走过去。由于侵蚀作用，这里的许多岩石已经暴露在空气中，可在碎岩坡上，仍有许多花，诸如火绒草、龙胆根和许多我在阿尔卑斯山上见过但不知道名字的花。在马可·波罗探险的那个年代，南山就以野黄叶根出名，现在这里到处都

## 第四章　穿越走廊南山山脉

长满了巨大新嫩叶子的野黄叶根。

奇怪的是，这里的峡谷、山涧、支脉的形状，和贫瘠缺水的昆仑山里所见的形状非常相似。但是，二者仍有着鲜明的差异。这里有些植被色彩绚烂，让人感到仿佛置身于阿尔卑斯，昆仑山那里可没有这样美丽而有生气的景色！走了3英里的曲折山路之后，峡谷突然之间进入了一个和金佛寺平行的河谷，但没有办法到达谷底。在到达我们的营地垄沟洛（Lung Kuo-ho）之前，我们得度过一条水流湍急的河流，主脉山谷的雪水注入到这条河流。我们扎营之处海拔只有9 900英尺，而且所在山谷直接接受阳光的照射，所以气温明显比较高。

对于马匹来说，8月2日的行程十分困难，累得它们筋疲力尽。山路离大雪山的北面越来越近，还要穿过三座以上相连接的支脉。第一个通道被称为金斗鞍山（Chin-tou-an-shên），海拔13 000英尺，山脊长满了草，十分陡峭。在这里，我们遇见了一小群牛，这是第一个也是最后一个在这些山谷中连甘肃人都不知道的牧场。

以后，只要我一有机会，我就经常会想到山中这些完全被忽视的绝妙的优良牧场！我没有必要夸大原因，也许是关于种族方面的，也许是关于文化方面的，这些纯朴的汉人不愿意过游牧生活。事实就摆在我们面前，山间大片的广阔的土地，原本可以在夏天用来饲养成百上千头牛，对一个勤劳勇敢的民族来说，也可以从事游牧生活，过上比帕米尔人或天山牧民更好的生活。然而，现在这里根本没有人居住放牧，即使在一年中最热的季节。我一次又一次地想到，若是柯尔克孜人或蒙古人在这里，他们就可以饲养牛群、马群、羊群。但是，汉人自己不愿意考虑这种游牧生活的可能性，同时也尽力不让别人来到这里生活。如果一个地区长期以来一直遭受住在北边大草原部族人群的袭击，再希望这个地区或民族与住在漫长的甘肃边界南部，有着和北方游牧民族相似经历的游牧人群和睦相处是不可能的。

通道往上，南边有一个200多英尺高的小山。站在小山上，可以看见主山的全貌。从东南方到西南方，展现在眼前的是相互连接的赤裸裸的雪峰。根据测斜器的观察测量所得，雪峰的高度有19 000英尺，它们北坡的雪线降至15 000英尺。观察和拍照工作一结束，我们就匆匆忙忙地前往下一个通道，即李元达坂（Li-yüan-ta-fan），离这里1英里远。顺着陡峭的通道，向下走了1 000多英尺，来到了两条发源于主山脉的河流的交汇点。

山路引着我们进入了西南的山谷，和以前遇见的繁盛的灌木和绿草相比，除了光秃秃的碎岩坡，这里一无所有。通道再向上1 000英尺左右的地方，是一条需要我们攀行的支脉，上面覆盖着大片冰床，有一座狭窄的鞍状山脊，海拔超过14 000英尺，是西达坂（Hsi-ta-fan）"冰雪通道"的设计图案。西面山坡十分陡峭，好像是为了缓解西面的陡峭，东面山坡坡度缓和，那里有迷人的山间草地和一个风景如画的片麻岩峡谷。从通道走出不到3英里，我们就到了马索河（Ma-

第四章　穿越走廊南山山脉

so Ho）河谷，这里有一条道路可以让我们穿过主脉。

我们把帐篷搭建在一小块高地上，这里遍地是阿尔卑斯山般的鲜花，河边还可以看见一些开凿金矿后留下的土坑（图 4-4）。8 月 3 日清晨，天气晴朗，我们从清水卡子（Ch'ing-shui-k'a-tzǔ）出发。夜里下了一场雷阵雨，虽然持续的时间极短，也仍使空气清新了许多。但是，气温也随之下降，最低温度降至华氏零下两度，而且下了白霜，所以要等帐篷晾干，出发的时间耽搁了一会。沿着河流向上 10 英里，几乎一直都是稍有倾斜的草地。然而，为了能一直走比较容易行走的路线，我们不得不六次蹚水过河。

图 4-4　马索河左岸的清水卡子营地

## 河西探险

河水没有地方深过两英尺，但小狗做起渡水"猛冲"来有困难，每次都被挡住，所以不得不用马驮过去。我的这个小伙伴完全清楚，在冰冷的水中游上20或30码，对他的小身体来说是承受不了的。但是，由于长时间在沙漠中行走，它已经忘记了在和田南部山中所学的技巧：踩上马镫，然后有人推它一把，它就到了前鞍上。幸好，这里有许多土拨鼠，我早在克什米尔和帕米尔就认识了这种红毛小动物，这些小家伙可以分散它的注意力。土拨鼠勇敢地坐在洞前晒太阳，当我们经过时，土拨鼠发出了叫声，显然它们是向不屈不挠的"猎人"（小狗）挑衅。当然，它连一只土拨鼠也没有抓住。

山谷附近的一座雪峰以前我们已经从背面观察过，在这座雪峰南面，一座陡峭的支脉从分水岭向西分叉。这条支脉海拔有13 000多英尺，山脉顶端十分陡峭，杂草丛生，是一个很好的观测站。我们所在的山路通向西南方，进入一个更为狭窄的山谷，宜人的阿尔卑斯般的绿色很快就不见了，满眼是光秃秃的碎岩坡、很高的石板或页岩构成的山崖。从分水岭向前1英里，狭窄的通道又一次变得开阔起来，眼前的景观又一次引人注目。穿过一座幽暗的岩石门，我发现自己进入了一个四周群山环绕的黏土地，颜色是亮砖红，积雪看上去刚融化不久，漂亮的番红花刚刚开放。

清水卡子通道所在山脊平坦宽阔，海拔有4 600英尺，站在山脊之上，映入眼帘的像是一幅巨大的图画，给人留下

## 第四章 穿越走廊南山山脉

深刻的印象。在北边和东北方,一连串雪峰沿着走廊南山山脉延伸,雪峰顶部有的部分下陷,看上去山体高度不超过16 000英尺。50英里的距离之内,我们所能看见的只有远处西北方向的河谷,北大河穿过河谷,到达平原地带和马上河谷,我想在天黑之前可以到达那里。一个巨大的山峰占据了北面的整个景色,它海拔约18 600英尺,被厚厚的冰雪所覆盖,一直延伸到我们所在的通道。

但是,在这幅山间美景中,真正让人宽心的是从西北向西南延伸的巨大的陶勒山。它把走廊南山山脉和另一座更远处的山脉分割开来,它像一个群山围绕的大盆地,许多的浅河流纵横交错,根据它们的河谷的走向,可知它们属于两个不同的水循环系统。向西眺望,可以看见所有河道的流向,在视线范围20英里内,看到一个大凹处的红土坡,河流在那里交汇。那里一座横向延伸的山脊形成了一个峡谷,转向北边,然后消失在崎岖的雪峰之间。据我所知,"洪水坝河"(Hung-shui-pa Ho)是当地人赋予这条河流的名字,在穿过走廊南山山脉后,它将灌溉肃州绿洲的大部分地区。

当我浏览陶勒山时,看见一个宽阔的红土山脊在"红河"盆地和东南方一座较大的山脉之间形成了一座低矮的分水岭,它就是甘州河源头的所在地。源头约有20英里宽,河谷向东南方不断延伸,好像在远处和冰雪覆盖的山脉相会。从这里放眼望去,在盆地和通道向前的地方,陶勒山没有同样的高耸的山间防御工事,如我们在走廊南山中所见到的,但它自己的雪峰高耸入云，聚集在南边很远的地方，山顶上大片的冰雪层闪闪发光，看上去特别雄伟。然而，最让我高兴的是，看见南山山脉分明的轮廓，相间其中的山谷清晰可辨，这宽阔的视野第一次给了我希望和信心，因为这一切都有利于我开展系统的考察工作。

虽然夕阳的余光不受任何阻挡，洒落在山脉上，但厚厚的云层仍笼罩在我们头上。四周吹着冰冷的寒风，还夹杂着一点雪花，因此当考察工作结束以后，带着行李一起前进时，我心里特别高兴。现在，我们来到了金矿开采地，护卫队中的一个两个人称他们可以给我们带路。我们正在向下行走的大片洼地看上去很荒凉，只有光秃秃的红土坡或盐性的碎岩。经过的每个地方，我们都能发现淘金人以前曾经住过的房子和用来运送生活所需水而挖的小沟。在淘金人那破陋的房子里，除了一些没有形状的小卵石外，别无他物，没有任何痕迹可以判断它们是何时被废弃的。

当我们朝南向着洪水坝河和甘州河间的分水岭前进时，出现了越来越多的沼泽。这里的积雪最近已经融化，但显然土壤不能吸收它们所带来的湿气。天逐渐变黑，我们终于到达了开矿人的营地——达坂沟（Ta-pen-ko），海拔超过13 400英尺。洞穴中不再有人工作，洞穴已凿进了分水岭的边缘。在它们中间，有两座用鹅卵石砌成的简陋的房屋，是用来给那些在南边洞穴中工作的二十多个人住的。他们是勇敢的东干人，来自西宁边界，喜欢冒险的性格使他们勇敢地来到这

第四章　穿越走廊南山山脉

片荒无人烟的高地（图 4-5）。我们队中二十个奇怪的汉人马夫一见到他们，就立刻和他们拥抱在一起。山脊的土地又松软又多泥炭，向上攀缘，花了好长的时间，我才找到一块足够坚硬并且干燥的地方搭建帐篷。刺骨冰冷的西南风刮着，带着雨雪，我的新疆随从完全有理由抱怨那些"不信仰真主的黑大爷（khitais，汉人的贬称）"的倔强性格和怪癖行为，是他们使我们离开了原先计划的路线，把我们带到这个荒凉的地方。

图 4-5　来自西宁的东干淘金工

# 第五章 穿越陶勒山山脉

河西探险

第二天，即 8 月 5 日早晨，厚厚的白雾把整个高原和山脉掩盖起来，雾一直持续到了早晨七点。但是，当太阳光透过云层直射下来时，远处的景色让人兴奋不已。在几簇绿草和青苔间，长着鲜艳的野花，大多数是火绒草。大家需要用上午的时间来晒干他们的衣服，并且煮一些食物，因为昨晚没有燃料。碧空万里，我于是利用这段时间，攀上分水岭的制高点，海拔大约 14 000 英尺。站在那里，全部的景色尽收眼底，高耸的山峰，艳红的绒毛，宽阔的多沼泽高地，会合成了一幅美景（图 5-1）。

图 5-1　自达坂沟之上的山地向西南望可看到陶勒山的一部分

## 第五章 穿越陶勒山山脉

当我回到营地，我发现每个人，包括测量员和蒋师爷在内，都对这个荒凉的地方抱怨不已。矿工把所有的干牛粪和其他燃料代替品全部耗尽。当然，为了鼓舞士气，这时我不得不慷慨地付钱。测量员抓住机会，把从我给他的重达3英磅的二十两银子和矿工们交换，换取金子，兑税率是25盎司白银比1盎司黄金（25∶1）。在他看来，把金子带去印度，他能赚一大笔钱。关于黄金的纯度问题当然是兑换过程中必须考虑的因素。出于考察的目的，我决定队伍将沿着分隔走廊南山和陶勒山的高原山地向西北前进，然后寻找山路，穿过陶勒山。我们沿着红水坝河（Hung-shui-pa Ho）向下，到达一个河谷谷口处，这个河谷的水源来自陶勒山的一些小冰河。这里的海拔是12 900英尺，很少能找到灌木作为燃料，而且能在废弃的矿工的屋里找到几根木棍就算得上是意外的收获了。称为小龙沟（Hsiao-lung-k'ou）的地方显然是盆地的最低点，在这里人们从山砂石地层中淘出黄金。

傍晚，下起了毛毛细雨，深夜时分，又变成了倾盆大雨，直到第二天早晨，天空仍旧乌云密布，不时飘下雨点，出发显然是不可能的。我利用停歇的时间，做书写工作和学习汉语。那天，我的护卫队离开了，和另一组从山脚下一个哨所派来的士兵换班。我可以看出，这种换班没有任何目的，特别是那些和我们一起出发的士兵，显然没人告知他们我的考察将持续多久。然而，就像我没有要求他们做任何事情一样，关于他们的食物供应的次数和其他方面的问题都由他们自己解决。

　　第二天早晨，厚厚的云层被吹向了东边，太阳光终于穿透云层，直射下来。我们继续前进，向西边为北大河提供水源的分水岭进发。沿着红水河岸前进，它那砖红色的水现在稍微有点上涨。大约走了4英里之后，我们来到了一个地方，这里的河水转向北边，然后消失在一个在这个季节无法进入的峡谷里。河岸平坦的地面上满是被废弃的淘金坑。接着，我们向上攀行了6英里，越过了光秃秃的山脊和陶勒山的巨大冰川为之提供水源的绿草覆盖的冲积扇，然后到达了朱龙关（Chu-lung-kuan）通道，这里海拔大约13 600英尺（图5-2）。站在这里，向西眺望，眼前是一片广阔的景色，最远处的雪峰在几星期前我们经过土达坂时就曾看见过，它的最高点海拔大约是19 000英尺。

　　在最左边，陶勒山上的积雪绵延10或12英里，再过去又是一座冰雪覆盖的美丽山脊，距离北大河（Pei-ta Ho）穿越而过的地方很近。河床被河水冲积得很深，因而看不见河床，但它所有支流的河谷，却是清晰地展现在我们面前。向下进入河谷很容易。它的底部平坦，大约有3英里宽，上面覆盖着许多稗草，山坡也不是很陡峭。向前又走了8英里左右，然后，我们就把帐篷搭建在北边山脚下一块长满草的小平地，四周群山围绕。测量器显示我们所处的高度是海拔12 100英尺。自从穿过了分水岭，我们已经看见了许多野犁牛在雪床下的峡谷里吃草。现在，我们应该感激野犁牛，它们在别的

## 第五章　穿越陶勒山山脉

图 5-2　自朱龙关山口向东南望可看到陶勒山的一部分

季节为我们留下了"遗迹",这里可以找到的唯一燃料就是它们遍地的粪便。

接下来的一天,即 8 月 7 日,穿过了陶勒山山脉,我对尽量往西前进的行程计划非常担心。因此,当护卫队中有一个人称他曾来过山里,知道从这里往下有一道路就在附近时,我特别高兴,他称之为后宁头(Huo-ning-to)。我庆幸有机会,不用爬到谷底,就能完成勘探工作。本来我十分犹豫走这条山路,因为我猜想那会面临各种困难。我们一直沿着主

## 河西探险

河谷坡度平缓的山坡前进，攀过 1 英里长陡峭的茂盛草地。我们接连地攀缘着向前走，尽量让载重的马匹沿着崎岖的悬崖行走，那里的道路通向了峡谷。对于挖掘劳工来说，将这岩石阶梯变成一条安全的山路需要整整一天的时间。在河床里，巨大的鹅卵石挡住去路。河流左岸的上方是一排排梯田，长满了阿尔卑斯山般的绿草，马匹可以在那里暂作休息。然后，峡谷又一次变窄，我们不得不沿着谷底非常危险的山路爬行。最后，爬过了 1 英里半布满鹅卵石的河床，穿过了陡峭的山脊，来到了小河谷地尽头光秃秃的碎岩坡。

这里的地面对于马匹来说比较安全。这是一个十分荒凉的山间隐蔽处，四周是不平坦的岩石山脊，显然野牦牛非常喜欢这里的高度和僻静。这里遍地都是厚厚的野牦牛粪，一直到东南方狭窄的山脊顶部，那里是峡谷的尽头。从那里向西眺望，眼前是迷宫般的贫瘠峡谷，深红色和黄色的岩石坡。沿着前面提到的狭窄山脊，仅仅向上平稳地攀行了半英里，我们来到一条道路，它是一个狭窄的鞍状山脊，高度是海拔 15 000 英尺，被切割成一串十分陡峭的锯齿状山峦。这里的山脊显然比东面的要矮，东面的山是一系列覆盖小冰河的宽阔山峰。道路两旁的山脊上是一些常年的积雪，但是由于阿尔卑斯山般自然的风干作用，岩石表面变得崎岖不平，行走起来比我们在东面经过的道路要困难得多。

为能找到一个更加有利的观测点，我和拉姆·辛格沿着裂开的大岩石阶梯，爬上分水岭的顶部，然后向西北方前进

## 第五章　穿越陶勒山山脉

（图5-3）。我们来到了最近的一个高峰，海拔15 500英尺，眼前是一幅壮观的图画（图5-4）。整个走廊南山山脉展现在我们面前，从北大河那边高耸的针状山峰到在蒋子沟（Chiang-tzǔk'ou）道路东边最先看见的白雪皑皑的圆形山顶，一切一览无余。正北方只见一座巨大的山岳，上面为美丽的冰河围绕，像是山脉南坡的一个支持物。我们所站的陶勒山附近，所有的岩石山脊都隐藏起来，只剩下一座雪峰。

图5-3　站在后宁头山口顶部向西北远望北大河山谷

# 河西探险

东北部　　　　　　　　　　　东部　　　　　　　　　　　东南

　　　A　　B　　　　　　　　　　C　　　　　　　　　　　D

图5-4　走廊南山全景（从后宁头山口上方的分水岭俯瞰，视野所及希特霍芬、陶勒山和亚历山大三世山脉）

注释：这是在一山顶圆角拍摄的，所在位置为海拔15 500英尺的D处，山口在西侧。视野从东北（左）延伸到西南（右），显示了较全面的方位。它显示了希特霍芬山脉西(A)和洪水坝河东向(B)山谷上升到超过18 000英尺的山峰。陶勒山的高峰被眼前的(C)山脊掩盖在宽阔的山谷中，可看到海拔19 000英尺的乌格山（Uge-shan）(E)和亚历山大三世山脉的其他积雪部分（F到H）。我们上来的通道大致位置由(G)表示。同样视野的位置还可以参见图5-3。

　　　南面另一座平行的山脉，第一批来自俄罗斯的旅行家奥布鲁切夫和科兹洛夫将之命名为亚历山大三世山脉。它绵延伸展，可能超过40英里，它的大多数山峰都被巨大的积雪覆盖。在东南方有一群冰河覆盖的巍峨高山，看上去更像一条山脉，但处于同一条线上。奥布鲁切夫绘制的草图清楚表明，它们是乌格山。这些山峰的正西有一洼地，可能正是奥布鲁切夫第一次穿越山脉所经道路的位置。但我宁愿寻找一条正南方的路线进行勘察，那里有一条布满卵石的宽阔河床，说明这条通往分水岭的道路走起来较容易。

## 第五章　穿越陶勒山山脉

南部　　　　　　　　　　　　　　　　　　　西南部

F　　　　　　G　　　　　　H

我很想马上就到达亚历山大三世山脉后面的疏勒河河谷，所以看见这条给我带来希望的河床路线时，我不禁喜出望外。但是，远方的景物又让我有些担忧。在我们面前的雪峰后面，又是几座高耸的山峰，显然海拔很高，在冰雪覆盖下闪闪发光。我们是否还得寻觅山路来穿越它们呢？还是它们是属于疏勒河源头南边，奥布鲁切夫用奥地利地质学家苏斯（Suess）的名字为它命名的第四座山脉呢？在已出版发行的所有地图册中，没有一本提到这座我想勘察的比陶勒南山山脉还要高的山脉。如果说现在看见的地平线上冰雪覆盖的山峰是它的一部分，这就意味着我们对南山地理有了更进一步的认识。

空气十分清新，我为有机会拍摄这样的美景而高兴，几乎没有注意到冰冷的寒风正在狭窄的山脊里肆虐。碎裂的岩石显得特别零乱，为了保证相机的安全和照片不曝光，我费了很多周折，引起了很多麻烦。因此，当工作结束时，我高兴地下到通道，行李已经安全穿过山脊。只有一匹马在途中受伤，但我再也看不见马和他的主人了。情况是这样的，当马被卸下重物，它一定是立刻抓住机会逃跑了，踏上了返回老家的路，它的主人也追着它回去了。这说明探险队运输工作需要每一个人都要有巨大的忍耐力。

向下走了半英里，经过一处较陡的山坡后，我们又一次见到了阿尔卑斯山一样的青绿。这里比北坡要高整整700英尺，植被有限，在海拔13 500英尺的高度，植被的长势却要比我们所到的朱龙关河谷最低点那里的植被还要好。二者明显的区别，显然是这里有大量的水汽。同样的原因，山坡的剥蚀作用和风化作用要比分水岭北坡同等高度的地方严重。在经过南坡的这些山脉时，总是看到相同的景象，这就和地表情况形成了对比，正如我对兴都库什山和克什米尔的喜马拉雅山就很熟悉。北坡必定是植被繁盛，而南坡相对而言总是光秃贫瘠，风化的程度大都很严重。两个小时轻松的行走，把我们带到了另一处地方，这里狭窄的河谷与宽阔的北大河盆地相交的地方很近。山路的痕迹已不很明显，表明已经有很多年没人使用了。

在海拔12 000英尺的小河谷谷口，我们停留了下来，牧场灌木丛生。在艰苦跋涉后，人和马匹可以好好休息一下。但是，午后很快刮起了强风。早上，醒来发现地面上已经堆起1英寸的雪，最低温度已跌至华氏零下六度。然而，太阳光仍然直射下来，我放眼望去，平坦的盆地有10—12英里宽，由北大河灌溉此地（图5-5）。今天，我们将从北向南穿

# 第五章　穿越陶勒山山脉

图 5-5　俯瞰河左岸的北大河山谷

过它。显然，路途走起来比较容易，正如爱舒适的汉人民工所期盼的，但是人为因素却增添了不和谐的音符。

我们刚从小河谷进入到宽广的类似帕米尔的大平原，这时我注意到运行李的队伍没有跟着我们，不是准备渡过北大河，而是轻快地沿着山路，向西南方前进，那是甘河源头的方向。显而易见，马夫想让我们直接去那里。但是，我的计划是先穿过亚历山大三世山脉，然后再探查一下疏勒河和黄河最北的支流，以及流向大通（Ta-t'ung）的河流的源头。很快我们追上了他们，但他们比平时更固执、更加恼怒。马夫们发牢骚说，根本没有山路可以通过南边的高山，另一条像我们刚才走的那样的路线，会使他们的马匹遭殃，更何况我们也没有人做向导了。

马夫们满腹怨言并没有什么过错，护卫队中有一个人曾来过这些山中，但他对北大河河谷也是一无所知，并称进入那里会引起恐慌，因为那里有"野蛮的西藏人"经常出没。每一步行动，都可能进入连他们崇拜的"向导"或"ta-hui-ti"，即"大路人"都不知道的地方。克服了许多困难，最后终于沿着河流的右岸出发了。测量员仍在最前面指引道路，寻找可能渡河的地方，而我、蒋师爷和忠心的提拉巴依在最后收尾。

我们沿着一个低矮狭窄的山脊顶部前进，大约走了1英里，这个山脊是从后宁头通道流下来的冰水河古代冰碛的遗迹。又走了不到5英里的长满牧草的冲积地带，来到了河流的右岸。堆满沙石淤泥的河床整整半英里宽，两条主要的水道里水流湍急，每一条都有40码宽，这里对于我们驮运行李的马匹来说首先就是个障碍。

因此，我们爱挑刺的马夫抓住机会，站在那里，大喊大叫，做着手势表示不满，拒绝再向前走一步。我将测量员和蒋师爷留在岸边，以防马夫们逃跑，我和提拉巴依继续向前，尽力寻找一个可以渡河的地方。有些地方水深达4英尺，水流汹涌，但幸运的是河底比较坚实。为了鼓励这些汉人民夫，我派萨合提巴依和他的年轻助手吐尔地，在提拉巴依的指导

## 第五章　穿越陶勒山山脉

下,骑着装载着少量行李的驴先过河。然后,等到他们安全渡河并返回,再来引导大队人马过河。

马夫看见我极力想让他们过河时,不时拉着他们的马直往后退。他们十分不高兴,可我也不再像以前一样,而是大发雷霆,又是推又是打。终于,他们中有三人被迫牵着他们的马过河,提拉巴依用突厥语咒骂他们。不幸的马夫不得不下水,但剩下的人一下子散开,撒腿就跑,好像为了逃命。幸好,他们并没有带上马和行李,因而他们的消失看上去也是个好的转折。我让队员把马带过第一条水道,然后回到蒋师爷所在的地方。

这时,护卫队在后面慢慢走着,好像这一切与他们无关。我叫来小衙役,是一火绳枪手,他优柔寡断,第一眼看见就知道他帮不上什么忙。我告诉他,除非他把所有逃跑的人抓回来,让他们去我想去的地方,否则他和他的手下就可以回他们的哨所去了,不过我会如实报告他们的行为。他和手下这时才意识到,我已经铁了心,要继续前进。当他看见自己的计划失败脸色大变,便和士兵们奔去追那些逃跑的人。我后来发现,这个小衙役对在山中继续前进感到失望,于是煽动大家,才导致了这场小混乱。

我忙着引导运行李的马匹安全度过第二条更深的水道。当我正在左岸将马匹分配给那些被我留下的人时,小衙役和他的手下赶着逃跑的人出现了,好似一群被捕的绵羊。平时受人尊敬的指挥官蒋大老爷,立刻表示要惩罚他们,以示警

097

告。逃跑的人在愤怒的蒋师爷面前企求立刻被惩罚,因为他们不想去衙门受审。那个主要的离间者表演了复仇的角色,看见这个小矮胖子生气地跳上跳下,在磕头的犯人身后挥动着木棍时,我觉得这场面十分可笑。他显然习惯了这项工作,他和犯人一样,都穿着塞满棉花的衣服,我在看他们的表演时,心里并不感到难过。接着,我奖励了三个和我们待在一起的人,不管他们是否自愿,我给了他们每人几两银子,以此激励那些逃跑者。

看着整个队伍又前进了,我心里也舒坦多了。可是,现在又有新的问题让我感到不安。他们的逃跑浪费了好几个小时。在后宁头通道,我就清楚地看见宽阔的河床,正如我所期望的,一直延伸到一个山脊的凹处,我相信那里一定是干燥的。但是,现在也许我们不得不靠近冰川,才能找到地表水,我十分清楚白天的行程已经不可能到达那里。测量员正吵着要在河边休息,但是队里的中国人会把这看成是一种优柔寡断的行为,这会给第二天带来新的麻烦。所以,我们必须面对在天黑之前找不到水源的问题。

平缓上升的草原十分干燥,长满了矮草,帕米尔的柯尔克孜人或许在历史上很久以前就已经发现了这片茂盛的草地。月氏人,也就是后来的印度-斯基泰人,是否曾经把牛群赶到过这片广阔的草原上呢?现在,唯一有生命的景象是经常出现的青藏高原野驴或野牦牛。走了大约6英里,来到了巨大的、现已干涸的、从通道上方延伸下来的河床右岸,上面

第五章　穿越陶勒山山脉

是长满草的山坡，坡上植被繁盛。又向上行走了几英里，在一处贫瘠的支脉山脚下，我们发现了一条从山谷中流下来的溪水。我们将帐篷搭建在它下面一片绿色的草地上，今天的一切麻烦事至此都已经结束了。

8月9日，阳光明媚，天气晴朗，我让大家和马匹好好休息，而自己去勘察河谷的源头，寻找一条穿过山脊的路线。沿着宽阔蜿蜒的石床，走了大约5英里，看见有一条山路，看上去像是山脊的一个裂缝，但是十分陡峭，我怀疑那可能不是正确的路线，直到我看见河谷的尽头在东南方被大片的雪地和两条海拔约14 200英尺的小冰河封住（图5-6），我才

图5-6　陶勒南山山脉对面山谷东面山谷源头的雪山

确信那就是通道。于是,第二天,我领着大家沿着我发现的山路向下行,证明我的判断完全正确:一开始下去是一座非常陡峭的岩石山坡,这使队伍里的汉人民夫十分害怕,几乎又想要逃走,不过,随后就看见了通道。

这里是一处鞍状山脊,海拔超过15 200英尺,行走起来相对容易(图5-7)。陶勒南山山脉高耸在南边和西边,非常壮观。在宽广的疏勒河河谷之后,远处是一连串的大雪峰,

图5-7 自陶勒南山山脉对面山谷向东眺望雪峰
注释:山前为休息的驮马,此地海拔为15 200英尺。

## 第五章　穿越陶勒山山脉

冰河覆盖，清晰可辨。陶勒南山山脉的体积之大，海拔之高，远胜陶勒山和我们刚攀过的山脉，给我留下了深刻的印象。陶勒南山山脉的顶部似乎没有地方低于 19 000 英尺，测高仪器的计算表明许多山峰的高度超过 20 000 英尺。

从 13 800 英尺再往上，北山坡几乎没有植被存在。但在南坡，海拔 14 400 英尺以上仍长着一些粗草和不畏严寒的花朵。北坡为巨大的冰川覆盖，而南坡几乎没有积雪，这使得高山景色荒凉而单调，显然这是由很脏的煤层岩脉带造成的，在山谷两侧 12 900—14 200 英尺，就可以看出煤层岩石带。继续向下走，来到了一个十分陡峭的山谷，大多数石板或白垩岩石表面看上去是被以前的冰河切割过。山路仍然沿着布满鹅卵石的狭窄河床，许多地方对于负重的马匹来说行走起来很难。

走了大约 7 英里之后，我们终于走出了这个艰险的河谷，来到了疏勒河右岸上一片宽阔贫瘠的土地。在海拔约 12 400 英尺的地方，我们选择营地支起帐篷，这次搭建的帐篷结构比较复杂。队里的汉人，除了别的忧虑，现在又都开始担心起"野蛮的西藏人"，就像科兹洛夫在疏勒河河谷尽头看见唐古特（Tangut）人的营地那样，因此，最明智的做法是安排人守望，以防这些游牧人的袭击。直到八天以后，也没有人袭击我们，也没有人来骚扰，也没有看见任何人。但是，蒋师爷后来说，所有的汉人那夜都没有安然入睡，因为一个奇怪声音，好像是龙！

# 第六章 从疏勒河源头到甘州

河西探险

目前，我们在疏勒河大峡谷等待的一段时间，想象着一位真正的帕米尔人及其游牧生活，这让我们颇感惬意。接下来的三段路程，相对有些长，但对牲畜来说就容易多了。山谷流域是如此的宽阔，从草地斜坡的顶端绵延有14英米或15英米。接近它的中部和利用留下的亚历山大三世山谷的广阔距离，为我们提供了考察工作和全景摄影的好场所（图6-1）。相对于别处，峡谷西北深处变得狭小了，就像北大河那样。为了取得更好的景观，第一天我们来回穿过河流考察。疏勒河有无数的支流，每一条的宽度都不超过30码，深度不超过

图6-1 自疏勒河左岸向东眺望远处的陶勒山
注释：拉伊·拉姆·辛格在进行平板测绘。

## 第六章　从疏勒河源头到甘州

3英尺。再往上，在大峡谷从东南转向东部的地方，峡谷看起来似乎成了由浅河道组成的一张完美的河道网。

在第二天路程的最后一段，它的水平高度变化很小，以至于总体概貌更像是高原盆地，而不是一个峡谷。8月12日，在接近我们海拔13 200英尺的营地时，我第一次看到了冰川覆盖的群峰，它的侧翼从南面包围了疏勒河盆地，盆地的顶部有水。一条绵延很长的低山脊把它和冰雪密集的疏河（陶勒南山）山脉分开了，否则，它将自然地连在一起。群峰东部被分离开来，它的脚下是沼泽般的宽阔区域，还有大小的冰川，壮丽的景观让人难以忘怀。大山被雪覆盖了近一半，山后是可可淖尔和西藏东北部的边界，它就是俄国旅游家罗布罗夫斯基（Roborowsky）和科兹洛夫听说的沙果林-那穆吉木（Shagolin-Namjil）这个蒙古语名字的所在地。但那些地区不在我的考察范围之内。

8月13日，我们看了看环绕疏勒河主要支流汇集的大盆地。为避免陷入延伸的沼泽地，我们不得不紧紧地沿着低洼地区的边缘行走。但这些多沼泽地区却不时地呈现出流沙丘的背脊，或近或远，其形状大多是半月形，对我来说在沙漠中活动是最熟悉的事情。但很奇怪，沙丘和沼泽两种景观竟然在冰雪覆盖的雪峰林立的高原山顶共同出现，真是奇观！不过，这里是河流确切的最初发源地吗？这条河流在充满沙子、岩石和咸泽地的沉寂荒地中结束了它的流程，我曾调查过敦煌布满残垣断壁的聚落所在最西部以远的那片绿洲荒地。

## 河西探险

在此我设法走近了离沙丘最近的一段，我发现连续不断的犹如运用工程技术设计而成的半月形或新月形巴尔汗沙丘，它们的大致走向是从东南到西北，其间有400—600码的间隔（图6-2）。我仔细测量了一个，最远端点之间的距离有330码，它中心的最高度为40英尺，它的凸面指向西北。在这些新月形沙丘洼地里面是清晰可见的沙地和小沼泽。

8月13日晚，我们在接近高于海面13 500英尺的地方做了暂停，在那里看到了沙果林那穆吉木的宏伟景观。但是，乌云正好聚集其上，第二天的天气变化阻止了它的最高峰高于大冰川的上升趋势。接下来，我们越过充满碎石的斜坡，沼泽丛生，到达一个绵延很长的平坦山脊，这个山脊形成了

图6-2 疏勒河源头盆地沼泽地的大沙丘
注释：海拔13 400英尺，远处的冰川顶峰为南山山脉的沙果林那穆吉木峰。

第六章　从疏勒河源头到甘州

到达北大河最上游分水岭的最低点。在海拔 14 600 英尺处，在我们面前延伸上升的疏勒河的整个盆地，我们看到了还有星罗棋布的干涸小湖（图 6–3、图 6–4）。

前面被青苔覆盖，间或有少许花儿。走近湿地时我们看到了三头巨大的野牦牛在吃草。我们都渴望捕获一只，因为给养在接近疏勒河上游时已开始短缺，眼前就面临饥饿的危机。因此，当遇到野生动物时我们就用卡宾枪来猎杀。现在提拉巴依和我的第一枪都没有击中目标，我们懊恼地看着那些牦牛消失在视野中。虽然它们体积很大，但在如此海拔高度上空气如此稀薄，其速度如此之快，令人吃惊。

天气发生了变化，要穿过那个不知名的关口，我们必须

图 6–3　自疏勒河-北大河分水岭向西眺望沙果林那穆吉木峰

河西探险

图6-4 疏勒河-北大河源头的景观
注释：此图右侧可与上图左侧连接，形成疏勒河源头的一部分。戴斗笠的人位于一个海拔14 000英尺的圆形高地。

争分夺秒。在快到贝塔河时持续的雨天开始了。晚上到达了贝塔河，我们被迫停在几乎没有任何草和灌木的地方。现在燃料紧缺，我安排人寻找可以燃烧的干牦牛粪。但因牦牛粪已被水浸泡过了而不能用。然而，由此引起的不便，比起马夫和护卫人员要面临的食物危机，更是微不足道的。

虽然我们的行程不到十五天，马夫被告知要带上够二十四天用的面粉，但现在他们说粮食已耗尽，检查的结果也正如他们所说的那样，护卫人员的情形也是如此。为了解决他们因目光短浅带来的严重困难，我已把我们自己储备的

## 第六章　从疏勒河源头到甘州

粮食和其他能收集的一切东西都收集起来了。但是，如果我不能补充这些本来给我们马匹储存的大麦，我收集到的东西也将被耗尽。幸运的是，在这里发现了牧草，因而我们可以节省草料，剩下的大麦则给饥饿的汉人马夫在回到宿营路上吃，他们现在正吵吵嚷嚷地抗议呢。

然而，首先，他们坚持拒绝谈及食用大麦，宣称人不可能吃这种东西。我自己每日把大麦当麦片粥吃，他们却不以为然。但争论很少取得什么结果，甚至可以说一点也没有用，直到蒋师爷出面。沿途中蒋师爷尽力照看难以控制的马夫，并使他们精神振奋起来，这对他们有着潜移默化的影响。他严肃地向他们解释了我（他们对我拥有中国文化知识很奇怪）已经发现了一种传统的方法，即大麦可代替六分之一的传统食物，这改变了他们那些由来已久的偏见和习俗。虽然我不能用他们通俗的方言对大麦做出确切的表述，但是，在他们屈从自己吃烤大麦前，蒋师爷还是勇敢地做出了榜样。

总之，在这荒凉之地，不仅要面临严峻的自然环境，汉人马夫的懦弱又不可避免地让困难大大增加，我礼貌地称这是他们根深蒂固的"对冒险的反感"。现在，在他们看来，那些可怕的山脉，无论是想象中的，还是现实中的，都充满了危险。对他们来说，最好的办法不是用智慧，而是用鸦片来克服恐惧，他们尽力共同远离危险。我和蒋师爷常把他们称为"衰老的婴儿"（图 6–5）。像饱经风霜的老人一样，他们眼里到处是危险，从雪崩、流沙、洪水到盗贼甚至是龙；然而

河西探险

当危险消除时,他们是那样快乐,就像森林里的小孩。

在远离文明的宿营中他们大都显得孤立无助。这常使我想到最东部平原的老百姓,除非突然的重大环境变故,他们是不可能到阿富汗边界的高原地带过游牧生活的。这些汉人马夫曾多次企图逃跑,使我们多次面临没有运输的威胁。幸运的是,每次都被阻止了,也没有破坏我们的计划,所以我不再赘述详情了。

大雨在夜间变成了雪,这使我们直到8月15日下午才开始继续前进。在此之前,我沿着河谷走了几米,看到一个很低的横向凸壁,穿过横壁河流在一个裂缝里断开了。陡峭的

图6-5 汉人马夫安全回到平原地带
注释:图中最右边的老人用棍子指着带头的反叛者。

## 第六章 从疏勒河源头到甘州

悬崖表明在砂岩的地层中有大量的煤层。乌云依然低悬在山坡上,我们沿着微微升起的湿土地向贝塔河前进,直到夜幕降临。

第二天,我们向东南的分水岭进军,我知道在那里将到达大通河的源头,大通河是黄河(the Huang Ho)最北边的大支流。贝塔河流域几乎是连续不断的沼泽,对牲口来说几乎不可逾越,但我们必须穿过贝塔河流域上游 9 英里长的高地。在草地上,有或多或少的泥炭,到处是有水的小泥塘。要不是下面大约 2 英尺的硬岩屑,这片土地几乎不能通过。在一条深的峡谷上面,这块高地在陡峭的边缘结束,这条深峡谷向东延伸至黄河(the Yellow River)。

这里,海拔大约有 13 600 英尺,我已经最终到了太平洋的排水区域,这令我感到很高兴。想到十分接近此地,真的是令人激动,它藏于亚历山大三世山脉消失处圆形凸壁的后面,是疏勒河上游所在地。疏勒河曾经从这里流入罗布泊大洼地(the great Lop-nor depression)。因此,太平洋的排水区域和中亚大盆地实际是在沙果林那穆吉木斜坡的最东面接壤的。

除此想法外,景观并不令人振奋。与迄今为止看到的走廊南山的土地相比,我能看到大通河的上游,它形成了令人迷惑的陡峭深谷。即使我们能在河流暴涨的情况下继续我们的行程,我们仍有理由担心穿过陶勒山到甘州河再回来所要遇到的重重困难。所以,我选择了一条我们所能看到的宽阔山脊,这条山脊伸向南方,从图来山延伸到那些深峡谷中间。

它可以作为好的观测点，但自从上午乌云集聚，而后开始降下倾盆的冰雨时，这一想法破灭了，我们几乎爬不上去，也不可能建好观测平台。

而且，山脊顶部的高地虽然平坦，但布满了沼泽，和贝塔河最上面的盆地一样糟糕。沿着泥泞的地面，我们行进了4英里，浑身都湿透了。我们在页岩的山坡上艰难地攀缘着，最终到达一条潮湿的小峡谷。虽然没有草和燃料，但绝望的中国人仍要在这里过夜。然而，我设法让他们到东面一条大一点的峡谷，因为从那里来接近图来山脉的一些裂缝要容易些。路上，我们偶遇了一个牧草丰富的地方。显然，近年来唐古特的牧羊人和他们的牛羊到过这里。在这样悲惨的夜晚，对"野蛮的西藏人"袭击的担心，增加了随行汉人马夫的忧虑。我们在持续不断的大雨天扎营，现在至少能给队员提供个避身之地，我还感到高兴，可是燃料一点儿也没有了。

这是一个潮湿阴沉的夜晚。上午八点，雨停了，人们开始晾晒衣服，但情形令人担忧。汉人马夫士气受挫，除非正如我所预想的，穿过上面的雪山，到达甘州河流域，否则将不能控制他们，最终会发生一些令人绝望的事情。基于食物的短缺，我们没有时间休息，也无法做必要的勘测与考察。

下午，我们开始攀缘山脉，我希望能在它的上面发现可行的道路。但令人担心的是，行程中我公开声称的话不能如愿，那将怎么办呢？严重的事情如果真的来了，我只有让测量员和蒋师爷来解决。沿着河流大约1英里的有明显的足迹，

第六章　从疏勒河源头到甘州

但在河岸左边的草坡却消失了。我们继续在宽阔多石的河床上行了 3 英里多路程，却发现到了仅仅 4 英尺或 5 英尺宽的狭窄的岩壁峡谷，至此我们的马匹不可能再前进了。我们设法把它们拖拉到西面陡峭岩石的突起山脊上，再攀上充满岩屑的峡谷。光秃秃的斜坡，低悬的乌云，构成了一幅阴沉的图画。

最后，我们到达了一个鞍状山脊，由此我们看到背后舒缓的山坡，上有小冰川。峡谷还是很窄，到达真正的分水岭时，我心里感到有点紧张。有些地段位于海拔 14 600 英尺处，我发现冰河正好避开了通道。虽然要下到 500 英尺的地方，但我们可以沿着它陡峭但相对容易的侧面斜坡下去。接近山脊的顶部，我们看到了一个宽阔的绿色峡谷，其北部可能是甘州河的一部分。峡谷渐渐变得开阔宽广起来，低处斜坡有丰美的牧草。在海拔 12 500 英尺处，我们终于可以在有丰富灌木的阿尔卑斯山般的草原上宿营，这非常令人愉快。晚上，天空也晴朗了，甚至汉人马夫的希望也复燃了。

8 月 18 日，沿着甘州河流域而行，我上面的预言被证实了，人和动物恢复了精力，路也容易走了。在侧面山谷与河流平坦处相接的冲积扇上，一大群野毛驴悠闲地踱着步，三个护卫队员走近了野驴，他们设法逮着了一头，这意味着可以给队里的中国人提供一个丰盛的宴会。毛毛细雨一直持续了整个下午和晚上，但我们宿营在河岸左边麝香弥漫的浅滩里，营地充满了欢快声。

113

河西探险

现在，我们在从西宁附近来的人们到金坑（the gold-pits）的所经之地——大盆口（Ta-pen-ko）湖看到了这些金坑。但因为河谷海拔的自然下降，我知道我们不可能期望发现一条正好沿着山谷到甘州的通道。因此，我急于看看我们上面的走廊南山顶部是否有通道，这里的通道可能通过这座山。这条路线是格日斯麦罗（Grishmailo）兄弟第一次从甘州过来的道儿，在小比例的俄国境外地图上标有这条路。从营地我们能看到一个低山脊，这可以表明山脊在分水岭的大约位置；沿着河流继续走 4 英里后，我们发现了一条狭窄的分叉小径，我毫不犹豫地攀上了它。

我们发现路上有的地段依然被雪覆盖。后来询问蒙古人（图 6–6），我知道这个山口的名字叫神灵子（Shen-ling-tzǔ），它的高度接近 14 000 英尺，位于被沼泽覆盖的宽阔山峰的侧翼处。尽管有低悬的乌云，南面和西面的景观依然壮观，南面和西面延伸到甘州河流域 50 英尺之处和陶勒山以远的有雪的长城壁处（图 6–7）。肆虐的狂风扫荡了道路，在雨水降临之前，我设法拍摄了它的全景。在光秃秃的岩屑坡上，沿着河流我们走了约 5 英里后，看到河流消失在峡谷里，峡谷间有向北突出的岩石峰。我们去寻找向东的道路。

在那儿，我们穿过一个宽阔的、充满沼泽的鞍状山脊，我们很熟悉这种地形，并很高兴从这里看到的壮观景色，即走廊南山侧面连续的高坡，这些高坡一个高过一个。当我们走到绿草和花儿铺成的山谷时，天空彻底明朗了。这个山谷

第六章　从疏勒河源头到甘州

图 6-6　在哈赞果勒（Khazan-Gol）山谷遇到的第一个蒙古人营地
注释：左边是蒋师爷，背影是山坡上的冷杉树。

图 6-7　自神灵子山口眺望甘州河（来自陶勒山）

## 河西探险

使我们回想起真正的阿尔卑斯山景色，而不是自克什米尔所看到的任何景色（图6-8）。汉人马夫们看起来确信他们接近了他们所渴望的"大路"，粮食还有少量可以食用的野毛驴肉。我们没有草料供马匹吃了，但在这片水草丰美的山地草场牧地上，没有草料马匹也可以吃得很好，进而恢复生机。

让人精神振奋的宿营允诺在次日得到实现。因那些马夫有反抗的情绪，我们首先遇到了麻烦。这是因为在有前人足迹的路上，我坚持选择沿着有悬崖峭壁的山脊走，这个山脊可为我们提供进行观测的制高点，但增加了驮马行走的难度。路上景色迷人，我们走过了从后面主山脉延伸的绵延崎岖的

图6-8 位于神灵子山口东北的阿尔卑斯山般山谷源头的CCXXI营地
注释：我的维吾尔族马夫吐尔地（A）和萨合提巴依（B）。

## 第六章 从疏勒河源头到甘州

山脊，穿过山坡间绿色的深峡谷。在攀上另一座峡谷后，其东南方是冲积而成的坡地，被茂密的类似阿尔卑斯山的植被覆盖着。提拉巴依第一个远远看到有毛驴在峡谷吃草。再走几英里，汉人马夫也看见了，并高兴起来，我也看到牦牛、牛群和毛驴在阿尔卑斯山般的蒙古牧场上吃草。

自从三个星期前，离开金矿主人的营地以来，这里上了年纪的蒙古夫妇是我们遇到的第一户人家。很高兴有了向导的保证，我那些"衰老的婴儿"们的恐惧和忧患心情也消失了。但令我更高兴的是，看到了茂密的冷杉森林，它覆盖了朝北的峡谷山坡。自从离开洛瓦里山口，我就再没有见到过真正的树，现在我如愿以偿地又找到在克什米尔原野的感觉了。那天，沿着哈赞果勒山谷，在相当美丽的景色中行进了很长一段距离之后，我们停在了他家的蒙古包附近，他们提供了羊，还有长期未吃的奢侈品——牛奶（图6-9）。

我们还没有越过大山，接下来的行程提供了很多考察机会，一方面让我大饱眼福，另一方面是对探险队所有人员和牲畜耐力的考验（图6-10）。但篇幅所限，我就不过多描述了。从南山发源而来的所有河流在夏天发洪水，通过曲折幽深的峡谷下泄而去，河水的阻隔使我们无法到达下面的草原。因而，唯一可能的道路是蒙古牧人指引我们的，沿着高高的连续不断的横向山坡走。在高于海拔13 000英尺的地方，我们走过了它的第一段，接下来是被顶部是红色砂岩的山脊断开的绵延的

河西探险

图6-9 收拾哈赞果勒山谷左岸的营地，准备出发

图6-10 自位于哈赞果勒山谷之上第一块森林覆盖的山地向南眺望

## 第六章　从疏勒河源头到甘州

阿尔卑斯山般的高地，懂汉语的蒙古牧人称它为风达坂（Fêng-ta-fan）。

从那儿，我们到了狭窄的蒋干河（Ch'iang-kan Ho）侧面，周围风景如画，道路在这里实际上全部位于有水的河床里，这也就隐藏着严重的困难和危险。现在，这里长着主要由非针叶树组成的茂密树林，对于已经习惯了中亚荒漠地带的我来说这是一种奇特的待遇。攀上下一个山坡，我们通过了一个用于保卫道路的废弃堡垒，然后从耸立于拉格达坂（Lakê-ta-fan）宽阔的山脊，可以看到弯曲的甘州河流域以西走廊山脉的宏伟全景（图6-11）。

山脊向北，在海拔12 000英尺高的地方，是位于牧草覆盖、微微倾斜的高地平原之上。和田河以南，昆仑山斜坡最外层被黄土覆盖，让人追忆起过去的事情。但是，中部的南山山脉更为湿润的气候，形成了多么不同的表面状况啊！我们不可能不会感到这个地区的气候没有受到太平洋的强大影响。

这个最外层的山坡的最上面被冷杉遍地覆盖，宽阔的流域突出来，这使我想起阿尔卑斯山东面那熟悉的景色。这里，蒙古包很多，我受到了一位喜气洋洋的年轻蒙古牧人的庄重接待，他接到了甘州方面有关我们到来的通知（图6-12）。我十分高兴地在这些游牧人群中逗留了一会儿。在过去的几个世纪中，当地有文化的汉人被强悍的游牧人完全压制和剥夺了，这些游牧人群一度成为亚洲的统治者和令欧洲恐怖的人。

河西探险

图6-11 自风达坂向南眺望走廊南山山脉和哈赞果勒山谷

现在那些"衰老的婴儿"不断地吵嚷,要断粮了,要急于逃回到他们所喜爱的"托儿所",即平原家园。

8月23日深夜,在穿过像阿尔卑斯山那样的,从新鲜到熟悉的山脚多石荒原地带后,我们到达了广阔的梨园河流域(Li-yüan Valley)。第二天上午,我们到达小而美丽的梨园绿洲,在这里汉人马夫所遇到的困难和食物危机都已经烟消云散。从我搭建在美丽如画的废弃花园中的帐篷里,我看到了真正松了口气的人们和牲畜,所有的人和牲畜全部沉浸在我尽力提供的良好招待中。尽管长途跋涉,牲畜一个也没有丢失。"衰老的婴儿"的照片(图6-6)表明,他们也不会再继续遭受任何伤害了。

第六章　从疏勒河源头到甘州

图6-12　老头沟（Lao-t'u-kou）牧场附近的蒙古人首领

## 河西探险

因为整天下大雨，我们也就整整休息了一天。在本地长官友善的照顾下，大家都很高兴。这位长官是一位忠厚的老武官，几个星期以来他都在盼望我的到来。8月26日，我们开始穿过村庄点缀的绿洲地带，前往甘州（图6–13）。雨水像急流般在平地上铺开，河流有水的地段水位大涨，迫使我们转移到位置高的道路上，这引起了不少的麻烦，我们到达的日期推迟到了第二天晚上。在人口密集的城墙外（图6–14），官方为迎接我们举行了盛大的欢迎仪式。考虑到我只是穿着适合旅行的简单衣服，在这样正式的场合使我多少有些尴尬。

到甘州前，在城墙南外边一个像寺庙结构的建筑旁，奈克·拉姆·辛格重新加入了队伍。他带给我一个巨大的包裹，它是邮差从喀什噶尔的马继业（麦卡特尼）那里，花了六天的时间骑马带来的。三个月来，我都没有看见和读到任何新闻与信件了。晚上的大部分时间，我的大脑都处于清醒状态，所有的信读完后我久久不能入睡。想到安全地完成了许多考察工作，我心里颇感欣慰。我们在安西和甘州之间走过的山区总面积，加上后来我们返回的旅程所走过的地方，接近24 000平方英里。

第六章 从疏勒河源头到甘州

图 6-13 去甘州路上设防的沙井子村和寺庙大门

图 6-14 甘州城的主街道和中门塔楼

## 第七章 从甘州到天山

## 河西探险

在甘州的六天，我忙于一些实际的事务，得到了休息，同时也看到了中国的一个典型大城市的生活状况（图 7–1、图 7–2）。在这里，东干人对这个重要的行政和贸易中心的进攻被打败，这里许多奇特而古老的建筑也因此得以保存下来。但是，可惜我并不能停下来描述它们，也不能超过我个人探险的工作范围之外来考察它们。

在到达甘州城后的那天上午，我开始给我的随从人员分配住处，他们抱怨空间小。黄昏时，我见到了奈克·拉姆·辛格，发现我们住的地方几乎到处都是适合出租存放棺材，且房间都是不规则的建筑物时，我一点儿也不惊奇。晚上，我住下，并没有注意到这些奇怪事情。后来真相大白，事实上，我住的寺庙就是一个可供居住也可存放棺材的处所。我忠诚的印度助手为了不让我的心情受到影响，建议我住到城外另外一个安静的营地。这个寺庙建筑被外省来的行会成员使用，安放自己死去的家人，寄放的时间还可以稍微长些，以便他们的家人有时间安排把他们运往家乡祖先墓地的具体事宜。

很自然，伊斯兰教徒不愿意与这里的非穆斯林合法占有者同住在这一地方。我则没有忌讳，自己尝试着寻找地方在阴暗的花园里扎营，结果第二天早上发现我的帐篷就搭在了一具存放时间很长且外板面卷起的棺材旁。于是，我被迫寻找另外的栖息之地，这次在不远处的一个真正的寺庙里找到安身之所。

第七章 从甘州到天山

图 7-1 大约建于 1825 年的甘州西门外的纪念性牌楼入口

图 7-2 甘州军事长官衙门前的牌楼

## 河西探险

从一开始，我就把甘州城作为我旅程最东部的目的地。9月3日，我从这儿向西出发，心中有一种独特的感觉，这是我返回印度和欧洲旅程的开始。但这次长途旅行的直接目的，是要先回到塔里木盆地，开始我第二个冬天的考察活动。我再三考虑，不论是考古考察的需要，还是实际行程便捷与否的考虑，我的旅程都应该沿着商业大道而行。我的路线是从甘州到肃州和安西，穿过北山沙漠到哈密，再到吐鲁番。中国内地和新疆之间的这条道路，被近来的欧洲旅行者多次走过，但这并没有减损它的历史或地理上的重要意义。从古代这条道路的主要部分（沿着中国向西延伸的一条路线）一直保持着畅通。但我再三斟酌，从这里起缩短我的叙述。我从甘州到位于相对知名的塔里木盆地东北角焉耆的返程是我要简明叙述的内容。

从甘州出发后，我用一天的时间来考察黑水国遗址，主要路线向西北行进，发现地处遗址区域的行程约有10英里。我发现遗址区域包括大片规则的塔提类型的地面，遗址地表被陶器和其他各种古代文物小碎片覆盖，但是地表却没有沙丘，只有大风侵蚀的迹象。这里的地面最多低于地面2—3英尺，数量较多的陶片和硬币的发现表明这个遗址被放弃的年代比较晚，大致应是宋代以后。我没有条件搞系统的考古发掘，因为在很久以前，这里所有的古代建筑遗址就被邻近绿洲的人们给毁坏了。他们损坏古代建筑遗址的目的是寻找建筑材料，并在风蚀地面上可以寻找零散的较小的古代物品。

## 第七章 从甘州到天山

遗址区有三堵明显是较晚建成的小围墙，它们的泥土墙依然有相当的高度，事实表明，此地所受的风力侵蚀与安西地区的一样大。

从沙河起，我就让拉伊·拉姆·辛格与我们分开，沿着绿洲南面的路线行进，目的是去完成走廊南山山脉山脚地带的测绘勘察。我自己走的则是前往肃州的主干道，这样我就能接近肃州侧面的古长城遗迹。通过对北部几处侵蚀严重的长城城墙的勘测，我认为它们就是古代甘肃长城的一部分。比较长城城墙的构造特点，发现与肃州和嘉峪关所看到的长城极其相似。

对金塔边远绿洲和以远的沙漠进行了短暂的考察之后，我于9月13日到达了肃州。在"酒泉"城里做短暂而愉快的停留，使我能向我友好的官方朋友们告别，并对他们提供的帮助表示感谢。有点儿悲惨的是，我也见到了汪大老爷，他已经被停职，正在等待上边的正式调查。汪大老爷是敦煌有学问的地方官员，当地农民暴乱的相关事件爆发后，他软弱的管理和政策招致了广泛的怨恨。在肃州，我尽力想办法帮助我的老朋友和他的助手们，以使他们不至于成为官方犹豫不决决策的替罪羊。后来我了解到，停职审查内幕仅仅是为了平息民众怨恨的伪装。

随后，当我们在去玉门县的路上，我们遇到了被押送的涉及汪大老爷案子的证人，蒋师爷猜测这些证人中可能再也没有人能看到他们敦煌的家了。因为汪大老爷要保留官职，就必须对这些证人（参加暴乱者）进行流放到远方的惩罚。在我后来书写从哈密发给甘肃总督的告别信时，蒋师爷让我在信中替汪大老爷说说好话。我当然乐意帮忙，只是不知道该在哪些方面帮助说情，以及如何措辞。幸好在我离开新疆前，蒋师爷听到振奋人心的好消息，汪大老爷最终被赦免，并在别的地方担任要职。

9月16日离开肃州，又一次通过玉门县这个关卡门户后，长城的所有踪迹就消失在我们的视野之外。直到五天后，我们到达玉门县小镇，这种情况才有改变。有充分的理由可以相信，我们走的路是古代交通要道。但是，用来保护它的长城明显是进一步向北建造了。在北部，崎岖延伸的沙漠地带第一次和嘉峪关相接，不过嘉峪关结实的城墙为过往行人提供了很多便利。后来，我很满意地发现这个观点被验证了。在从玉门县到北边沙漠的长城遗迹勘测中，我发现了一串古代烽火台，它们正好在位于叫作"十墩"（"第十烽燧"）和"十二墩"（"第十二烽燧"）的村子旁。走近考察，我观察到曾经和这些烽火台相连的古代长城城墙的遗迹。

附近的沼泽地受到了更多疏勒河支流洪水的冲蚀，疏勒河西面河道转弯处和这片沼泽地紧紧相连。然而，我已经积累起来的关于汉代长城遗迹的那些考古经验，使我确信我们正在接近一个烽燧遗址。那是一处高出地面的土墩，在那里我发现了那些古代长城附属的重要标志——柴笼，它由半石化的小树枝组成，完全和敦煌荒漠地带的长城相似。毫无疑

## 第七章 从甘州到天山

问,玉门县的名字"玉门"两个字很明显是借用了古长城关口的名称,迄今为止所能见到的它向东方延伸的遗迹,应该是唐朝后才建筑起来的。

离开玉门县到安西的第二天,我又一次看到了古长城城墙的遗迹,它的沿线是成排的烽燧遗址,古代烽燧沿着疏勒河北岸延伸。在这儿,它保护了一连串的绿洲,这些绿洲一直延伸到疏勒河南边。疏勒河河道一直延伸到布隆吉镇堡垒围墙两边,这里要不是有少量的驻军,几乎也废弃了。布隆吉西边大约12英里,我又发现了汉代工匠利用河道修建长城的遗迹。汉代工匠用他们智慧的眼睛,寻找有利于建设军事设施的地方。他们利用两个低矮山坡之间的河道,使长城警戒线从河岸的右岸扩展到左岸。在这里,我追溯到了夏天我曾在安西南面已经发现的长城城墙遗迹。

一到安西,我发现我先前存放的古代文物很安全,因而我很满意。我也很高兴受到了我的老伙伴拉伊·拉姆·辛格的问候,他是印度勘探局的总测量员。九个月前,他从罗布泊被派到此地,他很高兴,这样他的工作量就减少了。后来,尽管在冬天和春天他被风湿病所困扰,他还是在南山做了很有价值的测绘勘察工作。但他的身体很虚弱,明显难以胜任在沙漠里第二个冬天的工作。他很明智地离开了我,经由和田又回到了印度。我很高兴再次见到拉伊·拉姆·辛格,也十分欣赏他1904年在我穿越国界到马哈班山(Mount Mahaban)时表现出的专业素质和性格。那次,他很快显示

河西探险

出在极其恶劣的环境下仍对测绘勘察工作怀有极大热忱和迫切性的工作态度,这也是他从也门到中国东部多次远行进行测绘勘察所证实的。

此行,拉伊·拉姆·辛格进行了对沿着阿尔金山从敦煌到若羌曲折山路的准确测绘勘察。但在他离开若羌前,为了测绘资料安全,他随身带着所有地形测绘资料先期返回印度,之后印度勘测局的测绘工作人员忙了一周多的时间才把这些地图绘制出来。在安西的十二天时间里,我自己忙于就我前一段的探险考察工作向英国政府做了全面报告,并做出详细的计划建议,以确保在我回去后,把考察活动的具体时间和方式报告给他们。

另外,我忙着为接下来的行程做准备工作。10月3日,我让拉伊·拉姆·辛格开始他返回印度的行程。他经由和田、色勒库尔[①]山谷和吉尔吉特(Gilgit),一路上行程很快,于三个月后安全到达印度。后来,拉伊·拉尔·辛格被派去调查疏勒河北岸的古代遗迹。

蒋师爷没有随同我一起到达安西,他再一次被我派到王道士那儿执行一项秘密任务。他是10月3号晚上秘密回来的,带着从"藏经洞"里搞来的手稿,总共用了四峰骆驼驮运。这封通过我值得信任的信使蒋师爷送给王道士的书信,得到了进一步"挑选"古代写本文书的谨慎回应。但这次,为了

---

① 色勒库尔(Sarikol),即塔什库尔干。

## 第七章　从甘州到天山

避免被人怀疑,我被迫没有出现在莫高窟千佛洞现场,只是把挑选购买古代写本的任务托付给我这位热情忠诚的蒋师爷。蒋师爷设法保护胆小的道士,并以很合理的报偿,劝诱他在夜间额外送来两百多包古代手稿文书。这是一个多么惊心动魄的探险故事啊!整个过程安排和进行得十分谨慎,文书写本的运输由伊布拉音伯克带着哈桑·阿洪使用在山区长期修整过的驼队承担。在去莫高窟千佛洞的途中,他们小心地避开大路,而只在晚上返程,以此避开好奇的人们注意。

完成了这项妨碍我全力进行野外考察的分心事项后,我于10月8日高兴地离开了安西。前面是令人讨厌的那个亚洲十字路口,走在路上我也暂时有一段时间摆脱了做乏味的书面报告和说明的日子。穿过光秃秃的北山,经过十一段长的路程,我们到达了哈密的西北部。我们穿过的地方是一个充满砂砾碎屑的荒凉之地,一个真正多石的戈壁,它有200多英里宽。沿途虽然没有了连绵不断的山脉,但道路海拔也有6 000多英尺,这一点对于不是地理学家的旅行者来说,是不可能观察和注意到的。但是我十分清楚,自从大约公元前60年,中国汉朝势力在哈密第一次确立后[①],这条"北路"形成了天山两旁绿洲和塔里木盆地之间的一条重要交通路线。哈密东面和西面实际上几乎再没有可行的路线。事实上,4世纪后,直接从敦煌到罗布泊北面地区的很多路线被废弃了,哈密这条北路实

---

① 此时西汉尚未控制哈密。

际上就变成了进行商业和诸如军事活动的主要道路。

当从一个又小又脏的路边驿站到另一个驿站时，我观察到了自古以来有变化但变化不大的交通条件。那些泥土建筑的小屋、稀疏的水井、士兵们的哨所和路边的寺庙（图7-3），都很有趣地向我们展现了当时的情况。数量众多的牲畜所需的大量芦苇和水在这些地方不容易得到，所以沿着这条道路进行大规模军事活动是不可能的（图7-4）。因而，我理解了清政府在镇压东干人最后一次大叛乱时，在哈密聚集大量武装的艰辛，这次武装镇压产生了极大的威慑力并很快消除了阿古柏在新疆的势力。如果没有清政府在哈密的根据地，即使对于作为像左宗棠这样的组织者，完成这些任务也是不可

图7-3　安西—哈密道路上星星峡驿站的寺庙（自西南望）

第七章 从甘州到天山

图 7-4 吐鲁番—焉耆道路附近的苏巴什峡谷

能的。同时，在我此次荒漠旅行中，偶尔也能遇到井泉和一些小块分散的牧地。这次旅行使我更好地认识到：在北山西部无路可通之前，古代善骑射的匈奴人在敦煌长城以外是怎样向南发动袭击的。

对蒋师爷来说，这次沙漠之旅使他更多地想到他的个人经历。在那个破烂的驿站，他很幽默地叙述了自己在十九年前，是怎样回到了他的故乡湖南，还有他的同伴在这儿怎样生病和去世的。他在这些小屋里寻找所能找到的毛毡把尸体裹起来，装到车里运到了安西。他先按习俗办了上路仪式，并烧了一份写得很好的祈祷词来慰藉死者，祈求神灵保佑把尸体保存一周，并保护他们运送尸体的车子一路平安。祈祷很灵验，同伴的尸体安全地运到了安西，蒋师爷在那里买了棺材。然后，经过四五个月的行程，他把死去同伴的尸体运到了湖南，送到了死者家人的手中。在这样的叙述过程中，蒋师爷连一句抱怨的话都没有说。

# 第八章 在哈密绿洲

在不知边际的沙漠里，天气已经越来越冷，偶尔还有冰雹。10月19日，到达哈密绿洲，此地又被穆斯林称为库木勒（Kumul）。我高兴地发现由于位于天山最东部山脚下的哈密阴霾全无，这使得整个绿洲具有了秋天般的明亮色彩，尽管哈密的海拔比其他地方高了43英尺。我喜欢这种新鲜空气，但不愿把我的帐篷安扎在阴暗的巴扎里。我寻找了一番，在扎希德伯克（Zahid Beg）的花园里发现一块适于扎营的好地方。这个花园在一条溪流以远的地方，它的河水穿过这个中国城镇西部。在我到来之前，马继业先生和我的老朋友潘大人就为我打过招呼，这时他们的影响力充分得到验证，衙门中人从不同的地方涌来问候和送上了礼品。

第二天早上，我同当地的穆斯林首领谈话，开始了我的官方访问。马合苏提·沙赫（Mahsud Shah）是统治库木勒（哈密）的王，他依旧保持着对本地维吾尔穆斯林地区的统治权。那似乎才是本地真正运行的制度，清政府把新疆的行政管理权交给了哈密当地世袭首领的后继人。那些在哈密王主权范围内引起流血的动乱都被他镇压了，这些是我在安西时从电报中得知的。我骑马通过哈密王城堡的大拱形门时，看到在宫殿前面一个宽阔阴凉的地方有一群武装人员，他们标志着守旧的衙门官员的一些变化。

走进大厅，首领们的招待仪式是汉式的。此地带给我最初的安慰是可以随便说突厥语，当地这些人的性格和表情几乎都是欧洲样式。我注意到，整个会见过程中，我们

第八章 在哈密绿洲

所在的内部大厅是适合一位最高统治者居住的，它里面舒适，外表华丽。哈密王绅士般的安逸蕴含着一种高贵，也使我感到很舒适。近期，他到了北京，向朝廷君主表示敬意，并使他自己统治的范围扩大。但我在想，他带回的诸如安抚民众等想法和一些毛瑟来复枪，会不会使库木勒的财政资源枯竭。

从哈密王的城堡骑马出来，我来到有围墙的中国内地风格小镇东面，那儿有一些供官员和驻军的住所，不过这些住所现在已很少了。小镇有保存较好的城墙，兵营周围的街道干净而规则，给我以较为清新的感受。特别是，在我一路看到许多半毁灭的城，以及城里阻塞不通的道路和肮脏的地面（这样的情景是我在甘肃所熟悉的）之后，我心里更是觉得舒畅起来。在地方官杨团长率领的驻军中，蒋师爷发现了一个老相识。兴奋的驻军司令官叙述了他在镇压最近暴动中的经历，并展示他那曾被对方子弹擦过的红缨帽。最让我感兴趣的是，在无论大小的新疆各个地方似乎都存在联系着所有权贵的友爱和互信。听着蒋师爷谈论他在军队的普通朋友，我感到一个省的管理权怎样被这些从湖南来的官方流放人员看作一项家务事。哈密的民间办事员是有智慧见解的人，他附属于哈密王，由哈密王来领导，同时他也作为中国政府的地方官员。我很高兴地发现我过去所提及的在这些地区历史上中国反叛者情况的观点与这里地理环境等方面的具体情况较为相符，这是从文献中关于匈奴和大月氏，以及后来的印度－

斯基泰人相关部落在此活动的准确记载中得到的看法。

整个下午，我忙于处理延期的邮件，同时有人兴奋地告诉我有一位欧洲人要来访。早上，我听到一位哥萨克军官到来的传闻。但令我很惊讶的是，访问我的人是柴尔·克列门提（Cecil Clementi）先生，他是香港殖民当局秘书的助手。他穿过俄国到克什米尔，当他告诉我他8月份在其尼巴格的欢乐日子时，我们之间的距离感似乎被抹掉了。克列门提先生到过中国很多地方，他所提到的多种现象使我强烈地认识到，在我所陌生的汉人社会里，懂得他们的语言和风俗习惯会给我带来诸多方便。我们有很多东西要谈，时间过得很快。当然，谈话中我发现我在牛津和印度的一些朋友也正是他的朋友。不过，我们的谈话并没有持续很长时间。

闲谈之后，克列门提先生继续他前往香港的旅行，我则着手安排把我沉重的邮包运往克什米尔，由克什米尔人来运输风险会比较小些。

一直忙着各种准备工作，两天已经过去了。队员冬天所需的装备也必须安排好，如穆斯林所需要的毛皮衣服、鹿皮鞋等，这些资源在哈密是缺乏的，准备到充足的资源也很困难。减缓劳累的办法是不诉诸陈旧的支付手段，能够少利用那种古老的银币换算方法就能实现支付，这一点就大大减轻了我的负担。以前，我曾经处理过和中国银圆极其复杂的换算关系，而现在改用大张的银票，相比之下，后者换算起来很方便，但这不意味着每种东西在流通中都保持了平稳。事

## 第八章　在哈密绿洲

实上,"阿克天罡"[①]或铸造银圆在哈密仍自由流通和使用,但真正交换的媒介仍是小币值的中国铜币,铜币和银币的兑换折扣是值得注意的。我很快发现,用当地银行票据支付可以节约整整20%。当然,有特权的人物在铸造银币方面是享有特权的。

10月24日上午,我终于开始了在这个地区的短途旅行。我掌握了这里古迹的有关情况,这些遗迹是在哈密西边发现的,其中部分遗迹其实早被德国考古学家勒柯克博士和格伦威德尔(A. Grünwedel)教授在吐鲁番地区考察时就发现了。因而,在山区进行考察工作时,我首先决定考察一些老喀热勒遗址和在喀尔里克塔格(Karlik-tagh)脚下的佛寺遗址,它们都位于天山最东面的山脚下。哈密王给我找了一个老伯克,在他的带领下,我轻装出发了。一天的行程几乎都是向北,在一个大冲积扇形内光秃秃的砂砾上,我们走了近20英里。

走出肮脏的汉式小镇巴扎,就进入了一片废弃的绿洲耕地。绿色的河床很快落在了身后,冰雪融化后的水在河床里形成了清澈的泉水。远远地,我们在西边地平线上就能望见一些遗弃的要塞废墟。在这片寂静广阔的地平线上,我一直都能看见北边的山脉,山顶覆盖着冰雪。天山向东的大支脉看起来十分壮观,虽然它不高于13 000英尺。主峰斜坡有大小冰川覆盖,在落日余晖的映照下,显得更加明亮,呈现出

---

① 新疆制式银圆。

河西探险

迷人的玫瑰色。白昼时间的长度使我意识到从去年秋天到现在我向北走了有多远。

从哈密走 14 英里,便到达叫作阿克其克喀热勒(Akchik Karaul)的巨大烽燧遗址,它指引着去托鲁克[①]的道路。这处烽燧的历史非常悠久,高大雄伟,高 43 英尺,占地 43 平方英尺。围墙周围的一座建筑虽然已经废弃了,但明显已经存在了很长时间。历史上它是为对付来自北方袭击者的军事行动而提供军事警戒与掩护的,而现如今已经被弃之如敝屣。

伴随着月光,我们在一条宽阔干涸的碎石河床里走了一段路程,这可是又长又令人心烦的一个行程。而后,我们看到了水。在到达右边的深沟后,我发现自己正在托鲁克边。尽管时间已经很晚,小村庄的 15 户人家依然热情接待了我们。我就住在村长家用碎石砌成的房屋里,它有舒适的客厅。在有壁炉的屋子里,等了很长时间,行李才运了过来。炕上的垫子温暖舒适,架子上和环绕墙壁的橱窗里,有简单的家居用品,这些情景带给我较为舒适的感觉。在单调空旷的房间后面的其他房屋,我看到了衙门官员和小酒馆。今天晚上,在一个突厥人的家里,我感觉似乎回到了欧洲。

头人温巴什(Un-bashi)远在山里,他的妻子,一位 40 岁左右的家庭主妇,照顾着一切起居。看起来,古老游牧部族的生活习惯依然留存于大山脚下这些善良的牧民中。我一

---

① 托鲁克(Töruk),即石城子。

## 第八章 在哈密绿洲

坐在温暖的炉火前,一大碗牛奶和一盘美味的烤麦饼就送到了眼前。女主人进进出出,让人一点儿也感觉不到她就是家里真正的主人,我在柯尔克孜女人中时常注意到了这一点。我的女主人使我确信,处于她们地位的女人给客人准备诱人的食物是一种风俗习惯。我多次注意到他们很不适应汉人的生活方式,哈密穆斯林所拥有的风俗习惯迄今还在影响着民间的女人们。然而,男人们穿的都是汉式服装,在某些场合甚至还戴着辫子。除了流行明亮的红色衣服,女人的服饰实际上和我在新疆西部所见到的一样。

我急于在第二天适当的时间赶到阿拉塔木①,这是我这次出行考察的主要目的地,因此一大早我们就活动起来。小村庄的街道有了生气,每个房子前面都聚集了一群欢快的小孩和女人们。和感觉迟钝的汉人比起来,他们的欢喜真令人愉快。穿过一个又一个砾石连缀的冲积扇戈壁滩,我们来到天山南面无边无际的冰川附近。在岩石河床上,我们能看到只有一条从众多大石头和碎石中涌出的流动水流。由这些水灌溉的喀拉喀普钦(Kara-kapchin)小村庄,在陡峭的红色砂石山的衬托下,显得格外绿。我们所通过的地方,河水依然从长有矮树丛的狭窄河床里涌出,清澈明亮。但只有 1—2 英里远,河水就在布满砾石的河床里消失了,这条河在经过一段长长的地下道路后,和哈密最东部的水源相连接。

---

① 阿拉塔木(Ara-tam),即上庙尔沟。

走了大约 15 英里，一片长着笔直白杨的绿色土地展现在东边远方的地平线上。向导哈密王的伯克指出了他主人在阿拉塔木的一片果园。当我们靠近时，在灰色黯淡碎石滩的衬托下，可以十分清晰地看见红黄相间的明亮色彩，它们是阿拉塔木果园秋天的丰盛果实。自从一年前穿越尼雅河终点丛林至今，我第一次看到如此的绿洲丰收景象。沿着无数小峡谷像瀑布般落下的溪流，绿色林带的地势下降了约两英里。两边有大石围绕的道路穿过成排的果树向上延伸，环境色彩不断地转变，由黄色到粉红色和紫色。在玫瑰色背景的衬托下，红色砂石山参差陡峭的山脉被落日照亮。一条名为八大石（Bardash）的溪流在狭窄曲折的峡谷出口处豁然开朗，在峡谷出口处形成一片茂盛之地。天空依然是深蓝的，所有这些灿烂的色彩使人眼花缭乱。

在新疆我还没有看到过如此规模和繁茂的果园。1 英里之遥，就是一直在苹果树、杏树、梨树和灿烂的胡桃树中弯弯曲曲的道路。在我远方的故乡英格兰，园丁即使运用巧妙的手法，也不能布局出如此美丽的景致，世界上任何园丁的技术也不能创造出这样奇特的多层面的景观。所有植被都在岩石和大石头缝隙中生长，有些被从山坡上流下来的急流冲击着，每一棵树木看起来都似乎在作生存斗争，挣扎着向肥沃的土地上延伸。迷人的果树林带来了平静的夜晚，美丽的人间居所等待着我这样的流浪者。

这条道路通向哈密王并不需要装饰的老宫殿所在地。外

## 第八章　在哈密绿洲

面是大庭院，里面长满了高大的榆树。经过大院，来到一个小庭院，它的前面是一个宽敞的大厅，大厅的柱子、横梁与屋顶上面都是大量奇特华丽的木雕刻画。大厅的每一边是一个有屏风的平台，它们后面是一套住所，看起来既通风又赏心悦目。小院的右边是主人的住所，在那儿，毛毡和迎客人的和田地毯一直铺到我面前。但这处居所北侧的外形和所处位置的阴暗，与整个秋季独有的特色并不十分搭配，更何况现在的天气还是一个秋凉的夜晚。因此，我在主建筑中另外找了一个舒适的住所。

一个豪华的大厅里面，有边框浮雕的纸屏风，屏风可以折叠活动，屏风后面既明亮又通风。穿过屏风后，是两套房屋，直接通到哈密王的私人果园和花园。它们的布局表明，它们是小姐们的闺房。漫长时间的流失和长期对庄园的忽视，并没有消除这里华贵的气息。屋顶有绘制精美植物纹样的图案，是月季和缠枝花，呈现出半中国半波斯的风格。屋内装饰不止一处有修补的痕迹，比如粗糙的木板格挡取代了原有雕刻整洁而又能折叠的屏风。很快，我发现了一个舒适的小屋，它面朝花园。屋内的架子和格子壁橱对我来说很像西方的家居物件，从离开喀什噶尔的其尼巴格以来，这些华贵的物品对我来说已是久违了。

在其他人帮忙铺设地毯和一些小毛毡时，我抽时间到花园里寻找古代建筑遗迹。穿过果园 100 码，我突然发现自己好像到了佛教寺庙的内殿前，它们凹陷在一个小山脊的岩壁里，山脊崖壁上曾有巨大的佛像（图8-1）。后来，佛像岩石雕刻上的灰泥几乎脱落了。但在其中一个佛殿，仍保存着顶部装饰部分的遗迹，在接近50英尺高的地方，一个巨大的坐佛轮廓仍保留着。遗留在泥灰墙脚下残存的装饰壁画与我在千佛洞神殿里看到的极其相似。这清楚地表明这个神殿可追溯到回鹘时期（9—12世纪），那时佛教在此盛行一时。

我急切地考察了砖墙内殿和住所建筑遗址，它们建在小山脊的顶部正北面。这些佛教建筑遗址处在果园西面一个高山脊的顶部，很惹眼。我要求队员对那些伊斯兰教建筑及其建筑工艺不予理睬。在向导十分虔诚和热烈地向我推荐这些

图8-1 庙儿沟"哈密王"果园里山脊上的佛寺建筑遗迹
注释：从西南方向被毁的寺庙那里拍摄。

## 第八章　在哈密绿洲

伊斯兰教建筑时,这样的做法使我感到羞愧。时值伊斯兰教斋月——拉马赞日[①],因封斋而饥饿难耐的人们急切地渴望食物。黄昏,果园景色显得非常美丽,这也是我考古探险工作中难得遇到的好时机,天色暗了下来,而我不得不离开了遗址。那天晚上,色彩绚丽的绿洲情景一直萦绕在我的脑海,我在住所温馨的炉火旁写作了一个小时。

唉!遗址现状表明考古发掘可能不会太有成效,不过山谷绿洲如画的风景对我这样的考古探险家而言多少还是一种补偿。在位于山脊西边顶部的两间佛寺内殿遗址里,有一座灰泥佛像的残留部分和一个破坏严重的木雕残像,但已被火焚烧过。遗址遭受人为挖掘破坏和湿气的侵蚀,很明显这些因素在较长的时间里一直发挥着破坏作用,给佛寺遗址造成了很大破坏。除了数量不多的残存的小块装饰壁画还能表现出小佛像图样的某些形状外,五座内殿的顶部墙面上没有别的佛教内容留下来。五座内殿坐落在低矮砾石山脊的上面,由于前墙倒塌,主建筑遗址全部显现了出来,墙壁上的残存壁画与敦煌千佛洞里面装饰壁画的内容和颜色很接近,这令人颇感震惊。在同一山脊的另外一边,是损坏更为严重的一处较小的佛教寺庙遗址,残存壁画也和敦煌千佛洞里的壁画很相似。

所有发现都没有满足我获得古代文书的心愿,因为我有

---

① 拉马赞日(Ramazan),即伊斯兰教教历太阴年第九月禁食戒斋。

心理准备，故而也没有让我觉得过于遗憾。这里山两边偶尔都会下雨，当地居民说北边山里雨量更丰富，由此判断这处山谷绿洲"古时候"雨水也一定很多。在天山山脉的另一面巴里坤（Bar-kul）地区，很多地方在没有渠道引水灌溉的条件下仍可以依靠降水耕种，那里牧草丰富，还可以放牧。这里的情况与我所了解的天山北部的天气情况已经较为接近。在古代这些是中国北部一个又一个的游牧部族向西迁移的重要通道地区。正因为如此，东天山这一带才广泛引起中亚历史学者的研究兴趣。在干燥的塔里木盆地及其周围，只要有古代聚落遗址可以考察，就没有什么恶劣的自然环境可以阻止探险者和考古学者的到来。

我急于去塔里木盆地，在沙漠中开始新的冬季探险考察。当在阿拉塔木的考古发掘以及在邻村人们中进行的人类学测量工作结束时，我马上离开此地，回到了哈密。在安西出发前，从王道士的藏经洞获得的大量写卷手稿文书已经用12个结实的木箱包装起来，现在也运到了。此时，拉伊·拉尔·辛格也重新与我会合，此前我安排他设法到了天山分水岭一带进行测绘勘察，厚厚的积雪已经覆盖了巴里坤山区通道，席卷哈密山区的冰冷风雪，使人感到了冬天快要来了。

第二天，即11月2日，我们开始了从哈密到吐鲁番的行程。为了能看到天山脚下那些名气很大的泉与井，我再三考虑，选择了相当曲折的道路。走了七个行程，行程195英里，

## 第八章　在哈密绿洲

到达鄯善，它是吐鲁番绿洲的最东部。从哈密出发后到达的第一站是托克恰①，沿途一直是大片的耕种土地，这表明哈密人反对阿古柏军队的长期奋斗是有成效的。

我在托克恰停留了两天。从这儿我勘察了依里库勒（Ili-kul）溪流附近的一些佛塔遗址。也是在这里，一年前由格伦威德尔教授带领的德国探险队发现了很多有趣的古代佛教寺院建筑遗迹，遗迹显然可以追溯到西藏人占据此地的时期。三堡的南边是四堡②绿洲，在从三堡向南倾斜下降的一大片宽阔砾石戈壁里，我考察了许多很明显属于佛教时期的古代寺庙遗址，这些佛教寺院可以在沙哈鲁王特使给中国政府的一份报告中得到证明，佛教的兴盛在哈密和吐鲁番一直延续到14世纪末。这些佛寺遗迹和四堡绿洲北端的一些废弃古城遗址，看起来有证据能充分证实废弃的时间。

有一片空旷富饶的峡谷地带位于五堡（Kara-döbe）和四堡的耕作地连接处，距离三堡大约15英里。沿着峡谷骑马前进，我收集了许多有趣的地理方面的引水设施的观察资料，这些是坎儿井，是一种从天山延伸下来的地下引水灌溉系统。坎儿井这种地下引水灌溉渠道，说明沿途这些迷人的绿洲多位于多石荒地盆地中间。在中国广阔的国土上随意漫游，我显得有些冒失，而生活在这片土地上的汉人居民先天多疑，

---

① 托克恰（Togucha），即三堡。
② 四堡（Lapchuk），即唐代纳职县。

总是沉默不语,问他们任何问题都不予回答。因而在我离开哈密后,我更加深切体会到哈密维吾尔族人给我友好而又热情接待的难能可贵。

# 第九章 考察吐鲁番遗迹

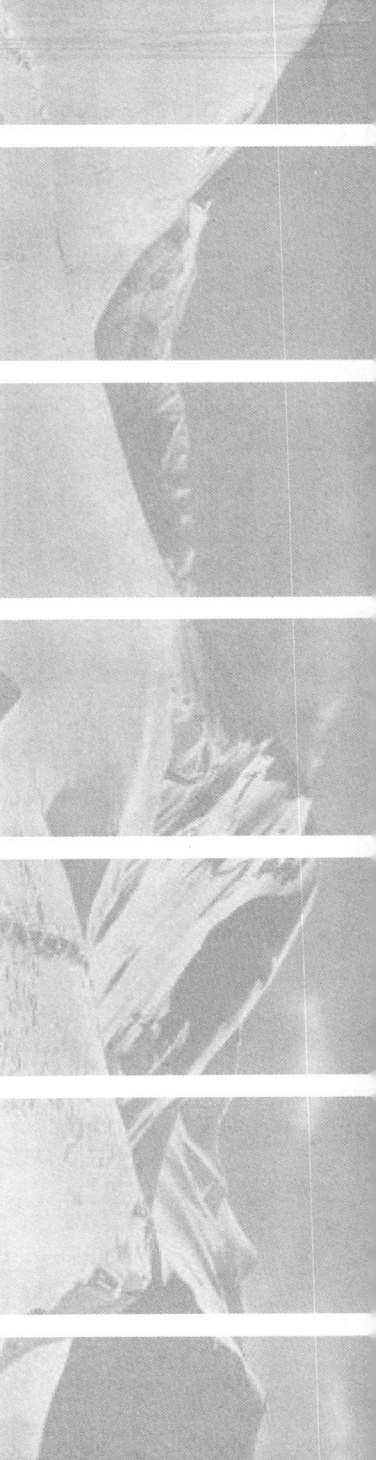

## 河西探险

穿过一连串乏味低矮的光秃秃山脉，怀着沉闷沮丧的心情，经过六段快速的行程后，我们于11月10日到达了鄯善绿洲的肥沃地区。在短暂的停留期间，地形学方面的考察是必须要进行的。我还临时决定对吐鲁番的古代遗迹及其周围地区进行考察。

充分有效地利用时间，这在有额外任务的情况下显得异常重要。1897年，代表俄国科学协会（the Russian Academy of Sciences）的克莱门兹博士（Dr. Klementz）组织了一个考古探险队，把注意力投向了小而富饶的吐鲁番地区的大量古代遗址。这个探险队根据罗布罗夫斯基队长的报告建议而建立。从关于古代车师的中国早期文献记载，可知这里是唐政权衰落后，回鹘势力的主要据点之一。克莱门兹博士探险考察报告，和我1900—1901年在和田地区考古探险与测绘勘察的结果，引起了德国方面的极大兴趣。因而一支德国探险队在格伦威德尔教授的带领下来到了吐鲁番。格伦威德尔教授是柏林皇家人类学博物馆（the Royal Ethnographic Museum of Berlin）的负责人，也是国际佛教艺术研究方面的最高权威，为达到更大的发掘目的，这支队伍在1902年沿西伯利亚铁路进入了吐鲁番。

德国探险队在吐鲁番获得的所有种类的古代艺术和古文字遗留物的发现是如此重要，以至于普鲁士教育部（the Prussian Ministry of Education）立即给予支持，德意志帝国也给予了特殊的赞助，为他们通过科学探测继续进行系统的考

## 第九章 考察吐鲁番遗迹

古工作提供了条件。这支队伍开始是由著名的东方学者勒柯克博士领导,后来又由格伦威德尔教授领导。在政府的大力支持下,他们的发掘工作从1904年到我来到这里半年前几乎没有中断过。据我所知,发掘工作搞得相当成功,收获多多。

我的目标并不是想在这些地方进行考古挖掘来进一步获得出土文物,德国人已经在这里花费了大量时间,投入了极大的学术热情,积累了丰富的实地考古经验。但是,我急于想尽快熟悉吐鲁番古代遗迹的特性和可能留下未被触及的艺术品,这些东西可以帮助我了解吐鲁番古代文物的重要性,可以利用这些资料来阐述我自己的研究观点。更重要的是,我想利用那些对地形学和考古学研究有用的实例资料进行一些研究,这或许能解开吐鲁番干燥气候的成因。

由于以上原因,在去鄯善的途中,我已经对吐鲁番绿洲特有的坎儿井或地下灌溉渠道产生了浓厚的兴趣。我知道,它是当前吐鲁番绿洲保持繁茂状况的主要原因,因为绿洲位于盆地低处,它的灌溉不是来自大大小小的地上河,这里一年的大部分时间都受到炎热的侵袭,所以水的蒸发量极大。正如罗布罗夫斯基所言,炎热的原因是这个不能排水的盆地较低的部分正好处于海平面以下。

这个有趣的地理现象,促使我在盆地的东南端开始探险考察。罗布罗夫斯基的地图显示,那儿是大阿萨[①]遗迹,距离

---

[①] 大阿萨(Chong-Hassar),即大城堡。

## 河西探险

这片盆地终端沼泽的不远处,我被告知所在地方现在是沙漠。我对沙漠考古的爱好自然地影响到我的选择,我没有为此而后悔。11月13日,我和测量员沿着山谷,从鄯善到鲁克沁[①],指挥着带着重行李的长长队伍,继续奔赴吐鲁番。沿着宽阔的河床,骑马走了20英里,鄯善地表的溪流很快便完全消失了。我熟知吐鲁番盆地的两个显著地理特征。右边是一连串的光秃秃的红砂岩小型山脉,盆地较低的部分被这一系列小山脉分开,再往天山方向是巨大的冰雪山峰,冰川从积雪覆盖的北部山脉倾斜而下。这边绵延不绝的堆积沙丘的巨大山脊,这使我想起了流沙覆盖的敦煌莫高窟千佛洞山脚,很明显如后者一样,它是流沙堆积在大山梁上形成的。

这些光秃秃的山地与鲁克沁肥沃的原野和果园形成鲜明对比。沿着村庄的小路,我看到房屋和人群,这使我想到精耕给这里带来的繁荣。在整个地区,棉花是主要的经济作物,在有充足水源的地方,还种植诸如玉米之类的庄稼,各类水果也很多。夜晚,我住在了伯克家的大屋子里,发现在屋顶上放着一年的蔬菜储备。

灌溉水源来自连木沁(Lamjin)山谷的河流,它本身的水流来源于北部天山脚下水量很大的溪流,在鲁克沁绿洲前峡谷中冲破了山谷的阻碍流向平原。第二天,沿着向西南平稳下降的平原,我们继续前进。几英里后,离开了这片老耕作

---

① 鲁克沁(Lukchun),古代柳中。

## 第九章 考察吐鲁番遗迹

区，我们进入了不断出现坎儿井的荒漠地带。到处可以看到一条条地下灌溉渠道，其明显的标志是一圈圈圆形泥土堆积物矗立在光秃秃的碎石戈壁地面上，这些泥土堆积物是坎儿井挖掘者在每口井的地表井口堆积起来的。从每一个可以灌溉的腊八粥土地地平面出发，一条条地下狭窄的暗渠通道沿着盆地的自然坡度贯通每一口竖井，直至连通水量充足的水源。据说，这些竖井向下达到 55 英尺的深度。坎儿井挖掘者对自己的工作很精通，四个或五个人一组工作，通常花费半年时间完成一条普通的坎儿井，可他们得到的报酬还不超过 20 英镑。

购买一块有坎儿井灌溉新土地的价格，可能是 50 英镑左右。但这个费用的回报是丰厚的，尽管每年需要花钱清理坎儿井，但那些新耕作土地将在几年里，就会卖到相当于当初投资三倍的价格。有人告诉我，近来重建的坎儿井并不比鲁克沁人过去所挖的 70 个坎儿井少。这样由坎儿井灌溉的土地都位于历史上先前曾经耕作的地带，以前这些土地依靠地表明渠进行灌溉，经常由于天山积雪的多寡，导致地表渠道引水灌溉不稳定，这些田地只有每三年进行一次轮作。然而现在，在坎儿井充足水源的保障下，通过精耕细作，坎儿井所灌溉的土地每年都有好收成。

据我的调查人员报告，这种变化是同吐鲁番人口的增加分不开的，也是随着清政府重新收复该地区后，重建绿洲和平和繁荣以后形成的。同时，我们应该承认，坎儿井灌溉方式的建立是一项改革，它可追溯到公元 1 世纪左右，从伊朗传播过来。同意这种说法就意味着承认这样的事实,即古代中国没有吐鲁番坎儿井这种灌溉方式,虽然它现在作为这个地区主要农业特征在新疆很流行。

所有的观察使我认识到,这个地区灌溉困难的程度将来一定会增加。在这里,我可以多加一点说明,我后来在吐鲁番废弃的古城遗址所见到的事实同样证实了我的推测,即古代该地区的人口远远比现在多。我不必花费时间,去找有关干旱问题在这一变化中所起作用的事例。从我们鲁克沁的住所出发,骑马7英里后,到达了拜什塔木(Besh-tam),这是最后一片由坎儿井灌溉的土地。此后,我们经过了被遗弃很久的田地,之后到了一个浅河床地带,鲁克沁大渠的水勉强由此流抵终端的盐湖。在冬天这条水渠放弃不用。春夏期间,由于水本身蒸发和被土地吸收的原因,水就无法到达这里。穿过暂时有水的河床,来到广阔的砂石平原,这里的小沙丘中生长有大量带刺的灌木。在流沙出现的地带,见到了被风沙侵袭、把硬地切割成的小沟和雅丹的地貌,这种地形由东部向西部延伸而去。

对我来说,这里看起来仅仅是一个小沙漠。还不到4英里,就到了大阿萨古城遗址,这是鲁克沁人宣称没有人能待下去的地方。在这里,城镇和乡村的遗迹展现了吐鲁番古代遗址一些典型的特征。这个遗址是一个东西长约140码、宽约100码的不规则长方形堡垒,堡垒内又分布着大量小拱形房屋和炮台(图9-1)。大量被阳光晒透而破碎的土坯土堆,

# 第九章 考察吐鲁番遗迹

图9-1 吐鲁番大阿萨西墙附近的拱顶和房屋废墟是当地佛寺毁灭的标志

阻塞了入口，流沙经常埋到建筑物屋顶。城内许多地方的房屋一间叠加建在另一间上，布局不甚规则。根据我在这个古城和聚落建筑遗址所看到的，不难认识到，这种特殊的建筑是为了躲避酷热的夏季和春季的狂风袭击。大量7英尺厚围墙的拱形建筑集中形成拱顶形建筑群。

我们清理这些拱顶和地下室，花费了几周时间和劳动力，所以我对于德国探险队在这里的考古经历一点儿也不吃惊，德国人对这处古城遗址的考古发掘仅仅局限于一个小佛殿的内堂，地点很明显就在堡垒内部的西边。聚落建筑遗址外面通道里遗留下不少未被破坏的古代文物残件，在古城上部不远处的房屋建筑遗址地面上的流沙覆盖层中，我发现了大量用回鹘文字书写的手稿和文献残片。它们证明这些遗址曾经一直被使用，直到佛教衰落。很多迹象表明，由于风沙侵蚀使周围地面由种植区变成沙漠。

从古城遗址的高处，我能清楚地看到南面闪亮盐湖湖床的终端。吐鲁番盆地所有没有蒸发的地表水都汇集在那里，湖面北部远处是高耸的觉罗塔格（Chöl-tagh）山以及其后天山雪峰巨大的冰川。在大阿萨停留的三天中，我派拉伊·拉尔·辛格向南和向东，勘测这个盆地的边缘地带。通过水银气压计测定的数据，可以确定大阿萨盆地低于海拔 360 英尺。盐湖湖床多沼泽，骑马是不可能通过此地，只有湖北面地面覆盖有坚硬"肖尔"[①]，这说明湖近期仍然在萎缩变小。

随后我勘察了被称为克其克阿萨或称小阿萨城堡的遗址。向东北 2 英里发现了一组小佛像和佛塔（图 9-2），它们还不曾被考察过。我们在拜什塔木来的民夫的帮助下，彻底把它们清理了。除了发掘出部分壁画，我们还发现了在亚麻布上图画的遗迹，还有保存完好的小佛像。手稿和印刷品的残片有回鹘、汉族和西藏的风格，这表明对这些佛殿的崇拜至少持续到吐蕃人占据此地。这些佛殿现在已被沙丘侵袭了。

---

① 肖尔（Shor），即盐碱。

第九章　考察吐鲁番遗迹

图 9-2　吐鲁番小阿萨的寺庙和佛塔废墟
注释：提拉巴依站在沙丘之上。

11月18日，队伍分头行动，我让拉伊·拉尔·辛格沿着库鲁克塔格主山脉脚下进行调查，让蒋师爷和伊布拉音伯克去吐鲁番，为我们寻找住所和运输工具。我自己则开始一系列快速的行程，熟悉吐鲁番地区著名的遗址。人口聚集的地区主要沿着外面的群山，它从低凹的盆地处分离了砾石冰山。这个地区从东到西长近35英里、宽有10英里左右。遗址是如此之多，使我对它们的快速考察一直延续到月底。同样的原因，我就无法叙述一般的考察结果了。

从东面出发，我第一次参观了吐峪沟小镇，在美丽如画的陡峭红砂岩峡谷中，有成排的小洞窟和寺庙的遗址（图9-3）。虽然规模小些，但其地形和整体外观使人想起千佛洞，

159

河西探险

图9-3 吐鲁番吐峪沟峡谷西侧神殿和石窟寺庙废墟

遗址里的壁画也有些相似。明显被破坏的痕迹是由临近居住的穆罕默德人造成的,打破旧习的热情使他们发现了这里的出口,特别是在第一次伊斯兰教化之后。在回鹘时期,另外一种不同的宗教信仰曾在此地盛行。在德国考古学家得到的大量古代手稿中,有早期突厥和粟特时期摩尼教,甚至是基督教景教的文献。在吐鲁番地区,其他的发现也表明基督教和摩尼教的追随者那时过着平静的生活,在数量上超过信仰佛教的人。

喀拉霍加[①]距吐峪沟西面大约7英里,回鹘时期吐鲁番的

---

① 喀拉霍加(Kara-khoja),即二堡乡。

## 第九章　考察吐鲁番遗迹

都城就在此地。把过去古代遗址和现在绿洲艰苦生活联系起来，对我来说像是小说里的经历，甚至有些令人震惊。这里是一片人口密集的绿洲村庄，过去的高昌古城面积将近 1 平方英里，外面由高大坚固的土坯墙包围形成堡垒，古城内废弃的古代建筑遗址散布在现代耕地里面。曾经被古代私人住宅占据的古城地面慢慢地变成了田野和耕地，毋庸置疑，在保证灌溉的前提下古城内土地仍然可以耕种。大量巨大的佛教寺院遗址墙壁，还有用于防御的军事建筑设施都被掏挖从而导致倒塌与塌陷，起因只是村民们为了挖取建筑物和城墙墙壁的老土当作肥料售卖。在他们挖掘的过程中，老亥特[①]，也就是古代写本手稿残片，不时地被发现。这种取土挖掘通常是在农闲土地需要施肥备耕的冬天进行。过去，挖墙取土时发现的这些古代文物要么被扔了，要么就被用以糊制纸屏风等，直到俄国旅行者开始收购这些古代"废弃物"。

　　由于一直存在这样持续不断的破坏行为，留下来的这些古代建筑遗址就弥足珍贵，不过对于这些已经被破坏的遗址进行考古发掘工作，现在必定也是困难重重。古城内如此众多的古代建筑物被破坏，可我一点儿都不吃惊，在那儿我自己也无法区分德国探险队系统考古发掘和农民为寻找肥料挖掘的不同。不过，现场观察发现有一点不容忽视，那就是这个古城在没有被彻底废弃的年代，许多建筑在它们最初被废

---

① 亥特（Khats），信件，这里指古代文书。

弃后，可能被继续以某些方式利用。

尽管有许多困难和阻碍，这个古城遗址无论如何都仍然还是一个古代文物富积的宝地，我只是思考用什么方式来彻底地进行考古发掘清理。正如去年冬天在罗布沙漠探险考察那样，我个人有一种奇异的想法，在这里进行考古发掘所雇用的吐鲁番任何地方的农民，都可以回到自己家里吃晚餐和睡觉。他们不用担心食物、水和运输，这难道不像是在自己的花园里或是公园里搞考古发掘吗？胜金口佛殿和佛教寺庙遗址的考古发掘也是同样道理，这些遗址位于喀拉霍加风景如画的胜金峡谷侧面。最近德国探险队对伯孜克里克（Bezeklik）千佛洞壁画进行了大面积剥取，我所见到千佛洞灰泥墙上巨大的空白墙面，表明最好的千佛洞壁画已被剥取运走并成为柏林人类学博物馆的珍宝，我仍可看出残存的壁画风格和敦煌千佛洞非常相似。如果吐鲁番仍有和敦煌一样大量虔诚的佛教教徒，那么这些艺术品保留下来的机会又会有多少呢？

后来，我把营地转移到这个地区主要的也较现代的城镇吐鲁番。这里非常需要水，在砂砾碎石覆盖的山脉下，我们所经过的光秃秃的碎石戈壁正被流沙肆虐，大沙丘随处可见。最显眼的是坎儿井链条穿过整个地区，尽管凹陷出口上也堆满流沙，但是坎儿井向北部地区推进了足足有8英里，和主要水源井相连，从而保障了吐鲁番部分地区的水源。这里的荒原上到处可以看到废弃的坎儿井，它们要么水源干涸或倒

## 第九章 考察吐鲁番遗迹

塌了,要么被其他灌溉方式代替了。仅仅一个坎儿井的深度据说能达到200英尺,而它们的造价也可能超过300英镑。近期,地下水下降了,结果造成依靠坎儿井种植的地区向更南方向推进了。当我们接近绿洲旧河渠灌溉的土地,随处可见废弃的农田,上面提到的那个地下水水位下降的结果是显而易见的。

由气候、水和土地所确保的丰收,说明吐鲁番绿洲农业花费昂贵。不过在贸易方面,有大量的事实说明吐鲁番巴扎曾经有巨大的商品交易活动。吐鲁番的棉花容易生长且高产,可以经由乌鲁木齐和塔尔巴哈台(Tarbagatai)运到西伯利亚铁路,棉花无疑是吐鲁番商业繁荣的主要因素。对于粮食和水果等过剩产品,不远的乌鲁木齐有一个十分便利的交易市场,乌鲁木齐是省会城市,也是天山北侧最大的居住区。因而吐鲁番通过乌鲁木齐与俄国的进口贸易也取得了很好的市场效果。在塔里木盆地和甘肃,我从来没有见到过欧洲货物被如此广泛地使用。在好客的伯克家里,我看到了诸如煤油灯、印花棉布覆盖的天花板,间或还有玻璃窗等物品,我几乎想象我正好置身于所谓"半欧洲"的边缘城市。这样的情况也有助于解释为什么在吐鲁番古代遗址中,能够发现中亚其他地区的古老遗物。

在吐鲁番绿洲逗留的一周时间,我把大量时间花在了考察著名遗址"交河古城"上,这个古城到唐代一直都是吐鲁番的首府。交河古城位于目前绿洲种植区西边以远的地方,

河西探险

之上有两条很深的沟壑台地。交河沟壑里的水是春天冰雪融化后从溪流中流来的，一条狭长的泥土道路自然通向坚固的古城。从两条"亚尔"沟壑的联结点，到一条截断泥路北端的宽阔沟壑，长度有 1 英里多。"亚尔"是这个地方的维吾尔语名称，它和古代中国关于当地的名称"交河"，即"断崖溪流之间"的意思相同。沟壑的宽度不足 0.25 英里。

这里像个岛屿，悬崖峭壁高于沟壑底部 100 英尺，3/4 的地方都有遗址。整个遗址的全景图，可能会给我们留下一些印象（图 9-4、图 9-5）。高地从南面沿着陡峭的斜坡上升，因而台地上的洞窟和建筑物墙壁显得非常亮眼。遗址建筑物开始看起来很混乱，渐渐地它们之间的狭窄通道便能得以辨认，所有的道路延伸通向两片空旷地带，空旷地带纵向穿过遗址的大部分地区。

事实上，展现在我面前的是一座死城。尽管荒芜，但令人痛惜的是这个遗址缺少保护措施，而只有进行保护才能确保长期濒临灭绝的古代生活遗迹不会最终消失。当然，对于像在庞培[①]发生的自然灾难，或是在塔克拉玛干沙漠的腹地，人类的保护措施是无能为力的。

交河古城遗址停止使用后，并没有被流沙袭击而造成建筑物被流沙覆盖破坏的现象。反而是当地土地耕作者的农民不断挖土作肥料，使得古城大部分房屋遗址只残留了光秃

---

[①] 庞培（Pompeii），即意大利古都，公元 79 年火山爆发，全城淹没。

第九章 考察吐鲁番遗迹

图9-4 吐鲁番交河古城遗址的中心大道（自北望）
注释：图中高大的建筑是一座寺庙的废墟，左侧为亚尔－和卓村的林木，东侧较远处为亚尔。

图9-5 自交河古城遗址南端可看见亚尔－和卓村的部分地区

秃的自然硬土。佛寺遗址通常也只残留了地面上高高的墙基（图9-3），不过在那些残墙断壁间，还埋藏着许多古代物品的残片，发掘工作明显也会使古建筑遗址受到部分影响。

没有系统的考古清理，就不可能确定这些遗址里还有多少古代遗留物，也无法知道能否发现有价值的古代文物。大量古代建筑物遗址以及埋藏其中的古代遗物，表明这个古城大部分半地穴下挖式的建设方法是其最典型的特点。在这个古城，进行数月细致系统的考古发掘和相应地花费一大笔费用是有益的，不过这样做的结果也就是说收获在很大程度上依靠运气。我设想，谁有幸可以在交河古城遗址以适当的规模和适当的考古清理方式开展工作呢？我多次对这个迷人的古城遗址和临近沟壑的小崖壁洞穴进行考察，收获到很多有趣的成果。很多崖壁洞穴是作为坟墓用的，德国探险队的考古发现已证实吐鲁番基督教居民的存在。我也发现，这些坟墓和早期埃及或巴勒斯坦沙漠河谷崖壁中基督教图画中的坟墓很相似。

# 第十章　焉耆及其周围的遗迹

## 河西探险

虽然吐鲁番遗址很有趣,但我还是于12月1日离开了这里。日渐变冷的天气,使我意识到是时候该回到塔里木盆地进行冬季探险考察工作了。拉伊·拉尔·辛格被派往吐鲁番盆地南面,到位于库鲁克塔格山(Kuruk-tagh)中心地带的辛格尔(Singer),目的在于测绘勘察库鲁克塔格山西部至今还没有调查的一些沙漠高地和群山。我自己则经过八段快速行进,约180英里的路程,到了焉耆。

从与库鲁克塔格山和天山相连的荒山峡谷往下走,我到了灌木覆盖的平原地带,平原地带包围了博斯腾湖北岸。在途中一些地段发现了一些古代遗址的痕迹。附近的地下水通常含有盐碱,这里明显比新疆塔里木盆地大平原的气候湿润。正因为如此几乎毁坏了所有古代建筑遗留物,甚至把用土坯建造的古代城墙变成了没有形状的土墩。我很快发现,气候的差异在焉耆地区人种上和中国早期关于焉耆记录上都留下了痕迹。毋庸置疑,丰富的牧草,吸引了峡谷里的蒙古人,也使他们中的小片居民过着半定居半游牧的生活,在焉耆盆地大平原上靠焉耆河灌溉进行临时耕作,这和甘肃在穆斯林东干人叛乱后许多绿洲耕作区造成聚落毁坏和人口锐减的情况不同。

焉耆小镇虽然看起来很穷,但作为联系塔里木盆地和新疆北部与东部的必经之地,具有重要的战略地位。焉耆城长官是我的一位老朋友,即道台潘大人的下属,他热情接待了我,并给我提供了有益的帮助。经过迅速的勘察,我决定对位于七个星(Shikchin)的佛寺遗址进行系统发掘,以

## 第十章　焉耆及其周围的遗迹

期能有不菲的收获。七个星距焉耆西南约 15 英里,当地的维吾尔人称其为明屋（Ming-oi）,即"一千间房子"（the Thousand Houses）。七个星佛寺遗址距离位于大路上的肖尔楚克（Chorchuk）小驿站有 4 英里,欧洲旅行家曾多次光顾这里。但只有格伦威德尔教授的德国探险队对此遗址进行了考古发掘。我在吐鲁番时就得知德国探险队只待了几天,主要精力都投入了主要遗址北部附近的一些小佛教洞窟的清理上。

七个星佛寺遗址坐落在一座山脉支脉处低的岩石平台上,这里是一片荒芜之地,没有任何其他古代遗迹。东北部几英里处,有一些半游牧蒙古人居住在那里,近年来他们的人数非常少,所以对遗址没有造成任何危害。幸运的是,遗址附近可以饮用的水来自一个岩石山脚下。12 月 11 日晚,我的探险队在遗址之间空地宿营了（图 10-1）。

七个星佛寺遗址的布局十分清楚,一排排长长的相互独立的佛殿排列在一起,大小不一,但佛寺建筑规划和结构极其相似,总体看起来也很接近。我在当地雇用大量的民工,来帮助考古发掘。很幸运,仅 20 英里之外的库尔勒有人口众多的村庄,短时间内可以提供充足的劳力,这里的维吾尔人知道如何使用坎土曼[①]。经过细心的指导,民工挖掘的效率较高,考古清理工作进展很快,人手足够,我们就不必像以前在沙漠里那样从黎明到傍晚一直忙个不停。当考古清理工作

---

① 坎土曼（Ketman）,即掘土工具。

图 10-1　焉耆七个星附近的明屋遗址营地
注释：我的营地在附近。图片为从北面看到的西部和中部佛寺废墟，以及霜冻覆盖的灌木丛。

进展到文物出土时，就由我的队员来挖掘了。

图 10-2、图 10-3 表现了佛殿总体特征：分布不规则。主要遗址的佛殿约 100 个，大小变化不定，有 4—6 平方英尺的小型内堂，也有一边长 85 英尺的矩形砌砖堆，但不论尺寸大小，在样式上都很相似。除了外面带有走廊的小内堂外，还有大量佛殿，它们要么周围有通道，要么上面是拱形顶，墙后面对着门，这样的建筑式样使佛殿上面刻有浮雕群（图 10-4）。大多数内堂的屋顶是弓形的圆屋顶，极少的圆屋顶幸存到今天。有一座圆形结构的佛塔可能是后来建成的，它坐落于多边形的根基上，上面是平的圆顶，里面的屋子似乎是

## 第十章 焉耆及其周围的遗迹

图 10-2 焉耆明屋佛教遗址（自南望）

图 10-3 从北方看焉耆明屋遗址被毁的佛教圣地

图 10-4 焉耆明屋遗址佛寺废墟的内堂 Mi. XVIII
注释：正中是色彩华丽的泥塑菩萨坐像与精致的莲花宝座，佛寺建筑顶部是拱形的。

存放骨灰的，骨灰由骨灰瓮或小木盒盛放。在方塔底部也发现了骨灰盒，这使我想起了拉达克的佛教徒墓葬。

这些暴露在外的七个星佛寺遗址经受了雨、雪、风沙的严重破坏，这点一目了然。但是，在没有确定佛寺遗址是否曾经遭受过大火灾破坏之前，发掘工作还不能进一步进行下去。从已经发现的古代中国铜币可知，没有一枚晚于8世纪末，那么把佛寺遗址遭受大火破坏和早期伊斯兰教入侵相关联是合理的推断。考古发掘中发现，当地穆斯林反对异教和破坏偶像的宗教热情与环境所导致的破坏一样具有杀伤力，所以我们清理出来的佛教建筑还是受到了许多损害。

第十章 焉耆及其周围的遗迹

在大佛殿遗址砾石地面上，散布着各种灰泥制作的漂亮浮雕残件，大多数尺寸很小，并已经破碎，然而有很大的艺术价值。保存较好的是石膏浮雕塑像，它们相当坚硬，很明显是由于这些灰泥（石膏）经受了大火焚烧的缘故。在同一个佛殿里，如图10–5所示，有一些较大的浮雕，由于它们位于地势较低的可以遮挡的角落处，所以或多或少地避免了大火的侵袭。但是，由于受潮气腐蚀，这些浮雕变得较为脆弱，因而挪动它们的企图只能是彻底地毁坏它们。所以我很感激这个大劫难，它给我保留了不少古代佛教文物。

图10-5 焉耆明屋遗址 Mi. XI 佛寺的灰泥菩萨浮雕

如图10-5、图10-6所示，暴露于内殿砾石墙壁上的浮雕头部、胸部和一些残缺不全的部分，浮雕装饰的大部分是由具有一定高度的、环绕墙壁中楣的浮雕组成，从中我收集了一百多个这样的浮雕。这些墙壁中，中楣浮雕成排的基座还可以辨认出来，如图10-5上部所示。殿内木料和易燃物很快被烧掉了，墙壁上那些突出的较高的灰泥浮雕塑像倒塌时，底部已经堆积的大量土块灰烬反而保护了部分浮雕残片。现在，任何重塑这些中楣浮雕的做法都将是有害的。如图10-6、图10-7所示，从被毁的佛寺内殿遗址中清理出来的浮雕塑像残片，可以让我们对各类型浮雕及其古典风格有一个认识。

一些浮雕头像的造型和面部表情与希腊化佛教犍陀罗雕塑很相似（图10-6、图10-7、图10-8）。带胡子的头像肯定是罗马和希腊艺术中半人半兽的森林之神（Satyrs）。大部分有头饰的塑像，则源于印度最西北或喀布尔流域，因为这些地区是希腊风格佛教塑像的发源地。但除了犍陀罗佛教艺术典型的繁荣类型外，还有一些发展变化明显的艺术风格。例如，两个图板上复制的头像、图10-6有装饰头像的自然表情，使我们想起哥特式风格，在希腊化佛教艺术中，很少有头像中表露出自由的感情。

对关注佛教艺术的人来说，这里出现后古典欧洲艺术风格的艺术品并不令人吃惊。斯特泽戈沃斯基（Strzygowski）教授已经注意到这些重要的影响，即通过拜占庭人欧洲中世纪早期艺术向东传播，依然是一种东方化的希腊艺术影响。七

第十章　焉耆及其周围的遗迹

图 10-6　焉耆明屋遗址 Mi. XV 佛寺的灰泥头像，从中可以看出希腊风格佛教艺术的影响

注释：1. 具有古典印度头饰特点的带胡须的头部。2、3. 较为怪诞的头像。4. 有罩头的头像。5. 怪兽头像画押（见第二节，第 174、178 页）。6、9. 可能是菩萨头像。7. 水神娜迦的头像。8. 类似萨梯森林之神的头像。

河西探险

图 10-7　焉耆明屋遗址浮雕装饰的部分灰泥头像和半身像

注释：1. 戴有头盔的头像。2、3. 自然主义风格的头像。4、6、7. 女性半身像。5. 男性半身神像。

第十章　焉耆及其周围的遗迹

图 10-8　焉耆明屋遗址 Mi. XV 大浮雕的灰泥头像，可能是菩萨
注释：尺寸是 1/2。

个星佛寺遗址出土的这些浮雕和和田佛教艺术之间存在着极其相似之处。我要提到的是古代和田首府约特干遗址中常见的赤陶罐上的浮雕头像残片,也同样出现在七个星明屋遗址中许多小型盾牌浮雕人像上(图10-9)。正如我之前的猜测,这种头部造型被证明源于古典希腊蛇发女怪(希腊神)。

图10-9 在敦煌古长城、千佛洞、霍拉山和明屋遗址发现的各种木刻和灰泥浮雕
注释:1.明屋出土的雕花木装饰残件。2.霍拉出土由油漆面板制做的形态怪异的木浮雕。3.木制"千佛像"。4.来自敦煌的灰泥头像。5.明屋出土的迷你木塔。6.明屋出土的犍陀罗风格的雕花木板。7.明屋出土的怪诞木雕。

# 第十章 焉耆及其周围的遗迹

各方面表明出土雕塑若重新修复，塑像的大部分仍然可以利用比佛殿本身时间长的当地灰泥进行修复和复制。七个星佛寺遗址中那些年代相对较晚的遗址塑像，因其制作材料比较脆弱，就没有这么幸运。直接证据还有那些造型完好的陶质圆形残片（图10–10）。这些陶片原来很可能也是灰泥脱模浮雕，由于经受大火焚烧而变得坚硬。不同寺庙遗址地面的泥土杂物中还出土了大量木刻浮雕（图10–11）。

图10-10 从焉耆明屋遗址佛寺废墟出土的赤土浮雕瓦片和微型盾牌
注释：8.带有木制支柱的微型盾牌。9.盾牌上来自戈尔戈（Gorgo）神兽的怪诞头像。10.佛教人物头像陶砖。

河西探险

　　这些浮雕文物中引人注目的可能是那个约 1 英尺高的浮雕小木板（图 10-11，3），木板正面上下有两幅佛传故事画。基座上浮雕朝圣者的造型风格和布局与犍陀罗地区流行的希腊佛教浮雕很相似。这块浮雕木板原来可能是木雕环形装饰的一部分，环状木雕装饰上面有五个坐佛像，与白沙瓦地区佛教寺院的石刻浮雕装饰很相似。但如图 10-10、图 10-11 所示的其他装饰木刻，包括这块浮雕木板一定是在当地制作的。

　　通过比较，古典希腊佛教艺术的影响可由造型精美的木雕人像体现出来（图 10-11，4），人像是中国唐代风格佛

图 10-11　从霍拉山和七个星明屋遗址的佛殿废墟出土的浮雕和装饰木刻
注释：1. 贴金的小型坐佛浮雕板。2. 小型印度-科林斯风格雕塑装饰残件。3. 古希腊风格的微型佛传浮雕场景。4. 中式风格的洛卡帕拉雕像。5. 霍拉出土的坐佛像。

## 第十章　焉耆及其周围的遗迹

"天王"的形象，也可能是印度教毗湿奴派信徒，即指印度教大神毗湿奴崇信者的神像。它使我想到，这里与和田一样，在佛教盛行的某个历史阶段，当地佛教艺术必定会受到远东中国文化的影响。

七个星佛寺遗址墙壁壁画也体现了中国文化的影响。虽然壁画遭到彻底破坏，不过内殿后面拱顶狭窄通道里倒塌下来的壁画得以免于大火和潮湿的破坏，一系列佛本生故事的壁画几乎被完整保存了下来。壁画太大，几乎无法取出并安全挪走。面对这项艰巨任务，为了确保壁画安全，奈克·拉姆·辛格只得凿掉壁画后面墙壁砌墙的土坯砖。这些壁画色彩多样且搭配和谐。其他还出土了一些木板画、印度婆罗米字体写本文书、中亚婆罗米字体写本文书以及回鹘文书，我仔细研究了免于大火和潮湿侵袭的礼佛木版画和各种文书写本，确定了遗址所属的大概年代。

七个星佛寺遗址的佛殿建筑周围还清理出土了一批骨灰罐和骨灰盒，但是没有使用过的迹象。尽管现在由于当地居民利用焉耆河水灌溉农田，这片向东延伸的大平原相对于古代好些，不过现在已经无法知道它在古代是否是灌木覆盖的荒芜之地。令我吃惊的是，塔里木盆地东北角并不缺乏有水灌溉的繁茂耕地，但与其他地区相比，人口却是减少了。很多迹象表明，这里古代的自然条件并不恶劣。难道与焉耆四面容易受到攻击的特殊地理位置有关吗？

七个星佛寺遗址位于光秃秃的山脊之上，北面半英里以外有一个用土坯砖砌筑坚固的烽火台遗址，烽火台构造形式和我所熟悉的汉代长城烽火台很相似。早些年赫定发现了这里以及库鲁克塔格山西部山脚沿线的烽火台遗址，与甘肃长城烽火台的相似性也许正是它的重要性。

山脚下一条直接通往库尔勒的道路延伸而去，考古清理工作一结束，我马上顺路前往库尔勒。沿途经过一些同一类型的烽火台遗址，但没有时间进一步去考察它们之间的关系。前后在七个星遗址停留了两个星期，其间我在相当艰苦的条件下工作。最低温度达到华氏 42 度以下，冷得令人难以想象。由于从博斯腾湖南部吹来的那些潮湿冷空气，迫使我们停止了工作。一天又一天，冰雾包围了遗址和营地。实际上，每天晚上水汽都会变成霜再变成雪花，覆盖大地，即使有太阳，也无济于事。很多天了，由于光线问题，我几乎对拍照不再抱什么希望，每天总是有明显的霜笼罩着周围。幸运的是，在遗址仍有拱顶的小内殿中，队员总算有个挡风的地方。

这样的气候使我们很容易理解拉伊·拉姆·辛格报告中所说的库鲁克塔格山最西部有相对丰富的牧草和水源。他跨越连续不断的高地，从吐鲁番南部到辛格尔，穿过许多地图上没有人烟的地区，经过七段艰难路程也到了库尔勒。在那里他很快又加入我的队伍中，给我们带来了很大的帮助。

# 第十一章 从霍拉山到库车

## 河西探险

我们在七个星明屋的工作条件非常艰苦,但令我欣慰的是,遗址的考古发掘任务完成以后,我们就可以在圣诞节之前,转移到寒冷但有阳光普照的霍拉(Khora)山了。它距焉耆城有20英里,从沉默不语的蒙古牧民那里,费了很大的周折,我得到一些古代遗址的信息,使我们发现了一处至今无人注意的佛寺遗址。该佛教寺院遗址是一个寺庙群,坐落在霍拉山脉的一个山脊上,山不高,但很陡峭(图11-1)。这里有一条流向山下的小溪,可以灌溉蒙古人偶尔耕种的小部分山间平地。

遗址所在的位置,使我想起较远的斯瓦特(Swat)和布纳尔(Bunner)山谷中的许多佛寺遗址,我曾经去过那里考察。遗址很早以前就遭受了侵略者的入侵和破坏,潮气也使其受

图11-1 从东北望霍拉山佛教寺庙废墟
注释:照片中是塔合尔伯克。

## 第十一章　从霍拉山到库车

到了极大的损坏。然而，我们清理以后，在遗址中找到了一些有趣的古代文物，包括木刻浮雕（图10–11，2）和底部有画的一块大木板，但却烧焦了。遗址工作气氛令人振奋，圣诞节这天还在进行考古挖掘。拉伊·拉尔·辛格在焉耆平原地带和焉耆流域分界处的山脉进行的考察也收获不小。

通过一条狭窄的小路，我们来到山谷下面的峡谷，从博斯腾湖流出的绿色河水突然奔腾冲出山谷并流向塔里木盆地。从河流出口，我看到库尔勒绿洲，真是令人兴奋，远处地平线上是无边无际的"沙海"，即塔克拉玛干沙漠。熟悉的景色使我恍然觉得这里似乎和"印度河"之间仅有一座远远的分水岭。我在库尔勒一直待到1908年元旦，这段时间，虽然工作繁忙，但令人愉快。我又回到了维吾尔族人聚居地区，享受着当地伯克提供给我的一个宽敞而又干净的有窗户的房间，心里十分愉快。源源不断的孔雀河河水灌溉着绿洲，水量远远超过了人们的实际需要。但最重要的是，它距大沙漠的最东北处很近，对这一点我很满意。

对于塔克拉玛干沙漠的喜爱，使我仔细查阅了关于掩埋于大沙漠中古城的传说。据库尔勒当地人讲，他们曾经在西南部沙漠中看到这个传说中的塔克拉玛干古城。在明屋工作期间，我也从胆小的库尔勒民工口中听到过关于古城繁荣的故事，但感到故事有些过于含糊和浪漫。最后，塔合尔伯克（Tahir Beg）从焉耆被派来，做我的地方联络总管，他声称知道"古城"在哪儿。他告诉我，他的堂兄弟木沙哈吉（Musa Haji）五年前在孔雀河西部沙漠中打猎时，偶然遇到了那座古城遗址。

发现者本人回到了库尔勒（图 11-2），他显得很憔悴，他将他看到的遗址描述为一个小的类似于烽火台的遗址，有一个明显的大门。他说，他再也没有找到这座古城，因为当他发现古城遗址时，突然刮起了沙漠风暴，他没有对古城进行详细观察，被迫返回。不过，他愿意做我们的向导。在同一方向的音其开河（Inchike Darya）附近的丛林中，有一些拱拜孜遗址，即拱顶建筑遗址，一些库尔勒人都说他们到过那里。我决定给木沙哈吉一个机会，我们轻装而行，只带了一小队劳工，在新年这天向西南出发。所有的库尔勒人把我们的行动当成了一次"探宝"活动，尽管天气寒冷，他们却大批主动地跟着我们。

穿过牧草区和灌木林，经过两小段路程，而后我们又穿过冰冻的孔雀河，沿着河床走，河床的水是从西部

图 11-2 库尔勒的塔合尔伯克和阿合买提百户长

的恰尔恰克河（Charchak Darya）流来的。短途的探险是为了对音其开河和恰尔恰克河河床之间没有考察过的沙漠地带进行勘测。事实证明，此地的地理位置很有趣，它表明了河道转向和干燥所带来的典型变化（图 11-3）。在沙漠中进行了几天的考察后，由达罗噶（Daroghas）陪伴的木沙哈吉不得不承认，他没有能力找到"古城"的确切位置，虽然他发誓他曾经看到并到过古城。

在其他两个勇敢猎人的带领下我们对恰尔恰克河河床北部沙漠进行了网络式的勘察，但仍是徒劳。最后我确信那些报告中记载早期河床丛林中存在卡尔梅克人古城、黑大爷古

图 11-3　恰尔恰克河干涸河床附近的沙丘

城或穆斯林坟墓和牧屋,都没有太多的根据。因这些报告记录很不确切,我花费很多功夫也没有找到多少古代文物。通过对自然条件仔细研究,我相信历史上任何时期这个区域的沙漠地带都不可能存在永久性耕地,哪怕是再小的规模。

一段时间里,我困惑于怎样去分析我这些自命不凡的向导们的行为和心理(图11-4)。他们每个人都发誓,确实看到过那座古城遗址,而且坚信于他们所看到的,还表现得非常真切,但他们各自关于"古城"记忆的位置都不一样。考虑到行前他们未曾提出要求为向导付费,我们也没有答应要

图11-4 木沙哈吉位于来自库尔勒的两个猎人之间
注释:他们是寻找沙埋"古城"的寻宝人。

## 第十一章 从霍拉山到库车

付酬,他们仍然肯跟我们合作,这令我困惑不解,此行的确没有任何强迫之意。最后,我经过仔细琢磨,还是从当地人的迷信传说中获得了确切的线索,揭开了这个谜团。据了解,库尔勒人在一个古老的传统中长大,他们相信在大沙漠边缘经常闹鬼的传说,具体位置在被沙漠掩埋的一座"古城"附近,主要因为"古城"内埋藏了许多奇珍异宝。这个传说使他们坚信,古城是由鬼神保护的,还能阻止那些第一次看见古城的人再度见到它。

它仅仅是一个流传下来的传说,而我偶然间把它和我先前的沙漠探险联系起来。木沙哈吉和他的探宝同伴们是想碰碰运气,在沙漠的不同地区寻找当地不同时代的古城。他们自愿要求当向导,这就表明了他们的意图,而且他们还寄希望于我的超能力能降伏藏在古城围墙里的恶魔。恐怕只有他们那些富有想象力的眼睛曾经看到过这些恶魔,因为恶魔经常是在沙漠风暴之前或之后才出现的。现在,他们对我的"威拉亚提魔力"(Wilayet arts)的失败而感到遗憾,因为它没有给他们一个发现所有宝藏的机会。

到了音其开河后,拉尔·辛格和我在1908年1月12日又分开了。他顺着以前地图上不曾描绘的水路,直接前往沙雅(Shahyar)进行测绘,我自己则试图穿越西北部未曾考察过的宽阔沙漠带,抵达布古尔[①]北部大沙漠后,我开

---

① 布古尔(Bugur),亦称玉古尔,即轮台。

## 河西探险

始了到库车的旅程。在这个古老的大绿洲，我用了一周时间考察了附近有趣的遗址。在过去的五年时间，这儿接连被日本、德国和俄国的考古探险队光顾过，最近伯希和教授领导法国探险队对此地遗址进行了全面、系统和认真的考古清理。库车位于天山脚下，由两条大河供水，可能因为地理位置和历史的重要性，它成了塔克拉玛干绿洲中值得骄傲的地方。因此，我对遗址细致考察是有意义的，我只进行了快速考察，特别是两条河交汇处残破的古老佛寺和千佛洞遗址。

除了那些考古考察外，在库车停留期间，我还忙于很多事情。在那里，我最后决定了穿过沙漠，前往塔克拉玛干南部边缘绿洲的探险计划，并做好了一切准备。这时，我收到了经由喀什噶尔转来的拉伊·拉尔·辛格的信，报告说根据我的指令，他们在前往和田的路途上，在和田和于田下端的沙漠地带新发现了几处未经考察过的遗迹。另外一封来自巴德鲁丁汗（Badruddin Khan）的信同样证实了上面的消息，巴德鲁丁汗是我在和田的阿富汗老朋友和家务总管，这封信是由刚刚到库车的一个商人给我带来的。

春天，天气变热，沙漠风暴也即将来临，那时考古发掘工作将不能进行。因而，我急于在春天来临前考察那些新发现的大沙漠南部遗迹，如果可能的话，我可以通过最直接的路线，直接到达这些遗迹所在地。沿着克里雅河干涸河床的路线正好穿过了沙漠，到达和田绿洲，这将是我今年春天和

## 第十一章　从霍拉山到库车

夏天工作的地方。出发穿越大沙漠之前,选择塔里木盆地熟悉的道路运送那些珍贵古物,可能对保证它们的安全更为有利。一旦摆脱了那些数量庞大珍贵但又令人尴尬的出土文物的羁绊后,我自己就可以从库车的南部穿越塔克拉玛干沙漠腹地,直接到达克里雅河在沙漠中消失的地方了。那一定是一段困难重重而又充满艰难险阻的冒险路程。不过赫定1896年的旅行,已经表明在特定的条件下,是可以完成穿越到达那儿的。魏勒曾赶在他人之前染指克里雅那边新发现的遗迹,我决心试试这条"捷径",另外也可节省点儿时间。我必须承认,即使没有这个特殊的原因,我也会寻找另外的机会,穿越这个令人向往的塔克拉玛干沙漠的中心地带。

大雪弥漫,天空很黑,被禁闭在库车住所使我心情沮丧。虽然萨巴特·阿里克汗(Sabat Alik Khan),当地的阿富汗商人中年长的一位阿克萨喀勒[①],友好地招待了我。1月25日早上,当我给驼队分好任务后,我心情才好了点。狭窄的小道阻塞了几个小时后,在蒋师爷和提拉巴依(我的一位忠实的穆斯林朋友)带队下,由二十四峰骆驼装载给养的运送队开始了我冒险穿越大沙漠并前往和田的长途行程。相比而言,我自己的驼队(包括在库车时加入我队伍的拉伊·拉尔·辛格所带的人)似乎轻松多了,我们的七峰骆驼只负担已经大量削减的行李。我明白,无论我们带的物品、草料和水(冰)再

---

① 阿克萨喀勒(Ak-sakal),维吾尔语是"白胡子",意指长老。

多，在沙漠行程开始之前还是必须要增加的。我想既然增加了八峰骆驼，我就不能把东西缩减得太少了。

下午，薄雾笼罩，通过烂泥地和积雪覆盖的林中小道，经过一小段路程，我到达恰尔萨木巴（Char-shamba），这里已是库车绿洲的边缘。第二天，穿过灌木覆盖的荒地，到达沙雅。由于弥漫着小雪，那片灌木生长茂盛的荒地看上去有点欧洲的气息。沙雅城是个独立的区域，这个小镇的周围看起来比较荒芜，街道显得很拥挤，光线阴暗。当地长官尊敬的昌大人热情接待了我，1906年我在塔克拉玛干就见过昌大人。伯克和当地的权贵也骑马出来迎接我，据报告说前面旅程的所需都准备好了。

晚上，我住在一个商人家里，这是一个远离喧闹的巴扎的舒适住所。躺下休息时，我并没有过多地去想报告中关于向导的消息有误。在我等待风雪行程中到来的驼队时，并没有沙雅猎人到来，我也不曾看到我穿越沙漠的路线。那些声称是"向导"的人所知道的，仅仅是尽人皆知的到塔里木河，再到和田河河床的路线。

我本希望从当地居民那里得到一些穿越大沙漠并前往克里雅河尾间的信息。第二天早上，当一个叫作哈里勒（Khalil）的老猎人详细介绍了所有关于沙雅绿洲沙漠地形等各方面的情况时，我才真正放弃了先前的想法。哈里勒有80多岁，是一个古怪猥琐的人，以追逐野骆驼而著名，另外他还有很多穿越沙漠、丛林的经验。但他从来没有穿越过真正的塔克拉

## 第十一章 从霍拉山到库车

玛干腹地沙雅绿洲以南的大沙漠。非但如此,他还十分固执地否认听说过任何通往克里雅河的道路。哈里勒就其年纪来说,口齿伶俐,思维敏捷。但是他步履蹒跚,走路有些困难,可是一旦跨上马鞍,他却很是轻松自如。因此,他答应做我们的向导,至少带我们到塔里木河南岸的森林地带,赫定就是在那里第一次发现了一个牧羊人营地,从而获救的。我想,现在我们将要走的路线和赫定当初所走的路线方向正好相反,那个曾经帮助过赫定的牧羊人营地应是我们最安全的出发点了。

## 第十二章 沙漠之海

河西探险

在库车时，我就知道在沙雅不好找向导带路进入大沙漠。来沙雅的路上，我一直在如何穿越，是否可能穿越大沙漠到达克里雅河这个问题上犹豫。因为没有向导，我将会面临各种困难，存在着潜在的巨大危机。从南边和田方向穿越过来的赫定，离开克里雅河后，确信只要坚定地一直向北走，一定会到塔里木河这个大目标。因为对于赫定来说，他已经沿着克里雅河完成了一多半沙漠行程，而对于从北边向南穿越大沙漠的我而言，事实并没有这么简单。因为如果不能准确地找到克里雅河尾闾的河水，所有人都可能付出生命代价。也就是说，假如不能在适当的时间到达有水的地方，仅仅靠我们完成穿越 150 英里的布满沙丘的高大沙漠，并不保险。我寄希望于穿越 150 英里的巨大沙丘群后，直接能够到达一个特殊的地方，即克里雅河尾闾，马上得到水的补给。风险在于克里雅河并不是横向与我们的路线相交，而是和我们的路线平行为同一走向，我的穿越塔克拉玛干腹地并前往克里雅河的计划，远比赫定当年所做的大沙漠穿越要疯狂得多。

现在，凭经验我知道在真正的"沙漠之海"，如果缺少熟悉地理环境的向导，仅仅依靠指南针很难找到正确的路线。不能忽视的事实是，无论怎样，依靠赫定的地图来确定行程路线应该是正确的，不过在这样无边无垠的大沙漠之中，我们仅仅依靠指南针指引路线并推断出所在地点的不同经度没有十分把握。在河流和大沙漠相互斗争且彼此互相阻碍对方的历史早期，那些干涸的河流三角洲曾经满是水流。如果不

## 第十二章 沙漠之海

能到达这样有水的河流三角洲,探险队面临的形势肯定会很危险。现在没有可靠的迹象显示现代克里雅河河床是在我们出发方向的东边,还是在西边。当然,我还希望在古河床通过挖井发现地下水。最悲惨的假设,如果没有与克里雅河尾间河水相遇,向南继续我们的行程,就需冒更大的风险。水将被用尽,不要说人了,就连我们的骆驼也会在到达靠近昆仑山脚下绿洲的井水或泉水之前,死于长时间的干渴。

要避免上面提到的各种风险,就需要估计出穿越沙漠抵达水源需要消耗多长时间,计划的变化会带来什么困难。仔细考虑后,我决定坚持我的行程,用有限的人力资源与我们所遇到的困难作斗争。水和食物的充足供应是保证安全的重要因素,所以我特别注意确保队员带上一个半月的给养。从沙雅雇用的少部分临时劳工也拿同等的给养,还装备了抵御沙漠里严酷冬天的必需品。我决定把这些临时劳工的人数减少到8人,只要能给挖掘和途中运输提供足够的帮助即可,另外在将来到达遗址后能作为挖掘工作的核心力量就可以了。

在沙雅,用一天时间挑选装备和雇用一批人,这不是容易的活儿。关于我们将远征大沙漠并可能一去不返的流言,给当地地方官和村民首领造成了不少困难,他们原本有各自的配额任务,但现在要找到合适的人选就变得比较困难。他们首先筛掉那些精神状态不佳、体力又不适合做这种旅行的人,以及自己没有充足保暖衣物和食物的人。最后,选出的人身体都很结实,尽管有大量的预付酬金和保险工资,民工

197

## 河西探险

们对未来仍充满了惆怅。当他们的地方长官对我进行礼节性拜访时，这些人都跪下祈求不要征召他们，以便免于灾难性的遭遇和危险。

幸运的是，这位精力充沛的年轻官吏很有水平。他安慰他们说，我是有丰富的沙漠旅行知识和经验的能人，一定会保证他们的安全。另外，他答应免去他们家人一年所有的劳役。蒋师爷在奉天学了一段时间俄语，所以俄语说得相当好，他很容易便从我给他的俄国人绘制的新疆地图上辨认出我预期的路线。但是，他可能并没有充分估计此行要面临多大的困难。

我和事务总管伊布拉音伯克竭尽全力，直到深夜才完成种种准备工作。第二天，我们看到了即将出发的全副武装的驼队，心情顿时轻松下来。考虑到必须给随行的二十人带足六个星期的食物，我们带十五峰骆驼根本不多，其中至少有八峰骆驼驮载冰块，给我们提供饮用水。虽然我轻率地同意，在到达塔里木河后，带上四头毛驴，以确保我和印度助手有更大的机动性，但要知道一旦进入沙漠，每个人都必须步行。

我们的第一段行程穿过其曼（Chimen）绿洲耕作区，有将近13英里的路程。这块耕作区原来是肥沃的耕地，但是现在由于缺水而没有耕种。随处可见废弃的田地和渠道，这证实了当地一种说法，即在过去10—15年，这个地区的灌溉变得日益困难。其曼人告诉我，库车绿洲西南部的"新土地"[①]

---

① 新土地，即新和绿洲。

## 第十二章　沙漠之海

从塔里木河分走了越来越多的水。因而，现在塔里木河流向沙雅、其曼等地方的河水就不能满足旧灌溉区的需要。其曼农民们与这些不利条件作斗争的方式，却也令人吃惊。部分人放弃他们过去的田地，转移到距离塔里木河更近的位置且河水可以灌溉到的地方开垦新地。另外一部分农民，则把耕地转变为了牧草地，转而以畜牧为主要谋生手段。当接近塔里木河河岸地带时，我发现这里把羊围起来养殖成了司空见惯的事，这是我在新疆其他地方都不曾见到的情况。

经过一排沙丘之后，我们到达塔里木河河岸地带。长300码和120码的河道全部是冰冻的水流，总宽度接近3英里的河床表明夏天洪水的流量。沿着胡杨灌木丛的右边走几英里后，我们来到一处牧羊人的屋子，并在这里扎营过夜。可以看出来，这一带水草丰美，牧羊人的生活肯定过得十分安逸。这些是我在到于田前最后见到的绿洲人家，这些人家说明塔克拉玛干北部和南部的经济状况不同。这里的牧羊人过着几乎是定居式的生活，而大沙漠南部半游牧的牧民因环境条件，几乎还不知道去哪儿寻找一个可以固定居住的地方。当晚我必须在只配有毛毡和棉被，甚至没有墙板的屋子里，给我的随从人员提供一个温暖的住处。对我个人而言，我很高兴地发现，这里距塔克拉玛干沙漠南边最近的绿洲村落只有300多英里的距离。

在哈里勒的指引下，1月29日，我们从这里向大沙漠西南部行进。经过一天的行程，穿过胡杨繁茂的灌木和芦苇地

河西探险

带，在夜幕降临后，到了称作萨木萨克达里雅①的放牧人的营地，它可以作为我们向大沙漠进军的出发点。在篝火的衬托下，这里的景色显得一片荒凉，只能给骆驼和毛驴找到些干芦苇作为饲料，一段时间以来这些大动物就只能享受着这样的待遇。我们买了四只羊作为食物。我们原以为在这样的灌木林中养出的羊肯定会很肥，但结果并非如此。

第二天早上，我们开始向南行进，途中不仅仅是依靠指南针来指引方向。一个开阔的灌木带把我们和沙漠分开了，这个灌木带有时可以得到来自塔里木河洪水的滋养。这儿可能是我们最后一个饮用水补给点，于是带上充足的水，以供继续行进之用。托合塔（Tokhta），即哈里勒的儿子，是我们的向导，穿过大约10英里的胡杨林和红柳覆盖的沙地后，他带领我们转向了西南。晚上，到了河床中一个像池塘的地方，这个地方被牧羊人叫作鲁克其克台（Lukchikte），在这些干燥的丛林里，牧羊人依靠这里有限的地下水溢出的积水来放牧。池塘低于周围地面约25英尺，沿岸是黑色的硬土地和大量废弃的芦苇，看起来还是冬季惯常的一片凄凉。但是，人工挖掘的井里的水却很新鲜，水量也很足。洪水很多年没有到达过这里，但是曾经古河道地势最低洼部分下面的水不会干涸，也不会变咸。毋庸置疑，溢出塔里木河现代河道的周期性大洪水，仍然能够给这处古河道低洼地带的地下水提供水

---

① 萨木萨克达里雅（Samsak-daryasi），即大蒜河。

## 第十二章 沙漠之海

源补给。

整个夜晚和第二天早上,我们都忙着砍冰,到上午九点,我们用骆驼载着八大袋冰出发了。所有的骆驼在这儿都装上了水,有6—8满桶的水,以此作为在冬天通过无水大沙漠地带时我们的用水。托合塔的向导角色结束了,因为现在我们只有依靠指南针,走完到于田的克里雅河三角洲之前的路程。行进大约6英里,我们到了一条老河床上最后的森林带,这条老河道蜿蜒崎岖,又很狭窄,被称作阿其克达里雅[①]。我们通过的地方没有冰,仅仅有繁茂的芦草地带。早上,老哈里勒赶上了我们,他坚持要再陪伴我们一段。从他那儿我了解到,大约10年前,这个老河床里曾经又一次注满了从塔里木河流来的洪水。现在,塔里木河的水再也到不了这里了,多年前繁茂的胡杨林现在已经快要变成死林带了。

短暂的停留后,哈里勒辞别了我们,并送给了我们美好的祝愿。他采取的仪式比我所期望的要隆重得多。他朝着圣城麦加方向,长时间为我们祈祷,所有穆斯林都高声欢呼"安拉"。从和田到罗布泊,我经历了很多次进入沙漠的场景,但从来没有目睹如此投入感情的场面。要穿过塔克拉玛干大沙漠前往克里雅河,甚至对于当地有声望的猎人们来说,也是有些胆怯的,他们不习惯于冒险,沙雅人明显表现出对冒险的畏惧。我不能给他们胆小的心灵灌输探险的好奇心,虽

---

① 阿其克达里雅(Achchik Darya),即苦咸河。

然我自己坚信这样的好奇心将保佑我和我那些从塔克拉玛干南部边缘绿洲追随我而来的志愿者。但是，我还是感谢沙雅人他们那种对宿命论的屈从，尽管有很多疑虑，宿命论使随行的沙雅人没有提出太多的抗议，就接受了这种形势。

一穿过干涸的河床，大沙丘很快就出现了，但目前还只是分散在胡杨和大量的灌木林之间。我吃惊地发现地表有大量野骆驼的新鲜足迹，显然它们并不怕沙雅猎人。在芦苇生长地带结束的地方，为了让骆驼最后一次吃饱，我们决定停留一夜。队伍中没有人有丰富的沙漠生存经验，因此我不得不亲自去寻找一个可能挖掘到水的地方。发现一棵红柳下面的土壤有些潮湿，还有一口被风沙掩埋的井口下陷的人工老井，穿过不冻结的土层往下仅仅 5 英尺，就挖到了地下水。因与古河道的距离较近，井水是咸的，仅仅可供毛驴饮用。

在这里，野骆驼时常出没，牧草也很近，所以我警告驼队骆驼的主人们，让他们防止骆驼离群，但这无济于事。行李要在上午八点前装完，但是雇来的骆驼黎明时逃跑了。又过了好长时间，它们的主人才发现骆驼不见了。我派出了能干的哈桑·阿洪，帮助他们追赶、寻找骆驼。在他的帮助下，三小时后，那些逃跑的骆驼才被追了回来。一天的行程虽短，但很累人。沙丘很快上升到 20 英尺高，我们还不习惯于在软软的沙地中长时间行走。攀上从东向西延伸的大沙脊后，南边一些沙丘的高度下降了，沙丘之间光秃秃的土地上出现了很常见的坚硬的萨格萨格（Sagsag）草地。

## 第十二章 沙漠之海

相邻沙丘的高度大多有 40—50 英尺高，通过这里还是有些困难的。沙丘的突起边通常面向东部，说明东风在此盛行。在这样的地面上，载重的骆驼每小时行走路程不超过 1.5 英里。因此，仅仅才走了 10 英里，我们就被迫在高耸的沙丘里宿营了。庆幸的是，这里土壤潮湿的凹陷地随处可见，在其中一个地方，我们才挖下去 5.5 英尺，水就冒了出来，虽然没有比我们在以前的宿营地那里挖出来的水咸，但对人来说仍是太咸了，所以我们还得吃携带的冰块。

第二天，即 2 月 2 日，乌云密布，天色灰暗，我们继续在光秃秃的高大沙丘上行走，沙丘边缘卷起，就像波浪起伏的大海。在前行 5 英里后，来到大沙丘沙脊规律性迭起的有规则的达坂（Dawan）之上，山脊高于周边稀疏的地表洼地有 50—80 英尺。我指着远处有潮湿迹象的地方，给队员们打气。晚上，我们看到有一个巨大沙丘向西南方和东南方延伸的两个达坂，这里可能是位于塔里木河南部沙地高脊最远的分支。大约 10 英里后，沙丘就相当荒凉了，考虑到燃料问题，我们被迫停在了所碰到的第一个红柳地带。我们在一个像炮弹弹坑的洼地里挖了一口仅仅 5 英尺深的井，虽然井水有些咸味，但它还是给人和毛驴提供了充足的水源。

第二天早上，沿着大沙丘的顶部（图 12-1），经过 3 英里乏味的行程，我们到了胡杨和红柳地带。胡杨和红柳都还活着，景象奇特，这片大沙漠深处的小绿洲向东北延伸了至少有 6 英里，向西南延伸了有 2 英里多。继续行走将近 1 英里的路程,才穿过所谓的胡杨林地带。像我在安迪尔和尼雅以远的沙漠里见到的那样,树木都长在小沙地上,与我们已经穿过的巨大流动沙丘相比,这里的沙丘就像个侏儒。这个林带的走向明显和克里雅河的走向一致。

图 12-1 探险队在塔里木河南边塔克拉玛干高沙丘上行进
注释:与骆驼在一起的是哈桑阿洪和吐尔地,奈尔·拉姆·辛格在后面的左侧。

穿过这片胡杨和红柳林带,左右两面依然可以看到一小排活的树木,虽然距离较远,但是依然使得那些"倒霉"的沙雅人精神振奋,他们也不再相信正在走向厄运,而是认为于田的克里雅河就在附近。我费了很大劲,才弄明白他们的想法。穿过一小片胡杨林后,沙丘再次上升至30英尺以上,但沙丘之间仍生长着繁茂的红柳。因而,当晚上停在了一个

## 第十二章 沙漠之海

大红柳包旁边宿营时,我们就不愁没有燃料了。

这里,潮湿的沙地已经冻硬,我们仍在湿地上挖井,挖了3.5英尺就有水了,这里的水比较甜,所有人都很高兴。除了我的队员们所烘烤的大饼外,宿营地就没有什么植物可以让骆驼吃了。随后,无论什么时候,只要有充足的水源,骆驼就会有这种非常待遇。看着我那些健壮的骆驼吃着大饼,真是有趣。我喂给它们吃,很快我就和它们熟悉了。现在,它们能驯服地让我鞭打它们,而不是像以前那样,对我友好的关心给予咕哝声和蔑视地喷唾沫。

2月4日,我们的旅程看起来比较容易,沙丘很快下降到8—10英尺的高度,在向南14英里的行程里,仅仅遇到了两个沙丘达坂,即使在达坂上面,走着也比较顺利。在行程中,沙丘中到处都是潮湿的洼地,挖口井是很容易的。靠近活红柳林带光秃秃的地面上,枯死的芦草似乎给人满怀希望的景象。但是,当我们接近时,却发现了大量的胡杨树和灌木丛几乎都已经死亡,活胡杨很少见到了,没有沙丘的地面变成板结硬土。当夜晚来临时,我们不得不就在此地宿营,地面根本挖不出水来。在大多数可能有水的地方,过去人为挖的井都被风沙填埋了,在一个大坑下面还有一棵仍活着的大胡杨树,但是当我们用一根木棍插入沙土深达15英尺时,发现地下仍然是干燥的,这里就不提那天挖水的工作了。很明显,这里的地下水水位应该远远低于我们所能挖掘的深度,见到这种情景沙雅人再次变得沮丧起来。

第二天黎明，我和少数几个人赶在队伍的前面，寻找可在沿途条件允许的地方挖口井。但是，希望彻底破灭了。大沙丘所在的地势高，而且紧紧相连，就连死胡杨树都很少见。不过，我们还是经过了几处胡杨林带，胡杨树从北向南呈一条线分布，看起来好像是沿着河岸生长的。没有被沙丘掩埋且突兀地站立在地面上的古河道堤岸的走向也与胡杨林带相同。不可否认，早期于田的克里雅河河水是能到达这里的，河水决定了它们之间的关系。

我想寻找有无迹象表明正在接近克里雅河三角洲，但这是徒劳的。从55英尺高的一个达坂处，我看到了一行分散的活胡杨，向南延伸很远。走过14英里的路程，到达了那里，周围的沙丘仍然很高，挖井是不可能的。树边有大量的野骆驼粪便，但看起来留在这里的时间已经很长了，这些动物的牧草地显然还是在较远的地方。

两小时后，队伍赶上来了，当他们发现我们并没有找到水时，都很沮丧。看着他们的样子，我也很伤心。只有信念坚定、富有经验的拉尔·辛格对我们的行程依然保持着信心，没有表现出一点焦急的神态。当我们走在前面远离其他人时，我们都能意识到当前缺水的情况对那些可怜的毛驴开始不利了。那天晚上，只走了1.5英里多的路程后，就不得不在30英尺多高的沙丘之间的空地宿营休息了。这个夜晚的温度降到华氏28度，可令人高兴的是我们至少有大量的燃料。水现在只剩下三大袋冰和两铁罐了，为了节约水，我们让每头毛

## 第十二章 沙漠之海

驴只喝了一点。

为了及时叫醒队员出发，整个晚上我都没有休息好，直到凌晨两点后我才入睡，捆绑行李、准备给养则在黑夜中抓紧进行。早上出发后在沙丘上走了几英里，我们正好到了一个约 60 英尺高的宽阔沙丘达坂，也看到了活的红柳，光秃秃的黏土地面长着矮矮的红柳树丛，附近还有一个低于地面以下 10 英尺左右的大坑。

这一发现给大家带来更大的希望，为了消除沙雅人的沮丧情绪，我让他们在此开始挖掘这个大坑。向下清理两英尺的流沙后，深色沙土层显露出来了。感觉土层很厚，有些潮湿，继续下挖大约 1 英尺，土层很凉，下面的沙土也开始变得湿黏。这两天，由于饮用水缺少，大家都感到很渴。下挖到 5 英尺深的地方，沙土变得更潮湿了。这时好像每块从下面坑里挖出的土，对在旁边观看的人来说都非常重要！最后，沙雅人中最出色的一位强壮穆斯林在最下面挖掘，随着他有力的一击，响起的咔嚓声好像有水的迹象。在 10 英尺深处，潮湿的沙土变成了泥土，又下挖 2 英尺多，地下水开始慢慢地在这个人的脚下聚集。这是淡水，水也很新鲜，但出水速度很慢。

在拉尔·辛格的指挥下，我把除了一峰以外的所有骆驼都赶到水坑前面，毛驴则赶到井的后面。牲畜们看起来似乎意识到为什么这样做，都竖起耳朵，认真听坎土曼在泥土中发出的声响。最后，我们终于让它们喝到了水，不过只给每只牲畜一壶泥水。然后,我们开始灌满"皮水袋",来补充饮用水。这个工作相当慢,因为井下渗出来的水中有潮湿的沙子,需要让沙子沉淀下来,一遍一遍地澄清。虽然取水的工作烦琐,但是看到获取到这么珍贵的水,大家都很兴奋!

从这里观察,达坂远处的景象比前面遇到过的地方更荒凉,光秃秃的高沙地向南延伸,东南和西南是大达坂。我们需要更多的水来保障,于是留下伊布拉音伯克和少数几个人负责灌满皮水袋,并随后追赶队伍把它们带到营地。我自己急匆匆地去追赶已经前行一段时间的大队人马。在高沙丘中间,穿过一个开阔的洼地,那儿大量老得发白的芦草覆盖着堤岸,很明显曾经是古代的浅水湖。不过,有谁知道从它最后有水,到现在我们挖出水,这当中经历了多少个世纪呢?预计在我们希望到达真正有水的克里雅河三角洲之前,我们还必须经过三四天的行程。作为来自与之相连的其他小绿洲的"问候",微风给我们送来了像头发丝一样细小的帕喀瓦什(Pakawash)。记得在穿越罗布沙漠的行程中,这些飘动的芦苇花絮就是"接近绿洲"的第一个征兆。在罗布沙漠中见到几乎每棵死芦苇秆下都聚集着帕喀瓦什的小薄片,那时大家都把它作为好的征兆。现在,我们终于又看到了这种芦苇花絮薄片。

我让拉尔·辛格带领大队伍沿着南偏西190度(S.190ºW.)的方向走,他们所走的道路一直上升到一个高耸起来的沙丘之上。大约10英里后,攀上了大沙脊的侧翼,这

## 第十二章　沙漠之海

块沙地最高点有 300 英尺左右。在他们绕着最高点下面 100 英尺的沙脊行走时，我赶上了他们。令我高兴的是，几乎就在同时，我看到了一大片死胡杨林带，还有活红柳延伸到西南边。我们刚刚穿过的高大沙地和不断延伸的死胡杨林带，同赫定报告中的描述是一致的。赫定描述说，在从南向北行进的过程中，他没有找到标志着先前河流延伸的干枯河床。我确信，我们经过了他地图中所指的每个地方。

说到这里，那似乎证明了赫定地图的准确度和我们自己驾驭路线和判断方位的能力。正如我现在对穿越行程的回想那样，它太准确了，所以就如同真的一样。黑色的植被带给人们一种清新的感觉，哈里勒的儿子，被沙雅人委婉称作是我们倒霉的尧勒伯克①，他现在高兴得就像一个跳入水中的半大年轻人。自从那次找水失败后，他一直叹息着叫"阿塔木，阿塔木"②，更像是一个小孩儿，而不是一个 45 岁的成年人。

从达坂上走下来时，我们都很高兴。在低沙丘和红柳地带，我们遇到了一个小树林，有老胡杨，有的死了，有的活着，我们把营地扎在这里。天黑前，我派出去找水的哈桑·阿洪兴高采烈地回来了。他们在此前古湖泊最近堤岸水平高度以下 11 英尺的地方，找到一处表面冻硬的沙地。挖开表面这层冻土，又下挖 4 英尺左右，就出水了。水很新鲜，

---

① 尧勒伯克（Yol-begi），带路伯克，即向导。
② 阿塔木，阿塔木（Atam, atam），即我的爹呀。

河西探险

但是流出来的速度很慢。

整夜,我们都忙着给水壶和水桶装水。那天晚上,所有队员都很兴奋。看起来,我们主要的困难似乎结束了。我用死胡杨树的大树枝做成火把,给伊布拉音伯克做方位引导,也给我自己一些温暖。夜晚很冷,天空没有云,第二天的最低霜冻温度为华氏37度。那天晚上,我"洗"了澡,我可好多天都没有洗了。从营地的篝火旁,发出了热瓦普(Rabab)的声音,它们是沙雅人从沙雅绿洲带来的,为的是在荒凉的大沙漠娱乐自己(图12–2)。

图12-2 沙雅人巴克尔[1]

---

① 巴克尔(Bakir),热瓦普演奏者。

# 第十二章 在古三角洲

河西探险

　　2月7日早晨，我们振作起来，重新上路。如果我设想的通向克里雅河三角洲位置的路线是正确的，探险队应该在三天后到达阔什拉什（Koshlash）那个赫定曾经提及的风沙侵蚀之地，赫定在那里看到克里雅河流水消失在大沙漠。按照设想好的路线，我们取道西南，行进在光秃秃的大沙岭中间。在死胡杨树林中走了大约5英里，又出现了更加开阔的地方，沙丘很低，活着的红柳也很多。

　　在这里，我们找到一条干涸的河床，河床保存得依然完好，不过在别的地方古河道已经完全被流沙覆盖得无踪无影了（图13-1）。过了几英里之后，这条河床又连绵不断地出现在眼前，宽度从60码到100码不等，河床下切深度在20英尺到30英尺之间。沿着这条蜿蜒的古河道走了11英里，然后想向正南方向走，以避免绕个大弯。然而，结果却出乎意料。这样行进，在经过枯死的树林大约3英里后，发现我们居然置身在流沙积成的两个巨大的沙岭之间，一直引领我们的那条古河床不见了，视野里没有一棵活着的树。

　　看看经纬度测定仪就可以知道，从这儿到北纬39度还有很长的路要走。在那里，克里雅河消失在沙漠里，我们也可能挖出水来。沙漠深处的水井一般都分布在一些干涸低洼的河床，这样的地方容易收纳这条季节性河流最终的流水。最安全的计划就是，在太晚之前，找到那条我们曾经遇到过的古老河床。随着牲畜和人都很疲惫了，就连很善于长途跋涉的拉尔·辛格这一天也落在了后面。在我们右面，高高的大

## 第十三章 在古三角洲

图 13-1 探险队在古克里雅河三角洲终端的干涸河床附近行进

沙丘达坂渐渐映入眼帘。在夜晚的灯光里,从上向下看,景象很是破败萧条。向东、向西和向南,展现在眼前的都是一样的景象:死去的胡杨林、红柳丛和插进来的大沙岭,沙丘向远处无边地延伸着,让人感到困惑和沮丧。

显而易见,我们现在正位于古代克里雅河干涸的三角洲上,这块三角洲曾经目睹了克里雅河在塔克拉玛干沙漠腹地垂死的抗争。我在心里暗暗地感叹,可是在这神奇而又残酷的荒漠里枯死的胡杨丛林中,有许多干涸的河床,哪一条才真正通向现在克里雅河的终点啊?!我十分担心,当到达这片被河流抛弃的古河道三角洲时,我们真正的麻烦才刚刚开始,而这一点马上就被充分证实了。如同在开阔的海上航行,没有灯塔或者航标引导我们进入正确的航线。这些顾虑沉重地压在我的心头,我自己向西南走,希望找到早上沿着走的那条河床。然而,夜幕的降临让我们在还没找到古河道之前,就只好被迫停了下来!

经过了一晚的焦急和困惑,第二天一早似乎有了更多的希望。天一破晓,我们就发现,刚刚宿营过的洼地正好在我们曾努力寻找的那个河床上,于是决定沿着它向南走。走了大约3英里远,虽然河道仍然埋在厚厚的沙丘下面,但两岸死去的胡杨树可以大体分辨出来河道的轮廓(图13-2)。不过再往前,由于出现众多的沙丘和死去的胡杨林,河床的所有痕迹就消失了。极目远眺,都是死去的胡杨林,虬髯的胡杨树干在岁月和风沙的摧残下一片苍白。向南,那里枯死的胡杨林似乎比我们后边的更密集一些,可是不久就证明这只是一种视觉上的错觉,枯萎的乔木和灌木向北拖出的阴影让人觉得比别的地方茂密些。只有继续向西,远处是光秃秃的沙岭。沙岭的鲜黄几乎是对眼睛的一次放松,那些枯死了的小树丛的灰褐色令人抑郁,我的眼睛都感到疲惫了。

在这个没有尽头的大沙漠古河道三角洲,由于没有什么地表迹象可以指引我们,我尤其焦急地想,至少要确定一下我们所在的纬度。对于确定纬度,观察正午的太阳是最简单的办法了。幸运的是,前几天还有的云彩现在全不见了。所以,拉尔·辛格带着经纬仪留在后边,就在我们上午十一点

第十三章　在古三角洲

图 13-2　穿越古克里雅河三角洲的死灌木丛和沙丘时逗留

经过的那排长满红柳的小丘进行观测，而我则继续向南前进。有几个沙雅人又变得意志很消沉，再也激发不起他们的信心了。幸运的是，沙丘很低，走起来很容易。离开上一个宿营地9英里后，我发现自己突然已经站在一条宽阔河床的左岸了，河床的断面有 20 英尺或 30 英尺深，只有一部分河床被沙丘填满，其宽度超过了 150 码。

两岸都是硬硬的泥土，河底到处是深深的坑，其中有一个使我产生了很想挖一口井的想法。骆驼还远远地落在后头，如果我们挖不成，它们也不会落下。在一个大沙丘的附近我选择了一个地方开始挖井，令人惊喜的是才挖了几英尺就有了湿湿的沙土。我们奋力地挖着，终于在挖到 14 英尺深时见到了水。水渗出的速度很慢，沙坑里靠近底部几英尺地方的沙子不断地落下来。井里的水通过干净的河沙被慢慢地引导出来，但是不知道这水能流多久，毕竟离它几英尺远就是像高塔一样高大的沙丘。以最近古河道岸为水平线算起，挖到出水的土层相对高差约 40 英尺。

尽管这一天没走多远的路，拉工具的马当然还是停下来，这种机会不会轻易错过。直到深夜，水才攒到足够所有人急用。并且，尽管大伙分批地忙了一整夜，到第二天破晓时也只有四个水袋装满了一半，小毛驴也只喝了几杯水而已。

2 月 9 日，我们满怀希望地开始了新旅途，水的发现似乎证明了以干涸河床充当路线向导的正确性。河床宽度有 200—300 码，向前延伸，甚至连续几英里都是笔直的，给人空旷和自由的感觉（图 13-3）。野骆驼的足迹常常穿越了布满砂石的平缓河床，但更有趣的是在一块裸露的土地上发现了一块人为处理过的火石，这是沙漠地区早在石器时代就有人类活动的确凿证据。在茫茫沙丘的覆盖下河流消失了约 4 英里。但向西穿越了枯死的胡杨林和低矮的红柳沙包地后，我们突然发现自己重新出现在古河道岸边。沿古河道继续前行，两岸活着的胡杨急剧增多，甚至连那些意志消沉的沙雅人也开始相信我们接近现在克里雅河真正的终点了。在厚厚的河床中发现了枯萎的芦苇，这令我们兴奋不已。一个沙雅人发现了一块木炭，这是证明有人在附近活动的第一个证据。

然而，这点信心的微光并没有持续很久，穿越了枯死胡

## 第十三章 在古三角洲

图 13-3 在古克里雅河三角洲终端干涸河床左岸枯死的灌木丛里逗留
注释:照片中是贾斯旺·辛格和我。

杨林中古河道的巨大转弯,我们又在东岸看到了它,河东显示出前所未有的荒凉。根据赫定的地图显示,我们现在已经接近真正的克里雅河和它的胡杨丛林带消失的地区,可是,我们却找不到骆驼迫切需要的新鲜芦苇和小灌木丛。巨大的沙丘穿过深深的河床,绵延起伏,距我们足有400码的地方中间有一小块土方极为干燥平整,于是便扎营。

我们尝试着挖掘,希望找到点水,但一无所获。租来的骆驼显得筋疲力尽,我们自己的骆驼则长得高大得多,也更加适应沙漠中的工作。如果这些克里雅的地方骆驼不是在克里雅丛林中长大的,很可能就是我们沿途经常看见足迹的那些野骆驼的远亲,那情况会是怎样?即使这样,它们也很痛苦,常向我亲近,希望得到一点可怜的食物。要是能让它们美美吃上一顿,我会有多高兴!于是在那些骆驼七八张饥饿大嘴的狼吞虎咽下,一个十磅重的面包不一会儿就不见了,而我们可供烤面包的面粉和水已经供应不上额外的消费者了。

2月11号,行程充满了紧张和不确定性。我们沿河床向南走了不到1英里,广阔的河床彻底被庞大的沙丘掩埋了。继续前进,看不见任何植物生长的痕迹,甚至生长在沙丘上的红柳也都是枯死的。又走了约4英里,东面是贫瘠而险恶的沙山,于是我决定移向西南。过了一段时间,我们沮丧地找到了活的红柳林,它被广袤的沙丘紧紧包围,以致看起来像这个深不可测的死寂的古代河流三角洲中一个真正的陷阱。在这个阴郁的迷宫中,我忽然想到,如果获得水源之前,给养和牲畜的力气都耗尽了,那么面对的若是一片广阔的不毛之地的沙海,情况会怎样?!

在两个高大的红柳沙包之间幽暗的谷地里,有人说他发现了大沙丘沙子里潮湿的水汽,因此一些人留下来,在伊布拉音伯克的指导下,尝试挖一口井。在一座高大的沙丘顶上,景色豁然开朗,越过绵延的沙漠丘陵,可看到南部广阔的地区,这使我心里重新升起希望。刚走了11英里,碰到很多挺拔的活胡杨树,骆驼饿得一点也不想走。树下成堆干枯的落叶,可以为这些可怜的牲口提供不少草料,毫无疑问,这里是野骆驼定期光顾的觅食处。野骆驼的足迹在林间随处可见,

## 第十三章 在古三角洲

一些看起来还很新鲜,因此我们推测这个有动物来的地方一定有水。但是距离找到有水源的地方,还有多远呢?

现在对骆驼来说,迫切需要喝水。所以奈克·拉姆·辛格和我分头出发,寻找可以挖井的地方。成排的高大胡杨树从北到南,整齐排列,使这些沙漠丛林看起来像座公园。我向南走了不到1英里,横穿了另一条宽阔的河道,不过它的底层没有任何潮湿的地方。继续走,来到一个高高的红柳沙包,仔细观察地平线上黑压压的灌木丛和胡杨林,却看不到任何令人鼓舞的迹象。这时,我听到远处奈克的喊声,他气喘吁吁地赶来告诉我一个激动人心的消息,他寻找潮湿河道的努力和我一样毫无结果,但是他向东南搜索,发现了似乎更好的东西——两个人的足迹。

我立刻和奈克返回,确认了他的发现。毫无疑问,之前有两个人在这里活动过。一定是在灌木丛或矮沙丘能提供阴凉的地方,足迹延伸到可俯视丛林的一个高高的沙丘。这些足迹一定是沙漠猎人的活动痕迹。很显然他们曾经登上这个大沙丘远眺,因为足迹在这儿突然转向东南,他们很可能是在密切地跟踪一些野骆驼的足迹,那无疑是他们寻找的猎物。

我们跟踪他们的足迹没多久,天就黑下来。但我们所见的东西,足以使我相信,我们第二天最好沿着足迹,去找猎人曾宿营的地方。唯一的问题是,他们是从水井或河边过来,还是把冰带到了最后的营地。伊布拉音伯克刚带回他的人手,他们挖了一口16英尺深的井,却是白干一场,我们的好消息是他们沮丧情绪的最佳礼物。很明显，这之前很多人都认定他们再也到不了有人烟有水源的地方了，一生再也不会了。在好消息的鼓舞下，大家很快进入梦乡，只有可怜的毛驴因为我们不能从半满的水囊中匀出水给它们，整晚闷闷不乐。

2月11日早上，整个营地弥漫着一种不同寻常的轻快氛围。四点钟，叫醒伊布拉音伯克后，我设法让骆驼群天亮前出发，很快到达了两位猎人登过的沙丘。由队伍中最机敏的人来领头，沿着猎人来时的路线，追踪他们的足迹，这是一项很刺激的任务，但是毫不轻松。不管在沙丘顶，还是荫庇的斜坡上，足迹都已变得模糊，甚至完全消失了。向南两英里处，在杂乱的死灌木林中，有很多的野骆驼足迹，以至于猎人留下的足迹找不到了。由于大部分的足迹看上去来自南方或西南，与河床平行，我认为最好还是沿着这个方向继续前进。大家散开成行，大规模搜索猎人的足迹，走了还不到1英里，我们就听到有人高喊找到了足迹。这次，足迹紧紧地跟着两只骆驼留下的痕迹。由于骆驼留下的足迹不容易被风吹去，追踪又一次变得容易，一连几英里的路程走起来都相当愉快。骆驼和猎人没有走直线，而是再三穿越古河床，多数情况下，沙丘堵入了河床，使行进变得艰难。持续地攀爬陡峭的沙坡，以及连日来在水分不足的情况下艰苦跋涉，队员渐渐落伍，只有伊布拉音伯克和我坚定地走在前面。

河床内外的沙丘由黄色逐渐变为苍白，就像喀拉墩附近和热瓦克附近的和田河两岸的沙丘一样，这个奇特的变化最

## 第十三章 在古三角洲

初使我以为快到真正的河边上了,但随着两岸活胡杨数目的递减,这个幻想破灭了。在东岸枯死的树林中,我们最终看到了生命的迹象。但它们可能是几个世纪前就消失的生命,即三根粗糙的胡杨树干,似乎是用来支撑一个老牧人充当居所的棚子,支柱很白,且因为年深日久、风吹日晒而裂开了。有人在附近发现了一块没有被砂石覆盖的土块,看起来像牛粪。然而,仅仅根据这块没有考古学家能够估测出年代的土块,很难判断牧人在这里居住的时期。

大约9英里以后,我们再次看到了一片挺拔的古老的活胡杨。在这儿,又失去了猎人们的足迹。当气喘吁吁的队员重新发现它们时,让我们沮丧的是,那些足迹已转向东南贫瘠的沙丘,那里没有"阔台克"①,使搜索变得十分困难。大家又都沮丧起来,继续走了两英里以后,出于安全,我决定放弃寻找足迹,重新开始向南的征途。翻越了高大的沙山,我们重新发现了早上曾沿着走的河床,但很快所有痕迹都消失在沉重的沙丘下。

早上,满怀的希望耗尽了,沙雅人走得比以往更沉重。队伍在罗盘的指引下,继续穿越这个"沙漠死海",此刻我也感受到了沉重的压力。前面高大的沙丘上矗立着枯死的红柳丛,四处没有一棵活的灌木或树,我徒劳地爬上沙丘和沙山,希望能看见我们曾沿着走的河床。当太阳西下,我几乎不抱

---

① 阔台克(Kötek),即土堆。

河西探险

任何希望能找到几棵活胡杨来喂我们可怜的骆驼时,枯死的红柳包不断出现,我们再次出现在一小段裸露的河床上。它是我们早上沿着走的那一条河床,还是克里雅河三角洲上的另一个水道?这颇令人费解。但在当前情况下,这并不重要,河床上散布的干硬黏土显示这里可能很久都没有水。然而,在干渴的驱使下,队员依旧绝望地开始挖井,可挖了约8英尺后,仍没有任何湿气,也就不再挖下去了。

# 第十四章 是盐湖沼泽还是冰

## 河西探险

营地里很压抑，除了几棵岸上活着的老胡杨树，骆驼没有别的可吃。令我高兴的是，这些骆驼非常温顺，也很强壮，它们很和善地接受了我为它们砍的小树枝，树枝的汁液无疑可使它们恢复精力。经历了重重磨难的骆驼已经三天没喝水，它们贪婪地大声咀嚼着这奇怪的草料。

到了做出最后努力、寻找实际河流、取得水源的决定性时刻了。唯一可行的安全路线是向东或向西径直探察河流。根据这个想法，我制定了第二天的计划。按预定路线方向，向南再走 8 英里左右。通过观测太阳确定区域后，我和拉尔·辛格带上足够三天的食物，几乎没有带工具，各自向相反的方向出发。我们希望经过艰苦的跋涉，能将搜索距离在东西方向上扩展 25 英里，48 小时内必须返回人和牲畜休憩的营地，然后整个队伍向我们发现水的河流或井转移。

三个大大缩小的袋子里的大块冰、两铁罐水是我们唯一可利用的水源。按照几天前就执行的定额，每人每天一品脱水，这些水足够维持六天，这是很小的定额，考虑到食物，也要做这样的准备。在自我意志控制下，最难挨的干渴也可被缓解，但怎样劝导这些疲惫且目光短浅的沙雅人节制用水呢？水刚分到他们的瓢里，有些人就急不可待地将他们的定量喝光，我更为那些可怜而又沉默的骆驼感到难过，它们的身体已经发出了危险的信号。当我们从设法冻结的皮水囊中为每峰骆驼都挤出一杯混浊的水时，它们真是太高兴了。这些水是我们从最后的井里打出来的水所剩下的。至于达什

## 第十四章 是盐湖沼泽还是冰

(Dash),它和放学的孩子一样,活泼无忧,好在我喝茶时省下的一碟水就足够它喝的了,因而这个忠实的伙伴没有给我带来额外的忧虑。但如果再得不到水,骆驼很快就会死去,因此,我数了数左轮手枪皮套里的子弹,来确定在那个艰难时刻到来的时候我帮助它们解除痛苦的方式。

对我来说,这是焦躁不安的一夜。沙雅人的情绪变得更加狂躁,为了应付特殊情况,把冰保护好似乎很有必要。于是,我安排人把冰袋仔细缝好,和铁桶一起堆在拉尔·辛格的帐篷附近。午夜前,我两次查看,以确保这些珍贵饮用水的安全。测量员一贯机敏和忠实坚定,我对此很感欣慰。在这样艰苦的时期,有一位如此精力充沛且乐观的助手在自己身边,我感到前所未有的慰藉。

我凌晨三点多醒来。沙雅人已经绝望和恐惧得失去了理智,他们试图制造混乱,如若不然,我们在天亮以前早就出发了。他们没有给骆驼载上装备,而是拥到我面前,用恐吓的语调声明他们不愿再继续和我们走下去了。其实,他们一直都怀着向北逃走的想法,但这注定是一条死路。对于这一点,我十分清楚。我向他们解释,他们不大可能安全地找到回塔里木河的路,还威胁说,如果有人胆敢有鲁莽举动,那我就要开枪了。在争吵中,我告诉他们,我拒绝解雇他们完全是出于为他们的利益和生命考虑。否则,他们的离开会使探险队冰的供给维持得更久,我们会大大受益。不知是我的话说服了他们,还是仅仅出于对武器的恐惧,他们又各归各位。然而，从他们脸上流露出的苦闷，可以看出他们是何等的绝望，老哈里勒的儿子托合塔尤甚。

我已决定按原来的设想向南面出发。前一天傍晚看到连绵不断的高大沙丘成了有用的路标，给奈克·拉姆·辛格和贾斯旺·辛格分发了武器，负责装备和给养的安全。我警告大家，除了两个操作平板测量仪和圆弧测定器的人之外其他人都不许接近物资，之后我和拉尔·辛格出发了。走了约有两英里，干涸河床到了我们右侧，野兔的蹄痕在胡扬中频频出现，都从南而来，动物们到南边那儿是为了喝水吗？不过，我们的希望已经多次落空，以致不再对这种迹象抱什么希望。

然后，我们到了一片广阔的洼地上，上面覆盖着光秃秃的矮沙丘。矮小的胡杨排成长列，在幼小的时候就枯死了。正如我几年前在喀拉墩遗址附近所见的延伸在克里雅河废弃不久的河道旁，一些活下来的胡杨生长在几乎水平的地面上，而不是长在一贯的沙包上。这样的情景表明河水不久前曾经到过这里。一时间，这竟给我们注入了一丝希望。然而，景色很快就变得更令人沮丧，高大荒凉的沙丘在面前连成一串，沿大致向西南方向蔓延，沙丘间隙处都极少看到耸立在单调的沙包上枯死的红柳。

我曾抱着一线希望，登上沙丘顶部能看到生长有植被的土地，可以给营地里禁食两天的骆驼带来生存的可能。但眼前的景象却荒凉得令人压抑，它广阔无垠，伸展到东边地平线上时断时续的沙丘链上。前面是像山谷一般宽广的盆地，

## 第十四章 是盐湖沼泽还是冰

目光所至,只有起伏的黄色沙丘和一块块灰白的风蚀黏土地。空气里笼罩着一层薄雾,雾的颜色奇异地融进了死一般的苍白之中,看起来我们似乎已接近了一个可怕的死亡沙漠三角洲的边缘,那么对这个只有沙漠的地方再向东探察还有什么意义吗?

一直以来,都是高大沙丘指引着我们前进。我们右侧就有一个这样的大沙丘,它看起来有 300 英尺高,脚下延伸的黏土地被低矮的沙丘覆盖,使它显得更为突出。它底部的沙丘陡峭地耸立着,显出美丽的波浪线。这是个很好的观测点,不可错过。我们匆忙爬上第一座沙岭,站在它上面 150 英尺高的平地上,看到的景象仍是一片凄凉,这让准备测量纬度的拉尔·辛格变得忧虑起来。我命令他带领探险队,转移到我们最后看到的一棵活胡杨那里,准备安营驻扎。然后,我自己和达什迅速来到陡坡顶,想准确地看个究竟,以求问心无愧。

从顶部看,景色很壮观,但猛一看,也令人绝望。正当我用棱柱望远镜搜索胡杨林的迹象时,突然东南偏南方向几条白色的细带闯入了我的眼帘。通过望远镜更仔细的观察,我简直不敢相信,我所看到的竟是四个闪着光的条条,那只可能是冰冻的河流冰面,或是河道表面凝结的盐碱!距离这儿只有 4 英里。

这实在是突如其来的惊喜,我们可能找到水源了!不过,那也可能是赫定从牧人那儿听说的位于河道支流尽头的小盐湖群。不管它的水有多咸或者多么不堪入口，如果已经结冰，它还是可为我们提供淡水冰块。即使已完全干涸，它们至少可以使我们弄清所处的位置，并给我们指出正确的方向。所以，我急忙命令坡下的伊布拉音伯克，让队伍继续前进。在仔细记下了那些救命的白条纹的位置后，我跑下了陡峭的沙坡，加入了队伍。队员们也都处于极为紧张的兴奋状态，我告诉他们有找到水的希望了。但我也让他们明白，那些也可能只不过是浅浅的盐水而已。险恶的沙漠横亘在眼前，它就像是对水的幻象的嘲弄。我做了最大努力，为自己也为他人做好了失望的准备。

整个队伍以进入沙漠后前所未有的速度前进，甚至行动最迟缓的人都爬上每个可供眺望的高沙丘。直到约两英里后，他们的努力才得到补偿。那看来无疑像水的条纹绝不可能是海市蜃楼，沙海依旧荒凉，除了几棵星星点点的老胡杨之外，没有植物生长的迹象，为什么连一个小盐水湖都没有呢？只要是盐湖，无论它多么咸，哪怕边缘只生长着芦苇和灌木丛，就像盐水泉和罗布泊地区的沼泽地那样。之后，我们留意到沙地上有鸟的足迹，这些鸟是生活在新鲜水源附近的。

又走了1英里，我们停下来，卸下拉尔·辛格正午观测所需的经纬仪。这些人是如此的热切不安，我不得不动用我的权力，来确保足够的人手留下来，帮测量员卸下仪器。我们向前走了还不到几百英尺，就看到一个人疯狂地向我们跑来。他是小吐尔地，我的第二赶驼人，由于急于想确定前方

## 第十四章　是盐湖沼泽还是冰

有没有水,他刚刚离队,打头走了。我们很快辨认出他挥舞在手里的是一大块冰,急着前行的人们发出阵阵的欢呼。

这是一块冰,一块很大的冰,吐尔地平定下来,就立刻做了一个清楚明了的演讲,伴随着冰面的是流动的河水!这就是那条真正的克里雅河,这么说,我们误打误撞到了这个荒漠上的新河床。再往前半英里,我们就到了。很快,所有人都大声嚼着吐尔地带来的冰块,吐尔地非常满足,所有的疑问都解决了,早上想闹事的人此刻也高兴了起来。

面前雄伟的沙丘阻挡了视线,直到险些从最后一个陡坡坠入冰面,我们才意识到河的宽度。这是一片闪闪发光的冰面,宽度在160—200码,向北延伸,大部分区域只在底部淤泥上有一层薄冰,流过冰面下的水有2英尺深,以约0.5码/秒的速度流过一条宽约12英尺的露天水道。人们冲下岸,俯下身体,跪在水里用手急不可待地喝水的样子,那大概是从未有过的(图14-1)。

顺河而下,我很快发现了几块未被沙丘吞噬的裸露土地,上面有枯死的灌木丛和胡杨。这也证明了在最近克里雅河改道以前,河流曾从这里流过,我们就地安营扎寨,我把此地叫作"死亡花园"。毛驴和骆驼似乎还充满了活力,经过充分休息,它们的身体平静下来(图14-2),这才开始让它们饮水,看着骆驼长久以来干瘪的胃部又膨胀起来,真是极大的乐趣!已经三天没有喝水、筋疲力尽的毛驴,喝完水就贪婪地躺在了从附近几株活胡杨上凋落下来的枯叶上。

河西探险

图 14-1 到达克里雅河终端的冰面后，沙雅人在喝水

图 14-2 到克里雅河后骆驼是这些天来第一次喝水

## 第十四章　是盐湖沼泽还是冰

对于那些十三天来未喝一滴水且负重的骆驼来说，最急需的饲料这里仍没有，那些胡杨干枯的叶子远远不能解决它们的饥饿。在一个隐蔽的河湾发现的黄"喀木哈克"（Kamghak）连塞牙缝都不够，并不挑剔的骆驼平时不会碰这种极为干燥多刺的球状植物，但现在哈桑·阿洪向我保证，骆驼会把它贪婪地吃掉。

在六天没有洗澡之后，能在浴盆中尽情享受，这可是我最大的欢乐！起初，这样奢侈地用这些宝贵的水似乎显得不太高尚，但当我最终能坐下来，享受我简朴的早餐兼午餐，外面的人洗着澡，我喝着大杯茶，更觉精神百倍。

# 第十五章 在克里雅新河床附近

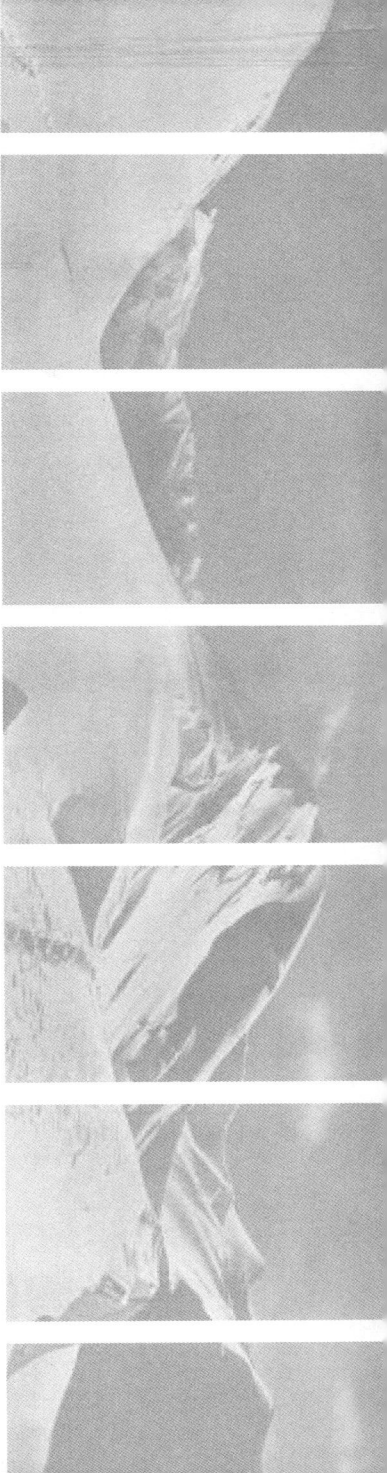

## 河西探险

经过十六天连续徒步翻越大沙漠无尽的沙丘,短暂的休息对人畜来说非常必要。所以,2月13日,我们在河边营地愉快地休息了一天(图15-1)。我们都有很多事要做,对我来说是写备忘录,对其他人来说是很多修理工作,从骆驼的"肖塔斯"(Shotas)到穿坏的靴子,包括我的靴子在内,营地里弥漫着愉悦的气氛。现在大家都待着休息。大沙漠深处生命的贫乏显得格外突出,自从我们离开塔里木,我还未见过一个活的生命,已对这个"死亡世界"习惯了。在这里,赋予生命的水源源不断地从我们面前流过,岸边此刻还是一样的死寂,显然,这曾偏离正途的河流形成了一个新河床,它流经的土地还没来得及复苏,所以仍是一片贫瘠。

图15-1 到达克里雅河终端后第一个营地中我的帐篷
注释:照片中是伊布拉希姆伯克。

## 第十五章 在克里雅新河床附近

既然发现了河流,最佳路线当然是沿河而上,它迟早会把我们带到一片可放牧骆驼和毛驴的胡杨林。测量员的天文观察显示我们仍在喀拉墩古城废墟的纬度以北,没有迹象能表明克里雅河古河道是在我们位置以东还是以西。向这两个方向进行搜索,我们无疑很快就会弄清楚这个问题,然而,这会使探险队停滞不前,并会让可怜的骆驼忍受更久的饥饿。所以,2月14日,天刚破晓,我们就沿河东岸向南出发,河床很曲折,几乎全程都有高大的沙丘,行程因此变得很艰难。我们原以为随着水的出现,很快就会有植物出现。然而,走过6英里的路程,我们来到横断沙丘后面一个像湖一样宽阔的河床,才看到植物的迹象(图15-2)。

图15-2 位于即将干涸的克里雅河新河床
(注释:右边是伊布拉希姆伯克和拿着圆弧测器的雇工。)

根据植物生长留下的迹象，显然可以看出河流从前可能只有一部分水流改道，河水在这里积蓄了一段时间。当这个约 0.5 英里长、0.25 英里宽的小湖水位大涨时，沙丘很快被冲垮。湖水向北倾泻，沙丘的缺口有 50—60 英尺，坡度依然很陡。在曲折的湖底，由于长久以来红柳的生长，一些小小的沙岛保留了下来，我们在这里最先发现了几棵活的胡杨树。几天以前，我就承诺要奖励最先发现活树的人，现在很高兴把奖金颁给穆拉赫（Mullah），他是木匠兼书记员，总是走在前面。

眼前，我们还是无法找到胡杨林。在剩下的旅途中，河岸变得非常贫瘠，视野里看不到一棵活的胡杨，荒凉的沙丘圈定了地平线。一天的跋涉快要结束的时候，蜿蜒的小河湾和彼此相隔的水塘多了起来。从众多的动物足迹判断，这里似乎是野兔、狐狸、野猪以及岸边丛林其他动物喜爱的饮水处，从我们头顶掠过的飞鸟是两星期以来我们第一次见到的活着的动物。正当我们停下宿营的时候，一群野鸭向北飞去，它们是勇敢的冬季留居者，还是从喜马拉雅山的沼泽迁徙鸟群的先行者呢？

我们的营地附近有很多枯死的胡杨树，不过对骆驼来说，除了粗劣的喀木哈克，还是没有别的什么好吃的东西。燃眉之急是找到更有营养的牧草，租来的骆驼都已经骨瘦如柴，其中一头尽管只载着轻微的行李，但还是最后才赶到。第二早上，到了两英里外河流转向西南方向那座高沙丘的时候，

## 第十五章 在克里雅新河床附近

我们终于看见河东岸冰冻的盐水湖与河汊间繁茂的活着的胡杨林,没有芦苇等植物可以用来帮助判断渡河的地点。

行进中,我们发现一小段胡杨林,就在我们所在的这一侧河岸,还发现了牧人来过的痕迹,地上有砍断的胡杨树枝和以前的羊粪。但我们在这个沙漠丛林地带边缘走了不足 1 英里,河流又进入了一片完全荒凉的沙丘地带,众多像湖泊似的河湾对行程的阻扰,变得令人烦恼。冰层迅速融化,人能谨慎地在盐水湖上择路而行,骆驼却只能兜大圈子。站在另一座高大沙丘上看,河右岸远处,有一片向南延伸的连绵不断的胡杨林。如果那里可找到芦苇和灌木供骆驼食用,那么我们的努力似乎就是值得的。所以,为了到达目标,我们穿越到了右岸。河道足有 300 码宽,河岸的冰几乎都融化了,可以看到冰水在宽不到 10 英尺、深约 3 英尺的水道里流动。在尝试牵着骆驼过河之前,我急于探明前面的情况,于是我和伊布拉音伯克及其他几个人,急忙向东行进。在沙丘和活着的胡杨树沙包之间,走了不到 1 英里,遇到了第二个河床,它宽约 150 码,有一处暴露在外的水道,我们涉水过了河。但走了几百码后,又遇上了第三个河床,它将近 0.5 英里宽,最近的水道至少有 4.5 英尺深。我意识到若让负重的骆驼来穿过有流沙的河流,那可能会遇到很大的危险。之前,我急切地想得到水,而现在,我却又嫌这里的水太多了。

当我们重新开始南行,河流的景色变得更加美丽,我们很快来到一处被活红柳覆盖的沙山顶部。从那里,我可以看

## 河西探险

到不少于三条的支流，它们交汇的主河床足有 0.75 英里宽，在落日余晖中，冰层闪耀着玫瑰色的光彩。如果我能在原来的行装中多装了一双冰鞋，这个地方在一个星期多以前会是多美妙的溜冰场啊！我们这一侧的土地似乎变得更开阔，在低矮的沙丘中，红柳丛不像通常的红柳那样生长在沙堆上，活的胡杨树也更常见。我们决定在遇到的第一个胡杨林扎营，好让这些可怜的牲口享用一下枯叶。

2月16日早晨，多云，霜冻最低温度华氏17度，显得颇为暖和。我现在看到河流在几英里以外折向西南，消失在两个高高的沙脊中间。在巨大的咸水湖上，走了约两英里后，我们终于来到了第一个有活芦苇的河床，牲畜津津有味地享用着那些摇曳着的叶子，尽管这些草是干枯的。前方不远处，我们穿越了从西南延伸而来的一块古老干涸的河床，那里的胡杨林中有着数不清的山羊蹄痕。

攀爬沙质河岸的过程中，我突然听到远处一声似羊的叫声，跟我在一起的队员都没听到。尽管如此，在渴望与人接触的狂热情绪的推动下，队员们又向前跑去。很快，穆拉赫高喊他看到了羊群。但是，由于距离太远其他人都分辨不出，人们的情绪在希望和失望之间摇摆。这时，我看到远处沙丘上有个渺小的黑色轮廓，当我让伊布拉音伯克注意那里时，他敏锐的视力立刻辨出那是一个人。

人们爆发出一阵欢呼，并疯狂地奔跑追逐，险些把我们看见的那个人吓跑。一个克里雅河丛林孤单的牧羊人，根据

## 第十五章　在克里雅新河床附近

我推断,他应是一个羞怯的人,现在这么一大群人在这里猛跑,他会被突然出现的人群吓着。黑影爬上了沙丘,似乎想逃走。在我们的欢呼之下,他又停下了脚步。但无论是命令,还是友好的恳求,他都不愿意过来见我们。最后,队员们像猎狗捉猎物似的捉住了他。我凑到前头,看到一个看起来很强壮的牧羊人,我还清楚地记着他古怪半野蛮的装束。山羊皮做的鞋和绑腿,粗糙的山羊皮裹在身上,一顶巨大的皮帽戴在头顶。若是单独遇到这么一个人,那些温顺的沙雅人可能会害怕。在这样粗野的外貌下,一个善良的克里雅人欢迎了我们。对我来说,现在再也没有比"撒拉木－阿拉依库木"(Salam alaikum)的问候听起来更亲切的话了。

我的第一个问题当然是我们现在在哪儿,当他说出他的牧场叫"尧干库木"(Yoghan-kum)时,我立刻判断出了我们现在所在的位置。一天前,我就告诉测量员和伊布拉音伯克,从上次正午观测验证的平板仪测量结果判断,我们一定很接近通古孜巴斯特(Tonguz-baste)。1901年,我观测到当时一条界线分明的河道显露出有支流分裂出的趋势,我仍清楚地记得"尧干库木"是座高大沙山的名字,它的西侧排列着不同的古河道,像手指伸开一般。

总而言之,赫定曾沿着这里走过。我1901年所见到有水的河道,应位于我们所走的路线的东部,起初这看起来似乎令人难以理解,因为根据平板测量仪,我们距被认为是"通古孜巴斯特"所在经线以东很远。幸运的是,不管如何,我们已经沿着这古老的河床，到达了克里雅河沿岸的茂密丛林，这次大沙漠穿越之行的所有困难和疑虑到此结束。

  一份慷慨的礼物使年轻的牧羊人放下了恐惧。在他的带领下，在上游几英里河水被坚实的冰层覆盖的地方，我们渡过了河。在向通古孜巴斯特牧羊人营地的行进中，我得以查明，河流约在四年前冲破了尧干库木的高大沙山，流向北方，形成新河床的源头。河流改道给牧人们带来了很多麻烦，旧河床上的植被逐渐枯死，旧牧场所需的水源只能从深井中获得。

  我在1901年看到的河床已经彻底干涸了，但到现在为止，还没有沙丘堆积在上面，这个迹象和新河床上没有植被的事实，显著地证明河流改道所导致的变化需要时间。河床逐渐淤积，促成了河流改道。同样，新河流在一段时期以后，因为河床淤积不得不再次改道并寻找新的河道，或许还会返回久被遗弃的河道。这一点在这里可以很清楚地看出，不少于四条干涸宽阔的河道在通古孜巴斯特分离开来。无疑，胡杨林带无论是已经枯死了，还是在枯萎中挣扎，都经历了几代的时间。这些都有助于判断那个现在被我们抛在身后的令人恐怖的古代干涸三角洲地带形成现在这种状况所需要的时间。

# 第十六章 更多的塔克拉玛干废墟

河西探险

　　我们刚穿过的那片土地有种神奇的魅力，从地理上看在那里的勘察工作也很有意义。我很高兴在歇了一天后在1908年2月19日在喀拉墩的工作又开始了。那条河在几个世纪后的最近一次变化中，我又再次身临此地。

　　1901年3月，我在新疆的第一次探险考察中，连续的沙暴阻碍了我对这一地区进行彻底的勘察。在那个前不久刚发现的巨型四方建筑物南边大约半英里的地方（图16-1），流动的沙丘刚刚移离小屋（图16-2、图16-3），小屋遭到了破坏，现在被深深地埋在了沙下。在较早几个世纪的某些时候，沙漠深处曾经有一个小型的绿洲农业聚居地，我们在这里发现

图16-1　喀拉墩遗址的古四角形院落，部分掩埋在沙丘之下
注释：左侧的提拉巴依站在西南部木构建筑和废墟中。

第十六章　更多的塔克拉玛干废墟

图 16-2　发掘前喀拉墩遗址南端附近的古居民点

图 16-3　发掘中喀拉墩遗址南端附近的古居民点

了一些木简文书,充分证明了上面那个推论。在这次挖掘过程中,沙雅人和从牧羊人中挑选出来的一个小分队给我们提供了劳动力帮助。

在这些通古孜巴斯特牧羊人和猎人中,没有一个人对那些古城废墟有更多的了解。于是,我决定顺河而上,以便尽可能早地见到那队从和田来的寻宝人。根据马继业(麦克特尼)先生帮我做的安排,在从库车出发前,我就已经安排他们出发了。2月25日,我们这两队人马按期会合,这令我非常满意。这一天,在我从前的老随从肉孜(Roze)的带领下,十二个熟悉大沙漠的和田塔克拉玛干人[①]在我原来在阔其卡尔乌格勒(Kochkar-öghil)营地附近与我会合了。再次见到这些经验丰富的寻宝人(图16-4),我非常高兴。他们不仅带来了从和田寄来的邮包,而且带来了有关本地的准确信息。那些从沙雅来的人现在可以被解散了,我用银两付给他们丰厚的酬金和旅费,他们觉得很满意。他们先回到和田,然后经由塔里木盆地的贸易路线回家。一个月后,当我再次来到克里雅时,我听说这些狡诈的家伙把他们在沙漠中冒险挣的钱竟然拿去赌博了!

---

① 和田塔克拉玛干人(Khotan Taklamakanchis),这里专指塔克拉玛干沙漠的寻宝人。

## 第十六章　更多的塔克拉玛干废墟

图 16-4　和田沙漠寻宝人普拉特·穆拉赫和伊布拉音

我的老朋友布尔哈奴丁（Burhanuddin）是来自沙漠清真寺的长老，他和一个远道而来的朝圣者热烈地欢迎我的到来（图 16-5）。在欢迎仪式之后，我和我的寻宝人沿着一条新的路线，前往达玛沟（Domoko）绿洲北面的沙漠地带。在长满红柳的很容易迷惑人的沙漠地带，寻宝人成功地找到了一大片分散布局的古代聚落废墟，废墟中还有几座佛教寺庙。1906

年，我曾去距离这里以南 8 英里的哈达里克（Khadalik）进行考察，但没有发现这些古代聚落废墟。与废墟相连的是一片灌木丛，我们把它叫作法哈德伯克草场（Farhad-Beg-Yailaki）。废墟大部分遭到了附近老达玛沟（Old Domoko）绿洲居民的破坏。老达玛沟村，正如我前面所描述的，六七十年前还有人居住。3 月上旬，我很容易从达玛沟招募来大批劳工。经

图 16-5　乞丐朝圣者"迪瓦纳"（Diwana）在克里雅河布尔哈奴丁的沙漠佛寺遗址

## 第十六章 更多的塔克拉玛干废墟

过考古挖掘,我取得了丰硕的成果,发现了非常有价值的保存完好的梵文手稿、有绘画的饰板,还发现了古和田语木简。经过考察,证明这里是在8世纪后半叶被废弃的,像哈达里克废墟一样。

在这些废墟中,我们发现的最好东西是在一个小佛教寺庙中找到的。寺庙的地理位置很奇特,在一个高达40英尺红柳覆盖的沙丘里(图16-6)。内殿保存相对完好,墙是黏土砌的,寺庙建造时这个沙丘比现在要低,地面上堆积的沙子已经比原来的地面高出了18英尺。

内墙壁画中的一幅,福彻认为它的主题与印度的天花女神(the Indian goddess of smallpox),即鬼子母(Hariti)相同。

图16-6 发掘中的法哈德伯克亚依拉克遗址红柳沙丘中的佛寺

与犍陀罗著名的古典希腊艺术风格佛教塑像委婉的艺术构思方式相一致。这个恐惧女神，即儿童毁灭者，也被描绘成一个衣着华丽的慈祥老妇，一群小男孩围着她的臂膀嬉戏。与古代印度一样，鬼子母在塔里木盆地也为很多人信仰。福彻把她称作 Buddhist Madonna（佛教圣母），勒柯克博士带领的德国探险队在吐鲁番挖掘出来一幅鬼子母，这幅画中鬼子母与基督教圣母极其相似，好像就是以基督教圣母为蓝本设计的（图 16–7）。

这个内殿最初建造在红柳沙丘的顶部，给我们提供了两点具有地理意义的暗示：首先能使我们测量神奇沙堆形成的堆积速度，再次它也证明了法哈德伯克所建的年代是在 8 世纪，甚至更早。那时，这里的地貌与塔克拉玛干灌木丛地带和绿洲耕作区之间现在的地貌非常相似。

在气候条件没有任何很明显变化的条件下，人类的活动给这里带来了变化。我发现新兴的玛拉克阿拉加（Malakalagan，1901 年我曾来此地考察）的耕作灌溉范围不断扩大，正在向老达玛沟延伸。1906 年，我考察了哈达里克废墟，从那时起，哈达里克就一直种植春季庄稼，村民们也已经设法在法哈德伯克绿洲周围找到一个非常合适的地方，将达玛沟亚尔下游的水引过来。最后，我在两地的工作都取得了不错的成果。

后来，我找机会去了达玛沟和固拉合玛（Gulakhma）两个绿洲，亲眼见证了当地农业的发展和日益繁荣的景象。1906

第十六章　更多的塔克拉玛干废墟

图 16-7　达玛沟佛寺遗址的鬼子母壁画

年，我在那里做考古考察时，一个大集市就已经在达玛沟出现了，而且全部由当地人经营，新开垦的大片土地准备灌溉，沙漠灌木带正在快速减少，其间的红柳沙丘将两个村庄分隔开来。但是，现在有人还抱怨在过去的十年中，夏季降雨量一直不足。无疑，持续增长的人口压力和其他一些经济因素对这里的改变起了重要作用，如果没有这些因素，这里就成为观测"干旱作用"的理想之地了。

三月剩下的日子，我安排工人在绿洲地图中标识的喀拉羊塔克（Karayantak）（图 16–8）、乌鲁克麻扎（Ulugh-Mazar）以及策勒（Chira）、固拉合玛、达玛沟绿洲的沙漠边缘进行补充考古工作，然后向西前往和田。图 16–9 显示我的助手和我

图 16–8　发掘中的达玛沟附近喀拉羊塔克佛寺废墟

## 第十六章　更多的塔克拉玛干废墟

图 16-9　我和队员在策勒北部沙漠中的乌鲁克麻扎
注释：从左到右依次是：坐着的是蒋师爷、我和"达什"、拉伊·巴哈杜尔·拉尔·辛格，站着的是伊布拉音伯克、贾斯旺·辛格、奈克·拉姆·辛格。

在冬末沙漠相聚的场景。四月初我在和田短暂停留，过得很愉快。我的老朋友来欢迎我，我很满意看到了那些从库车送来的古董安全地保存在阿洪伯克家里。

不过，也许最令我高兴的事，还要算我亲爱的老房东阿洪伯克亲自迎接我。为了到麦加朝圣，他一年半以前就勇敢地出发了。经过乘火车横穿俄罗斯和海上的颠簸之后，这个身材魁梧的老人看起来比往常要兴奋得多。在这短短的一段时间里，阿洪伯克简直成了一个见多识广的人，他有趣地叙述着他从撒马尔罕（Samarkand）到斯坦布尔（Stambul）、麦加圣地，再从红海到孟买、克什米尔，以及翻越喀喇昆仑山回来。我住在他的花园里，享受着和田绿洲这短暂而美丽的春天。现在，老人再次回到了这个繁荣的绿洲，回到了美丽的家，可以看出来，他是多么骄傲和兴奋！正值花开时节，李树和杏树落下片片花瓣，像雪片一样，洒满了我的帐篷和整个花园。

在和田逗留期间，除了一些需要紧急处理的事情之外，我还为返回印度做了安排。但是，北部沙漠里还有大量考古工作需要完成，我知道沙漠里的气温将很快持续增高，到时所有的考古工作将不得不停止。4月5日，我再次告别了和田的朋友，开始前往阿克苏和天山脚下。我的"寻宝队"向导们在和田绿洲外围最北部找到了古代废墟，我们首要目标就是去那里考察。我让拉伊·拉尔·辛格在和田周围沙漠遗址废墟测绘考察时，提前确定好这些废墟的具体位置。在卡拉萨依（Kara-sai）这个西北边新开垦的居住地附近，我找到了异常破败的古代建筑废墟，发现了大量用真正的巴黎式石膏（plaster of Paris）制作的佛教小浮雕，虽然整个建筑已经完全损坏，但这些珍贵的大大小小的浮雕仍保存完好。

在我去废墟途中，我在伊斯兰伯克在阿拉吐其（Altunche）新建立的房子过了一晚，伊斯兰伯克是我1900年探险时的管家，他热情邀请我到他家过夜，我这次满足了他的要求。作为他热忱、有效服务工作的回报，六年前我向潘大人提了建议，为他争取到了他老家喀亚什（Kayash）镇的米

## 第十六章 更多的塔克拉玛干废墟

拉布[①]职务。由于政绩良好，他得以继续留任。1906年，我再次来到这里的时候，他已经被提升为伯克了。他任职期间，在当地做出了不小的成绩。看到了我原来的管家获得了成功，为此我感到很欣慰。

看到逐渐扩大的耕地遍及绿洲各处，我心里感到很欣慰。我的老朋友潘大人任这里的按办时，在喀拉喀什河左岸挖掘了一条大渠，为一片多沙地带提供了水源，现在已经形成了伯格明（Bogar-ming）镇。经过一天的行程我们才走过了这个广阔的地区。我们要去阿克苏，很想再次见到博学的道台大人，他曾经给予我有效的帮助，这是我这次阿克苏之行的主要目的。听到种田的当地人都赞扬他，我倍感高兴。这些农民在走投无路时来到这里落户，现在都已过得很殷实。

我向东而行，穿过了喀拉喀什河和玉龙喀什河之间贫瘠荒凉的沙漠。在玛亚克里克（Mayaklik）附近一个看起来毫无希望的地方，我偶然发现了一个高大沙丘下埋藏着一座大型的佛教寺庙。经过一天艰苦的挖掘，古代建筑墙体终于露了出来，墙壁上装饰着巨大的壁画人像，佛殿里还保存有大型灰泥浮雕人像。这里的每一件东西都清楚地表明，这座寺庙像玉龙喀什河对岸的热瓦克寺庙（Rawak Stupa）遗址一样，属于公元早期的几个世纪。不幸的是，也像热瓦克一样，由于接近河流而导致下层地面潮湿，佛寺建筑所有的木制结构

---

① 米拉布（Mirab），即负责河渠管理。

都已遭到了破坏，墙上的石膏和灰泥浮雕一定程度上也都变潮变软了，一见阳光，那些壁画就一个接一个地脱落了。若继续挖掘下去，这座寺庙遗迹将遭到彻底的损坏，所以我只能拍些照片，移走一些小块壁画。

然后，我们转向北行，沿着和田河的河床的沙漠路线，向阿克苏进发，这个季节和田河的河床已经干涸。从塔瓦库勒（Tawakkel）开始，探险队的驼队由卡斯木·阿洪（Kasim Akhum）负责，这对我来说是非常有益的。卡斯木·阿洪是个经验丰富的猎人，七年前在我去丹丹乌里克（Dandan-oilik）遗址群考古探险时，他曾和他的父亲陪同我。令人惋惜的是，那个强壮的老人几个月前去世了。以前，我已经隐隐约约地听说在神奇的麻扎塔格山（Mazar-tagh）上有古老建筑遗迹的信息，麻扎塔格山是从西北向和田河的左岸延伸沙山的最后一支，海拔很低，几乎已经完全被风化了。

4月16日，我到达了麻扎塔格山。在宽阔的河床上它高达200多英尺。其山崖略带红色，显得荒凉。在顶部我发现有一座保存相对完好的城堡（图16-10）。这使我感到非常满意，很明显城堡是用来保护沿着河流南北向延伸的道路。古堡从半山腰陡坡上俯瞰和田河，半山腰的麻扎上有不少许愿用的旗幡。旗幡已经破烂不堪，和田穆斯林们认为这里是圣人的麻扎，山野由此而得名。古堡遗址与麻扎一起构成了一幅迷人的沙漠画卷。麻扎塔格山死一样沉寂的红色岩石和黄色沙粒，在笼罩各处的太阳光照射下发

第十六章　更多的塔克拉玛干废墟

图 16-10　从西面看麻扎塔格山上的古戍堡和烽火台
注释：下面是和田河宽阔的泛滥河床。

出耀眼的光芒，岩石和沙粒的颜色也显得更深了。

在陡峭的山顶向下看，城堡就像一个强盗的根据地。在很久以前，城堡毁于大火。我对它周围的垃圾堆进行了考古挖掘，在炎热的天气下，这让我们足足忙了三天。在清理寺庙大厅和内堂时，我们发现了各种各样的吐蕃文纸文书和木简文书。最大数量的古代文书还是发现于东墙外的大垃圾堆（图 16-11）。遗址里文书的保存条件非常好，因为麻扎塔格山很高，下面河水的潮气根本到达不了这里，外加十分干燥且没有任何植物生长造成破坏。山体外围较低的沙脊防止了流动沙丘的破坏，也阻止了风蚀作用的破坏。

河西探险

图16-11 在麻扎塔格山古戍堡下的垃圾堆中发掘古代文书

看起来,这座废墟就如同另一个米兰,上面堆满了无法形容的垃圾。这些吐蕃人每建一处营地,都会留下这样的垃圾堆。这些垃圾堆至今还散发出奇怪的臭味,我至今还记得那令人难以忍受也难以忘却的臭味。在层层垃圾中,又发现了数以百计的吐蕃文书、汉文文书和婆罗米字体手稿,以及少量回鹘文手稿。像在米兰发掘出的文书一样,这些以吐蕃文书为主的古代文书大多都是8—9世纪吐蕃势力渗透到这里时遗留下来的。经过我的合作者A. H. 弗兰克博士所做的识读与分析考证,文书内容主要涉及军事报告、调拨命令和一些类似的东西。

我们还发现了一些古币和汉文文书,进一步证明了废墟

## 第十六章　更多的塔克拉玛干废墟

所属的年代。沙畹考察了其中部分保存较好的文字内容较多的汉文文书，其中一件文书是每日的开销记录。文书是寺庙里的和尚记录下来的，写下了每一个开支细节，读起来非常有趣。这类文书还经常提到各种蔬菜和其他奢侈品。这样的东西出现在如此荒凉的沙漠大山上是不可想象的，所以和尚留下的文书一定来自很远的地方。不管这个特殊的记录来自何方，有一点可以确定：这个古堡像米兰的古城废墟一样，标志着中国唐朝失去对塔里木盆地的统治以后，吐蕃的统治扩大到了多远的区域。

在我忙于考古挖掘工作的同时，我让测量员沿着这座向西北延伸的沙山进行地理测绘勘察。测量员沿沙山勘察了12英里，发现它还向远方延伸了很远很远的一段距离。考虑到这座低矮山脉的走向，以及它与我们后来在莎车河远处巴楚（Maral-bashi）和图木舒克（Tumshuk）附近勘测的那些也是独立延伸很远的山脉在地理结构上的相似性，它们非常有可能是一座古老山系在遥远的不同地段的山体。这个天山山脉的古老山系一直向东南延伸，到达最远处的塔里木盆地腹地的沙漠深处。经过无数年持续不停的风蚀，原来高大的古老山系变成了现在这样的小山脉，与那些更远处孤独的山地失去了连接。1856年，赫定穿越莎车河东面广阔的移动沙丘时，也没有发现这些山地完全直接连接的任何迹象。

# 第十七章　从阿克苏到莎车

## 河西探险

4月20日，我从麻扎塔格山出发，沿着和田河干涸的河床前往阿克苏。经过八个行程快速的行军，我们向北来到了和田与塔里木的交界处。一路上，我们遭受了沙漠的酷热和沙暴不断的袭击。这样的条件使我强烈地感受到，赫定在1896年5月第一次横穿塔克拉玛干沙漠时的悲惨经历。后来，在伯克萨姆（Böksam）牧地，赫定被迫休息，他就在那里遇上了卡斯木（Kasim）。现在，我也碰上了卡斯木，他带领我们沿河右岸，走了20英里后，来到一个淡水湖。当年，赫定穿越"沙漠之海"，口渴难忍，就是这个湖救了他一命。沿河床的岸边，每隔较长的一段距离，就会有这样的湖泊出现。河床湖泊里的水也很可口，这说明沿河床一年四季都有地下水汇入。和田河的河床即使是在最干旱的季节，也是如此一直有地下水汇入，这样形成的河道水面通常有1英里多长。

继续往前走，一连几天我们都在新老河床交错的地带穿行。卡斯木给我们带路，发挥了重要作用。沿途我不时想起克里雅河干旱的三角洲，与那儿比起来，我们现在所走的路线水源充足，草料充分，就像一次奢华的野外巡游。这次旅程中，唯一的小插曲是由一只老虎引发的。在到达塔里木前的那天晚上，跑来一只老虎，绕着我们的营地咆哮，很明显是想找一匹小马或一头毛驴当作食物。我的小狗达什狂叫了起来，把我给惊醒了，但其他的人根本没理会狗的叫声，依然蒙头大睡（要不是有老虎，我的这只狗才睡得香呢）。直到第二天清晨，在前往塔里木途中，我们在商旅路上发现了老虎留下的大脚

## 第十七章 从阿克苏到莎车

印,一直走了 6 英里之后,老虎的大脚印才消失。

4 月 27 日晚,我们乘坐牧羊人的船渡过了塔里木河。整个晚上大沙暴刮个不停。次日清晨我被一座延伸至阿克苏以北气势恢弘的雪山所倾倒。根据俄罗斯绘制的地图,我们把一座冰雪覆盖的高入云霄的巨大山峦确认为天山的最高峰——汗腾格里峰,距离我们约 330 英里。天山,这座几百英里开外的壮丽的"天国之山",以此给了我一个最新颖的欢迎式。遗憾的是,几个小时后它就消失在漫天的沙尘风暴中。

再经过三个行程,我们才到达阿克苏新城(图 17–1)。途

图 17-1 阿克苏巴扎中的人群

河西探险

中，我发现雪山融水为阿克苏绿洲灌溉提供了充足的水源。可是沿途所见的耕地稀少，耕作得也很不精细，二者形成惊人的对比。本来可以繁荣兴旺的绿洲现在却很破败，这种状况绝不是因为本地的水源不足，而是因为这里的游牧鞑靼人（Tartar）粗野强悍，生活习性还没有开化，与绿洲和田人形成巨大的反差。这些鞑靼人有柯尔克孜人的血统，这一点在我以后所做的人类学测量中得到了证实。

在阿克苏城中心地带，我找到一个绝佳的扎营地。营地绿树成荫，与伯克的郊区寓所相连（图17-2）。第二天，我再一次见到了我的中国老友道台潘大人（图17-3）。他看起来依

图17-2 我在阿克苏伯克果园中的营地
注释：照片中是伯克的儿子哈吉·阿比德（Haji Abid）。

## 第十七章 从阿克苏到莎车

然精神矍铄,和蔼可亲,对我的探险考察兴趣未减,正如我七年前在和田最后一次见到他一样。在阿克苏,他的地位尊贵,生活平静,这与他好学深思和宁静淡泊的生活习性相得益彰。就其性格而言,他根本不可能成为行政要人。因此,我常感到不解,像这样一个诚实忠厚的人,到底是怎样一步步高升的呢?

图 17-3 我的老朋友和赞助人阿克苏道台潘大人

即使和我距离遥远,潘大人一直都一如既往地给我提供帮助,这次我能有机会亲自对他表示感谢,我心里十分高兴,也正是这个原因,我在这里待了五天。五天以来,日日过得都很愉快。这几天,我们俩有说不完的话,我告诉了他这两年探险所取得的成果,我们一起回忆我俩在和田时的情景。我给潘大人带了几个我在敦煌长城和其他一些地方出土的文物,看着他虔诚地摆弄和研究那些汉代遗物的时候,一种前所未有的满足感油然而生。我还让他看了《古代和田》的样本。

　　同时，我阿克苏之行的实际目的也达到了。拉伊·拉尔·辛格将要穿越天山的外围山脉，一直到喀什噶尔以北的天山山口进行勘测，这些测绘工作需要当地官方的支持。通过潘大人我获得了这种帮助。回印度之前，我这位勘测师对这次独立工作的机会无比珍惜。他做这种勘测工作已经有整整二十四年了，足迹遍及了整个亚洲，从阿拉伯沙漠到蒙古，但这么多年的艰苦工作丝毫没有减弱其对勘测工作的执着和热衷。

　　同样，诚实的蒋师爷也值得我格外关照一下。凭着与潘大人多年的交情，我替蒋师爷谋得一个官职。从踏入新疆那一天开始，蒋师爷已经在这里待了25年，他一直都想求得一官半职，但至今还没有实现。于是，一张记载了蒋师爷前期表现及其为我所办之事的详细报表就此拟定，并将送至乌鲁木齐府台或总督，供其审批。这份报告以我的名义起草，以获得官方认可而结束。作为一个"外人"，尤其是一个外国人，我对这份报告能否批准不抱太大的希望。但是，潘大人对蒋师爷的报告评价很高，甚至费尽心力地亲自为这封信润色。他同时答应在报告下盖上他的大印，用他专用的信封，把信送到"吏部"高官那里。蒋师爷也因此踌躇满志，他现在终于有希望能有朝一日步入官场，虽然他没有钱在北京买个官做。几个星期以来，有关蒋师爷与新疆"内政机关"

## 第十七章　从阿克苏到莎车

(Civil Service)(蒋师爷对这种机构可是了解得一清二楚)的过节及其他逸闻不胫而走,越传越厉害,蒋师爷的成绩和弱点被越来越多的人知道了。

我不想离开潘大人。因此,我也虚伪地说,当他成为乌鲁木齐府台的时候,我会再来造访。我无法预料到还有什么样的官运财气等着潘大人,但是,就我而言,我能期望实现我的愿望吗?

送走了拉尔·辛格之后,我沿着托什干河谷(Taushkan Darya)上行,托什干河是阿克苏河最主要的水源。在经过了三个愉快的行程之后,穿越接连不断的绿洲耕作地带,5月8号我抵达了风光秀丽的乌什小城(Uch-Turfan)。在这里,我们见到了很多柯尔克孜人,他们都来自天山山谷里的牧场(图17-4)。天山山脉在伊塞克湖(Issik-kul Lake)附近就是中俄边界。在乌什,可以通过必达尔山口(Bedel Pass)穿越天山,这个山口自古以来就是连接塔里木盆地和天山北麓中亚其他地区的重要通道。在这里,我欣喜地考察了玄奘所踏足过的最后一块圣地,这种机会是前所未有的。同时,在短暂的停留中,我对柯尔克孜人进行了人类学人体测量。柯尔克孜人是当今塔里木盆地,尤其是塔里木盆地西北部,人口种族构成中非常重要的部分。

从乌什开始,我们向南穿越了风景秀丽的荒山,我还没有对这里勘测,就很快到达了默默无闻的柯坪(Kelpin)绿洲。在乌什山谷的时候,我曾隐约听人说,在晴天的时候,

图 17-4 在伊拉楚（Ilachu）曼古斯伯克毛毡帐篷前的柯尔克孜人

可以看见山里远处有一座神秘的小镇，但当人们去寻找它的时候，它又不见了。在5月11日，我们沿着一个坦荡而干旱的山谷，行进了35英里，到达柯尔克孜伯克曼古斯（图17-5）的营地，进入了如阿尔卑斯山一样清凉的山谷，我发现了上面传说的来源。山谷南面的山峰高耸入云，参差交错，不禁让人想起阿尔卑斯山提洛尔的多洛米蒂（Dolomites of the Tyrol）山峰。这座山峰虽然没有银装素裹之秀美，但它仍超出了喀拉西尔为山谷（Kaka-shilwe）13 000 英尺，挺拔的绝顶和陡然下落的石墙确实与残破的碉堡和烽火台无比相似。

柯尔克孜人称这些山峰为喀卡亚德（Kaka-jade），并对它

## 第十七章　从阿克苏到莎车

图 17-5　乌什牧场来的柯尔克孜人

们充满了迷信般的敬畏。他们告诉我，在这些山峰之间有巨龙盘扎，不时吐出云朵和火焰，以显龙威。这与很多地方人们的传说很相似，这不禁让我想起早期中国圣僧所讲的故事，他们说在帕米尔高原及兴都库什山口那里居住着龙。我费尽心机，从机敏的赶驼人哈桑·阿洪口中套出在那座山的南坡有一个石像，我对此非常感兴趣。

越过了海拔约 9 000 英尺的赛克孜汗山口（Saghiz-kan Pass），幸亏是让柯尔克孜矮种马为我们驮行李，因为这种马适合走山路。我们在山口南面的夏依特卡克（Shait-kak）安营扎寨，可以从岩石槽里找到水。5 月 13 日，我离开营地，在曼古斯的引导下,继续寻找石像。这是一次令人愉快的旅行,虽然路很难走,恐怕只有柯尔克孜马才能在一天内走完这样的路程。远处矗立的群峰之下是大片平地,经过这片平地时,我这才意识到山峰的奇特魅力,明白了为什么在古老的传说里,拥有奇珍异宝的邪恶国王把魔法城堡建在那里。

最后,骑马走了17英里后,我们抵达了恰尔阔依德(Chal-koide)的柯尔克孜牧场。恰尔阔依德恰好位于喀卡亚德东边的陡壁之下,乌什的汉族人又把喀卡亚德镇称作"藏王之城"。令我惊讶的是,小岩墩上有个规则的伊斯兰教圣墓的粗糙石墙,里面赫然放着传闻中的石像。它是一块长柱形的厚石,约3英尺高,其上粗糙地刻着一个手持弯剑的男性形象浮雕。浮雕非常粗糙,无法估测其年代,但显然历史很久远。浮雕边上的花岗岩上刻着一个微缩的佛塔,所以无论这个石像所想要表现什么,可以肯定这个浮雕能追溯到佛教盛行的时期。

最使我惊奇的是在石像的周围,我发现了正统伊斯兰教圣坛上常见许愿祭品——马头骨、野山羊角和系在长杆上的旗幡碎布。很明显,无论这种崇拜怎样使乌什毛拉们深感愤慨,并且大声抗议,传统祭拜习惯仍持续到了现在。在伊斯兰教盛行的地区,我从没在其他地方见到过早期宗教习俗遗迹如此完好地流传至今,并被几代柯尔克孜牧人膜拜。石雕像表现古代某位被称作喀孜阿塔(Kaz-ata)英雄的妻子,虔诚的信徒在山顶就可以看到石像。这两者之间的联系清楚表

## 第十七章 从阿克苏到莎车

明,这个保存至今的神秘圣坛植根于对某些奇特自然现象的崇拜,这种崇拜在远古和现今的民间传说和印度传说中都很常见,历史上佛教的传播也常凭此借题发挥。

傍晚回程途中,在萨尔拜勒山口(Sar-bel Pass)下,柯尔克孜人在毡包中用牛奶款待我们,上千只羊和羊羔喜悦地归营。很难明白,它们到底在哪儿找到充足的牧草,因为这些狭窄高原之上的山峰存雪极少,坚守住在山里的少数柯尔克孜牧人经常缺水。在这里和贫瘠的外缘山地,我发现都很干燥。

这些山中很少有泉水,所有的旅程完全依靠天然蓄水池或喀克(Kaks)中的存水,我对这个现象很感兴趣。在匈奴人越过哈密南部北山(Pei-shan)的高岭进攻敦煌丝绸之路时,我想那时的北山就和这条山脉现在的状况相似,而现在的北山已经完全断水了。其实,柯尔克孜人也进行着与匈奴人类似的活动,人们仍然记得,在天山山谷通往阿克苏和喀什噶尔的大路上,柯尔克孜人曾抢劫路人。现在如果清政府放松控制的话,这种抢劫仍很有可能死灰复燃。

往下走,通往柯坪的路线穿越了狭隘粗犷的峡谷(图17-6),现在只要是在雨后,这些五彩斑斓的峡谷里才有水流过。峡谷地层扭曲成奇怪的形状,自然力把地层深深地切开,露出沙石和片麻岩。我多么渴望能懂得更多的地理知识,以便对这些奇异的地质地理现象进行解释。开阔的柯坪山谷与天山最低的外围山脉相连,在柯坪我发现了一小群依靠泉水

269

河西探险

图 17-6　柯坪北部库鲁木博古孜河（Korum-boguz River）谷口
注释：照片中是曼古斯伯克和他的矮马。

## 第十七章 从阿克苏到莎车

生存的小村落,这些泉水从贫瘠多石的山谷中流出,流向北面的山脉。绿洲离交通主干道如此之远,以至于所有的人口都倾巢出动来看"费朗"(Firang)。

在这个绿洲短暂的停顿中,我认识到,不管这里的耕地是多么集中,可用来灌溉的水也不能满足人口迅速增长的需求。但是,柯坪人仍不愿意离开这里,就算是水资源富裕的阿克苏,柯坪人也只是作为临时的劳工,进行季节性的耕作。他们总是渴求找到另外的水源,给我们带路的老伯克抱怨说,他们不能像那些有能力的统治者,开山凿石,把托什干河水引过来。难道是去麦加朝圣的人告诉了老伯克的这些话?在去麦加途中,朝圣者会路过位于马拉根德(Malakand)之下的斯瓦特运河(Swat Canal),斯瓦特运河给白沙瓦谷地的部分地区带来了水源,使荒芜了几个世纪的土地变成了耕地。

在现存的可耕地边缘,我仔细考察了古老聚落遗迹。但仅从这些遗迹中根本无法推断出柯坪过去的耕地范围有多大。极其凑巧的是,从寻宝者那儿打探出来的消息,却使得我追寻到了标志古代定居点的大面积瓦砾堆。这个残破的废墟位于完全的沙漠地带之中,在干旱的柯坪外围山峦和喀什噶尔河下游之间。现在这个季节,天气酷热,很难携带饮水,我被迫把骆驼都留在了阿克苏,因而进一步增加了这次考察的难度。向导带领我们走了40英里,来到这个古代建筑遗址,结果发现由于严重的风蚀,遗址已经不存在进行考古发掘的

河西探险

价值。

　　这个建筑遗迹被确认为是一个古城堡，四周被塔提地带包围，地表有很多坚硬的陶片、钱币及其他类别的小东西。为数众多的考古学证据表明，这片地区虽然现在人迹罕至，饱受流沙及风蚀之患，但是从汉代至8世纪，它一直是人烟稠密的定居地。在某些地方仍隐约可以观察到人工渠道遗迹，这些渠道把喀什噶尔河河水引过去，渠道南部更远的地方也已经慢慢干涸。同时，通过一系列废弃的烽火台遗址，我也确认了古代官方大路路线，完全可以看出当年大路的走向。

　　在这里，困扰着考古学家奇特的陷阱也值得提一提。在遗址里，我发现了18、19世纪的铜币和银币，城堡的废弃年代因此变得十分晚近，对此我的惊讶不言而喻。不过，好在抵达大路旁边图木舒克村时，这个谜团就被揭开了。年老的喀热勒巴什（Karaul-bashi），即本地治安负责人，讲述了军阀阿古柏1876年曾在亚依德（Yaide）与其他武装进行过战斗。亚依德离这条大路约东北两站地的路程，许多战败的亡命之徒妄图经由沙漠逃走，但是都极其悲惨地死于八月的烈日和干渴。后来，柯坪寻宝人到沙漠里，寻找这些人遗留的钱财和珍宝，并埋葬了他们的尸体。这仅是我之所以见到那些银币的原因，假设一位未来的考古学家，比方说公元3000年以后，会怎样来判断我在这个古城废墟里所拣到的近现代钱币呢？

## 第十七章　从阿克苏到莎车

　　图木舒克村附近有一些残破不堪的佛教寺庙遗址群，考古学家曾来这里考察，伯希和对它们进行了系统的考古挖掘。距离这些寺庙很远且大路以北的地方对我有着强烈的吸引力。古代喀什噶尔河附近的耕地比现在多，在沙漠深处我发现了人工渠道和河流末端河床及熟悉的干枯胡杨林。我多么想趁这几个星期的冬天时光，沿着老路线返回克什米尔啊！但是，若我现在从位于图木舒克村和巴楚之间喀什噶尔末端的小绿洲出发，向北而行，那么在这个季节是不可能在途中进行长时间的测绘勘察。

　　在这一段长途骑行中，我头顶酷热，日行30—40英里，穿越了荒芜的干草原和红柳林。一路上，我有机会进行了有趣的地形考察，在这个从没人勘测过的沙漠地带发现了一系列平行的低矮山脉，这些山脉地质上与图木舒克村和巴楚周围突兀起伏的小山明显相连，向东南延伸，一直到塔克拉玛干沙漠之中。

　　尽管在这个时节酷热、烈日、干渴严重困扰着工作，但我对其之专注却未减丝毫。然而，我还有许多事情需要处理，必须返回和田。从巴楚到喀什噶尔和莎车的路很顺畅，考虑到以后五天的新疆旅行不会再有什么有趣的事情，我花了两天时间，才说服了自己离开巴楚。我盼望能再次见到马继业（麦卡特尼）夫妇，感谢他在这两年里为我提供的帮助，虽然我们相隔很远。我知道，马继业夫人马上就要回英国了，她还要随身带着孩子，可以想象她要多么细心地做各种各样的

河西探险

准备工作。

　　同样，我也花不起兜圈子到喀什噶尔的时间，因此我选择了回莎车最直接的路线。由于要用平板仪做测量，我们不得不在烈日下旅行。在长达 130 英里的旅途中，我们分五次快速行军走完了全程，身体倒也没有少遭罪。通过细致的观测，我取得了不少成果，使我了解了影响沿叶尔羌河地区灌溉的自然条件，这也是这些绿洲中耕种地区外部条件不稳定的原因。我有这样的感受：同塔里木盆地的其他地区一样，只要这儿有一个像旁遮普或埃及那样的灌溉系统，这里就会流出一股金水。

　　在莎车，我极其荣幸地再次见到了瑞典医疗队（Swedish Medical Mission）的罗杰特（Raquette）夫妇，于是，我不得不在莎车多停留几天，但最主要的目的是卖掉从于田带来的骆驼。在这两年的沙漠探险中，这些忠实的同伴与我朝夕相处，现在要和骆驼分手了，我还真有点舍不得。但是，我不能骑骆驼穿越山脉，返回印度，而莎车恰好是南北贸易的聚集之地，在这儿能卖个好价钱。自从我们在冬天成功穿越了塔克拉玛干沙漠之后，这些骆驼的好名声传遍了商旅队沿线，人们都知道我这些骆驼在沙漠里所经历的艰难险阻，知道它们即使一连几个星期无粮无水也可继续前进。

　　因此，当我要卖骆驼的消息一传开，商人们就为得到它们而四处打听。虽然它们的毛在春天被哈桑·阿洪剪短了，另外离开阿克苏的旅程让它们多处脱毛，骨瘦如柴，原

第十七章 从阿克苏到莎车

来威武雄壮的神采全都消失了,但它们的状态仍然良好(图17-7)。随着去往印度和俄罗斯交通繁忙季节的临近,深信我并不急于出售骆驼的商人在开了个低价以后,都开始一气往上抬价了。

最终,当出价大大高出我的预算之后,我怀着隐隐的心痛,把我忠实的骆驼伙伴卖给了一个阿富汗商人。他付给我51两白银,每峰骆驼大约合130卢比,这比原价高出了70%,这下印度政府可要感谢我了。在最后几天,我的骆驼一直享受着一捆捆又香又干的紫花苜蓿以及我所住的其尼巴格花园周围树木的嫩叶。现在,在离别的盛宴上,它们获得了我亲

图 17-7 告别我从克里雅带来的骆驼

自喂给它们的一大条面包,而它们吃面包时的渴望之态,就和我在沙漠中喂它们时一样。在离开我后,它们是否有希望再回到它们原来主人的身边,就如同我常常希望能和这些骆驼再次旅行一样,这些想法常常萦绕在我的脑海中。

# 第十八章 和田的准备工作

## 河西探险

从莎车出发经过一次短暂行程之后，6月9日，我到达和田。为了避开酷热，我们主要在晚上行进。途中，刮起一阵阵的沙暴，不过觉得挺有意思。半路上，在和田境内皮亚勒玛（Pialma）偶然遇到了萨提普·阿勒迪伯克（Satip-aldi Beg），一位强壮的柯尔克孜部落的首领，这个部落位于喀拉喀什河上游。我还和他详细商谈了9月计划从喀喇昆仑山到拉达克这一路所需协助的运输问题。

在和田，我在纳尔巴格（Nar-bagh）安顿下来，这里是我最喜欢的花园。不过，与上次相比，这回倒没费什么周折就住了下来，因为大毛拉——这房子的所有者——在我1906年住在这里之后就去世了，那些巨大的郊区别墅和它们的附属设施也被几个继承人瓜分了。那高耸的中央塔楼堪称夏日里的理想住所，也落到了一个可怕的寡妇手上。我可怜的阿富汗阿克萨喀勒[①]和忠实的听差——巴德鲁丁汗，也不得不在忍受她那尖酸刻薄的口齿之后，才能进去清理那间蚕室，从前尼亚孜哈克木伯克（Niaz Hakim Beg，阿古柏手下著名的酋长）曾在这间房子居住。可那寡妇却以为那儿适合养蚕！老阿洪伯克再次见到我，非常热情。可他的房子，即便我已经事先让他腾出家里所有的空间来，也还不够我完成接下来工作所需的空间。

放在泉水中不计其数的箱子很快就和用马车从喀什噶尔运来的古物放在了一起。从1906年7月以后，这些古物一直

---

[①] 阿克萨喀勒（Ak-sakal），即长老。

第十八章　和田的准备工作

由马继业先生照看。随着这些古物一起运来的还有很多用来包装的锡片，找遍了新疆所有的市场，马继业先生才为我买到了这么多锡片。接下来就是六个星期的艰苦工作，整日埋头于分类、包装我这次考古所得到的古物。

在这段时间，冒着炎热，我就在我住的院子里整理和包装这些古物（图18-1）。不过，有些乌斯塔[①]悠闲地干着手中的活计，几十个劳工锯开干木，然后做成用来放方瓶的木箱。但是，把古物放进用锡片包好的箱子中的工作全部都得

图18-1　工匠在纳尔巴格的庭院制作包装和运输文物的箱子

---

① 乌斯塔（Ustads），即师傅、工匠。

由我亲手来做。把粘成条状的棉花作为隔板，来加固从米兰和其他一些地方运来的壁画，然后用芦苇层再把这些壁画进一步加固，这一下就耗费了我几周的时间。所幸我的劳累没有白费，这些古物，包括由易碎材料制成的古物，在以后长达 8 000 英里的路途上，曾经被骆驼、牦牛或马驮着翻山越岭，而后又用马车、火车或是蒸汽船装运，最终安全运到了英国。不过，在这酷热的季节，日复一日、不分昼夜辛苦地工作，令人非常疲倦。只有在黄昏，我才能沿着村子北向的道路，或骑着马，或步行，来稍微让自己放松一下。

3 月底，我曾委派刚从策勒回来的奈克·拉姆·辛格去执行一项额外的任务，主要是在米兰拍几张照片。我到和田很长时间以后，他才结束了东面漫长的考察回到和田，可他的双眼失明了。自从分开以后，我便一直没有关于他的消息。让人吃惊的是，他确实回来了，但那个强壮结实的能工巧匠这时却已经变成既可怜又无助的盲人。他走的时候还好好的，但自从他和我最有效率且最有经验的随从伊布拉音伯克去了一趟若羌后，却害上了要命的头疼病。以前，根本没什么迹象显示他会失去视力。不过，即使是实践经验丰富的医生，也难以发现这种病的前期症状。

起先一只眼睛已出现问题，但是凭着过人的固执和毅力——这也是他们的民族特点之一，奈克·拉姆·辛格还是坚持着工作。离开营地后他按照我的指示又去了沙漠中的米兰遗址群——一个叫人痛苦难堪的地方。正当他在那里依照

## 第十八章 和田的准备工作

伊布拉音伯克的指引,清理更大的寺庙遗址,以便为进行摄影工作做准备时,他的另一个眼睛也瞎掉了,这一可怕的灾难并没有让他泄气。相反,他坚持着在米兰小溪旁一直等待了好几天,盼着能取得一点工作上的进展,或是找到一个新的工作机会,可失明在这些天里一点也没有好转。又过了一星期后,在若羌他最后还是决定返回和我会合。在接下来从车尔臣沿着相对较为凉爽的山路去克里雅河的一路上,伊布拉音伯克在他身后,一直尽最大努力来照顾他。

或许,我应该重点提一下奈克·拉姆·辛格作为锡克人的一个重要特点。尽管他双目失明,他仍然坚持要求自己独立做饭,以免触犯了身份制度的规定,即使在做饭的时候,总是着火或是有其他的麻烦事发生。

这是个值得同情的故事,每每想到这个可怜的人所承受的痛苦,我也就不免感到心疼。他总是以莫大的勇气忍受着痛苦,盼望着有朝一日能够完全康复。而每次当我为他做哪怕是一点点安慰他的事,他总免不了表达他那无尽的感激之情。我无法了解他害的到底是什么病,但我更希望他能早日得到专业的检查治疗。所以,在忙完了对第一个在和田定居的印度人——一个以厨师为幌子的高利贷者——的有关调查之后,我马上把奈克·拉姆·辛格用中式马车送到了莎车。为了沿途尽可能让他舒服一点,我还专门请了人来照顾他。在莎车,瑞典医疗队的拉奎特(Raquette)牧师先生确诊这种病无法医治,只可能减轻拉姆的头疼程度。三周后，当我收到拉奎特对奈克·拉姆·辛格的病情无能为力的确诊消息时，我真的心痛极了。还好，拉奎特先生答应给我有关这种病症的特点和病原资料，这多少还是让我感到了一丝安慰。

诊断情况表面，就算是奈克·拉姆·辛格没有进行这次米兰遗址群考察，他的情况也不见得会比现在好些。除非及时做手术，否则没有别的办法可以挽救他的视力。但前提是，必须有人有机会发现这种病的先期征兆，而这种病的征兆就算是高明的医生也极其容易忽视。

这段经历剩下的部分在此简单说一下。在拉奎特先生的建议和帮助下——他在整件事情中都非常热心——我安排把这可怜的病人送到拉达克去，只要经过喀喇昆仑山的路一通行，就送他回印度。一切沿途所需，包括让他能够安全舒适的用品都准备得非常充分。我们还委派了非常可靠的杜得伯克（Daud Beg）——奈克所熟识并喜欢的一个和田小官吏随行。此外，还安排了两个印度商人，到了莎车后，杜得伯克会委托他们照顾病人。幸亏这一路的周密安排，不幸的奈克一路上平安无事。在好好休整之后，D. G. 奥里沃（D. G. Oliver）上尉——英国联席特派员把他安全地送到了克什米尔。

我在斯利那加教会医院（Srinagar Mission Hospital）的老朋友 A. 内弗（A. Neve）医生，最终还是证实了在莎车所做的诊断。作为外科医生，A. 内弗医生的名声早已传遍了整个西

## 第十八章 和田的准备工作

北喜马拉雅山地区。可怜的拉姆·辛格只好被他的兄弟带到了旁遮普当地一个靠近费罗兹普尔（Firozpur）的村庄。直到12月，当我路过拉合尔的时候，他才来见了我一面。我注意到他那严重的精神萎靡的征兆，这让整个见面也变得更加悲伤。奈克那较为丰裕的积蓄——他的工作报酬以他日常工作的五倍计算——也由我转交给了军团高层加以保存。访问加尔各答期间，我四处奔走，要求有关当局对我这位忠实的伙伴予以特殊照顾。几个月后，终于传来了让我感到如释重负的好消息：印度总督慷慨地拨发一笔足以满足他和他家人所需的特殊救济金。可惜他没有从中享受多少，就于1909年末去世了。不过，这倒也让他摆脱了困扰他甚久的痛苦——不管是生理上的，还是心理上的。然而，即使在他死后，这笔政府颁发的救济金仍然作为对他的遗孀和独子的抚恤金而保留了下来，这真是一个值得称道的高尚举动。

可以想象在和田艰苦的工作与付出的焦虑和努力，让我很疲惫和紧张。没人能分担我的重负。不过，幸好有蒋师爷在我身边，和我分担照顾可怜的拉姆·辛格，也够让人感到欣慰的了。他自己也为他学术上的工作一天到晚忙个不停（图18-2），即准备编撰一份"藏经洞"部分中文写本文书目录，对发现的古汉文文书进行阐释并把它们摹写下来。

除了这些包装和运输文物的活儿之外，我还必须花上大量的精力，去准备前往玉龙喀什河源头的探险，为此我已经准备了很久了。我先前在喀让古塔格山的探险已经让我相信，

图 18-2 蒋师爷在纳尔巴格解读中文简牍
注释：我忠诚的秘书刚从短暂的疾病发作中康复。

要到达玉龙喀什河河源不能借道走那条狭窄而深远的峡谷，因为河水一到峡谷，就转向西流，道路根本无法通过。所以，对于这次新的尝试，我早已决定从东面出发，因为还从来没有探险家去与青藏高原相连的西北端考察过。因此，我计划沿着昆仑山那部分没有勘察的山坡，前往喀拉喀什峡谷的最高处，正是那里的冰川水养育了玉龙喀什河。在那片荒凉地区，恶劣的天气和极其贫瘠的土地成为旅途最主要的障碍。所以，为这最后一次的探险活动所做的准备中，运输与补给需要特别重视。

仅仅是运输问题就已经让人困苦不堪了。可以肯定的是，这次探险无法在四十天内完成，这其中包括从普鲁（Polur）出发到达喀拉喀什峡谷的最高处这段行程，前者是昆仑山脚下最后的人类居住地，在喀拉喀什峡谷最高处，柯尔克孜人萨提普·阿勒迪伯克可能会为我们准备一个补给点，以备我

## 第十八章 和田的准备工作

们到来。路上，不可能仅仅依靠我们携带的给养来维持人畜之用，也不能依赖放牧来养活负重的牲口，包括马和驴，这两样动物是在高山探险中唯一可以使用的动物。可是，在这样的山区，它们不可能背负它们四十天所需的草料。所以，除了那七匹我们的坐骑和十匹运输货物所用的马以外，我们还需要相同数量的牲口用于运送粮草，以作补充。而那些运送粮草的牲畜们也得用其他牲畜身上背着的草料来养活。这样计算下去，有关数据也就不断地膨胀变大，直到它们像噩梦一样压迫在头上，我方才罢休。

唯一的解决办法看来也就只有制订计划，途中让那些身上物资已经用尽了的牲畜分批放生，以期它们能够在没有粮草的条件下，自己找到回家的路。在这样恶劣的山区探险，我们必将面对巨大的损失，在这种情况下，吃苦耐劳的毛驴就显得更加适合这种旅程，只不过需要一定数量的人来看护它们。所以，我决定用驴运送主要的货物。这里，有不少和田的喀拉喀什人，他们通常以出租马匹和毛驴给商人为生，可他们也害怕进入陌生的山区。尽管有来自衙门的压力，以及连我都觉得太高的租金，要买到够多够强壮的毛驴还真不是笔好做的生意。我非常关心如何保证牲口的安全，因为只有它们才能保证行程顺利，然而在拿到了几乎高出牲畜本身价格的租金之后，毛驴的主人竟然对它们的生死漠不关心——只要他们能把这些牲畜甩给我的话。

这种安排运输的工作极其烦琐，几乎让我夜不能寐，我

河西探险

比以往任何时候都感激我的老朋友巴德鲁丁汗——阿富汗长老——以他毕生的从商经验所给予我的帮助（图18-3）。一连几个星期，他和他的儿子以及随从们，为了我的需要随叫随到，一直就待在纳尔巴格的住所。他是如何照看自己的生意的，又是如何让他年仅13岁的儿子来负责他的账务和通信的（在这个家庭中只有这孩子认字），对于我来说倒是一个谜。确实，在过去通过他的儿子，他给我发送了长长的信件，让我了解到这位阅历丰富的毛拉在探险队从敦煌到莎车的路途中，他是如何尽心尽力的。同样，他帮助我处理了从这次探险一开始就头痛不已的支出账务。

图18-3　和田的印度人长老巴德鲁丁汗及其儿子、仆人

## 第十八章　和田的准备工作

各种事情逼得我都快发狂了，只有7月22日这天，我那精力充沛的测量员拉尔·辛格的到来，才真正让我感到了一丝欣慰。在分开了将近三个月后，我们俩终于会合了。经纬仪损坏了一条水平线，看来无法在短期内修复，我本来打算从阿克苏到喀什噶尔途中进行的三角测量工作只好被迫放弃。不过，拉尔·辛格运用平板测量仪，并成功完成了沿着天山山脉北上直到喀什噶尔分水岭的勘察。后来，他又沿着一条和已经勘察过地区不同的路线去了和田皮山。在测绘勘察的同时，他还对喀拉喀什峡谷和祁连山之间的昆仑山北坡最后一块无名无姓的高原处女地绘制了一幅地图。自从离开阿克苏以来，我们的路上就只穿越了一块绿洲，也就是在莎车以北的阿巴德那个地方。核对测绘资料，让我困惑的是，尽管我们俩起点一致，而且我所走过的路程加起来也已经超过了350英里，但我的平板测量仪所显示的阿巴德位置和拉尔·辛格用平板测量仪所显示位置的东西相差了差不多有1英里，南北也有两英里的误差。正当这时，我在莎车时的随从穆罕默德因为从阿博达尔没有能够回到家，也来到了那儿。他倒是时刻准备着再次凭着他对普鲁和喀拉喀什峡谷的深刻了解为我提供服务。

一周后文物包装工作最终完成了，我真正可以挤出一天相对平静的时间，去和田的首府约特干告别。一年一度的对埋藏在肥沃冲击层下的"文化地层"的淘金活动又开始了。我去了百户长家（图18–4），天气虽炎热，可我又从当地村民

河西探险

图 18-4　胡达白勒迪（Khuda-berdi）百户长与约特干的种田人
注释：胡达白勒迪坐在最左边，他腰带上的数字便于在人体测量名单中参考使用。

手中获得了一批奇特的赤土陶器以及其他 1906 年后才出土的文物。除此之外，我还获得了典型的和田头像。这里的大片土地已经变成了农田，古物也几近被寻宝人挖净。现在我要和这充满着乡村魅力的和田告别，和果园中农家刚出壳的幼雏们告别，和巨大古树下幽雅的清真寺告别（图 18-5）。

8月1日，我终于可以护送用了 50 多峰骆驼才能够驮运的沉重的珍贵文物前往桑株（Sanju）。在那里，驼队和文物交由提拉巴依和一个倍受巴德鲁丁汗信赖的商人监护并运往印度。至此，我所需要做的就只是等待夏天洪水退去，以便安排探险队能够安全渡河，前往喀拉喀什河谷高处的素盖提

第十八章 和田的准备工作

图 18-5 去往乌什路上阿克亚尔的农村清真寺

## 河西探险

（Suget）。我希望能在9月底到达那里，然后开始期待已久的穿越喀喇昆仑山的探险考察。

又忙了两天后，我前往东南方向山区的时候到了，蒋师爷的工作也结束了，巴德鲁丁汗坚持要陪我走完第一段路程，其他和田朋友在玉龙喀什河岸上为我送行。此时，夏日的洪水仍未退去，要渡过最宽的两处河段，只有坐船才行。就算人和牲口由经验丰富、技术娴熟的苏其[①]（图18-6）摆渡，要带着行李过河也不是一点风险都没有。我亲爱的老阿洪伯克与我依依不舍地惜别，他一直留在身后为我们的安全祈祷，当颠簸的渡船送我们渡过玉龙喀什河主河床的时候，我还能看见他站在河岸上那笔直的身影。花了几个小时，才把三船行李和牲畜运到对岸合适的地方。

穿过玉龙喀什河与山普拉村（Sampula）之间肥沃的绿洲土地，我们来到阔塔孜兰干（Kotaz Langar），那天夜晚就在满是光滑鹅卵石的戈壁滩度过。次日早晨送往山区的行李和卸下了牲畜的车子先走了，我留下来与巴德鲁丁汗商谈最终的账目，并与我忠实的秘书和助手蒋师爷道别。这真是一次伤心的离别，蒋师爷在其他场合总是显得快活健谈，这回他和我一样悲伤不已。唯一让我感到安慰的是，在马继业的热心帮助下，我帮他获得了一次升迁的机会，让他当上了英国

---

① 苏其（Suchis），即水手。

## 第十八章 和田的准备工作

图 18-6 把行李从小船卸到玉龙喀什河的右岸

驻喀什噶尔领事馆的中国"门士"[①]，但仅此就足以报答这忠诚而又能干的蒋师爷吗？我心中还是有些忐忑，况且，这是蒋师爷本应该得到的。就连小狗达什也感觉到了此刻的感动，以异乎寻常的感情与他的中国朋友拥抱在一起。老实的巴德鲁丁汗也一样，在我们离开时，他满眼含着泪水。然后，我们骑着马向昆仑山出发了。阳光下，沙漠戈壁地面闪烁着强反光并蒸腾起热浪，远处地面上犹如有一道闪闪发光的帷幕，一下子就把我和我所钟爱的和田绿洲就这样分开了。

---

① 门士（Munshi），即一种中国雇员从事的工作。

河西探险

图 18-7　约特干的如克奴丁麻扎清真寺

＃ 第十九章 普鲁峡谷和扎依里克峡谷

河西探险

经过五个行程艰难的长途跋涉，我远离了沙漠绿洲——和田，到达一个名叫普鲁的山村，这是从西藏到外面世界最西边的一条路径。此刻，我们正沿着一条斜线，顺着昆仑山主脉北侧延伸下来的斜坡向上攀登。每经过一天的攀登，晚上气温就变得越来越凉爽，倍感舒适。

8月5日，我们到达第一个山麓绿洲——阿萨（Hasha）。阿萨山谷虽然狭窄，但很长，冰川给水的河流就在这个绿洲流出山口。阿萨和恰哈（Chakar）和奴拉（Nura）一样，都没能充分地利用可以利用的水源。穆罕默德·玉素普伯克（Muhammad Yusuf Beg）是1906年从尼亚（Niya）转来这里任职的，他说，自从1878年清朝官方恢复在这里的管理后，根据官方所做的统计，本地的人口已经翻了九倍。在奴拉之下阿萨附近陡峭的河床之间一个叫亚尔霍托（Yarkhoto）的地方，我发现了一个小古城废墟，古城的具体年代无法确定，但肯定是本地佛教盛行时期建造的，早期可耕地遗迹的特征基本表明了年代情况。在废墟旁边是一处悬崖，站在这里可以一览南边雪山壮丽的景观。

在这些被称作伊玛目拉尔（Imamlar）的绿洲，我参观了一座掩映在绿荫中的清真寺，这座朝圣之地在整个塔里木盆地都很有名，信徒们都认为四位传说中的伊玛目[①]就在这里为

---

[①] 伊玛目（Imam），即早期伊斯兰教勇敢的先知，在和田地区深为人们所敬仰。

## 第十九章　普鲁峡谷和扎依里克峡谷

伊斯兰教传播而死去，我在想我们是否应该去追溯佛教圣地的起源。现在，我们正在海拔7 300英尺、最低气温华氏37度的地方，头上是一片晴空，让人心旷神怡，精神百倍。翻过高高的颇麻孜（Pomaz）山嘴并饱览了一番美景后，我们到达了普鲁，在山谷深处安营扎寨。

3月，我就已经向于田按办提出请求，想得到他的支持。在按办大人的关照下，穆罕默德·玉素普伯克做了充分的安排，使这个大村子成了我们最好的给养供应基地。面粉、草料和十二只羊的羊肉都已准备好，运送这些物资到青藏高原的交通工具也已准备好。我很清楚一登上普鲁，我们将会遇到很多困难，所以我希望尽可能减轻运输的负担。我唯一的遗憾是，我一心想获取的牦牛还不习惯运送这些行李，通过了一条狭长的乡间小道之后，牦牛驮运的行李就转由毛驴来驮运了，这成了我唯一的遗憾。后来，我发现由于缺乏牧草，牦牛似乎没有什么用处。

所有这些安排花费了很多时间和精力，处理了复杂的账目，经由和田发送出最后一个邮包，对塔格里克人（Taghliks）进行了人类学测量（这些塔格里克人与平原地带的人差异很大），等之后，我们在8月12日早上出发。所有普鲁人都集合一起来欢送我们。自从福赛斯使团（Forsyth Mission）的博物学家们1873年第一次横越之后，已经有许多欧洲探险家经由这条路到达西藏，但这条路线仍充满了新奇，我承认，跟诚实的邮差吐尔地分别的场面给我留下的印象最深，他要最

河西探险

后一次再为我把邮包送往和田。我想起在圣诞节前夜,他在罗布沙漠深处找到了我,还回忆起我在南山脚给他送行,以后几个月他都在奔波劳累,为我传送邮包。不管什么时候,他的脸上都没有一丝埋怨的神情,而是任劳任怨,兢兢业业。

当穿越普鲁之上的狭窄峡谷,向昆仑山主脉北侧的高原进发时,困难就出现了(图19–1)。经过三天艰苦的行程,到达了汗兰干(Khan Langar),它的海拔超过13 000英尺,从冰雪覆盖的山顶流下来的普鲁河流经此地(图19–2)。从普鲁村到这里,途中小道弯弯曲曲,大部分地方都是狭窄山谷中的巨砾,路程总计长达21英里。对人来说,行程已经十分困

图 19–1　在普鲁峡谷中从喀尔亚格迪(Kar-yagdi)上方向东瞭望
注释:峡谷之后的山峰位于冰川之上,海拔高达20 080英尺。

## 第十九章　普鲁峡谷和扎依里克峡谷

图 19-2　探险队先头人马从汗兰干附近的普鲁峡谷出发
注释：拉伊·巴哈杜尔·拉尔·辛格站在中间，我那匹矮马"巴达赫什"站在我左边。

## 河西探险

难,运输给养和行李变得更加不容易。我们一次又一次地穿越灰白色的水流湍急的河流,这给毛驴造成了不少困难,在下午早些时候,峡谷源头的冰川融化,这时毛驴举步维艰,根本无法涉水而过。

前面的路越来越糟糕,路上不是盘桓在光滑巨砾中的小道,就是在陡峭的岩石坡上,人和动物根本无法到达谷底。多亏按办大人的关照,普鲁的首领们已带人把最难走的地方整修了一下,并得到了二十个山里人的帮助,来照看运送行李的牲畜。陡峭的页岩山坡上突出的柱状山石非常危险,经过这里时所有的货物都得卸下来,换由人把货物搬过这个危险地带。据普鲁人说,1898年,迪西上尉(Captain Deasy)经过这里时,死了不少马匹,装银子的皮箱连骡子一起掉进了山谷,甚至还有人员的伤亡。虽然我们翻越这里时,也遇到了不少困难,但毕竟安全地过去了,与迪西上尉相比,我是该舒一口气了。

8月15日,我们沿着宽大贫瘠的山谷攀登,两边是板岩和砂岩构成的峭壁,与先前经过的峡谷截然不同(图19-3)。然后,经过一条小道,穿过分水岭,爬上了海拔16500英尺的开阔高地。我和拉尔·辛格登上一座陡峭的山峰,站在这里,美丽的景色尽收眼底,身后是高耸的群山,玉龙喀什河两侧是壮丽的雪山,这是一幅多么宏伟壮观的景色啊!但是,我却无法把它照下来,因为从北面吹来夹着雪的强风已使手指麻木。毫无疑问,这肯定是从沙漠吹来的冷风,但因高达

## 第十九章 普鲁峡谷和扎依里克峡谷

图 19-3 从南面看萨日克库拉木（Sarik-koram）附近普鲁峡谷中的通道

21 000 英尺的山脉做屏障，狂风卷起来的沙尘没能到达这里，所有这里的景色仍非常清晰。

沿着砾石斜坡走了约 10 英里，到了一个小湖群，湖水清澈见底，我们在这里安顿下来，但冰冷的寒风依旧刮个不停。从周围的地貌来看，可以断定这里是一个干涸湖泊的湖底，这个湖泊原来应比东面现在的赛格孜库勒（Seghiz-köl）盆地要大许多。与疏勒河终端典型的地貌特征一样，我在这里也发现了风蚀的黏土山脊和风蚀崖堤，但这里山脊和崖堤的高度很低，大都不超过 10 英尺，风蚀崖堤基本呈东西走向，其海拔接近 15 000 英尺。

河西探险

那天晚上，毛驴大都没有跟上我们，最低温度降到华氏20度。第二天清晨，艳阳高照，风已经停下，令我倍感高兴。湖边长着微黄色的稗草，大概就是克里雅猎人所说的萨日克奥特①。午前，累得筋疲力尽的毛驴三三两两地赶上了我们，它们或是在草地上悠闲地吃着草，或是躺在地上，伸伸腿，这时正午的温度上升已达华氏130度。这不愧是个动物短暂休息的好地方，也可作为我们在玉龙喀什海拔最高峡谷里探险的基地。

1897年，迪西上尉在这里（普鲁至拉达克路线的一部分）做了认真的三角测量。根据他的测量结果，玉龙喀什河的源头的最东边应在赛格孜库勒正南。正因为这个原因，在8月16日一向积极主动的拉尔·辛格动身沿着这个方向去勘探，参阅迪西上尉所测量过的地方，他开始对那里进行一次新的三角测量。根据我在1900年和1906年在喀让古塔格山勘测的经验，我不知道我们能否真的翻越陡峭险峻的大峡谷。考虑到给养和运输工具的状况，现在若是一步走错，那将是满盘皆输，导致整个探险计划的失败。

幸运再次降临到我身上，就在这时我们找到了一个人，他愿意充当我们的向导。其实，在沉默寡言和狡猾的普鲁山民中，我一直在寻找一个向导，但始终没能如愿。拉尔·辛格在勘探时，恰巧碰到了几个克里雅人正在打猎，我迅速派

---

① 萨日克奥特（Sarigh-ot），这些猎人常独来独往，来这里打猎。

## 第十九章　普鲁峡谷和扎依里克峡谷

出了尼亚孜·阿洪（Niaz Akhun，这个精力充沛的达罗噶，从和田出发就一直跟着我），让他到他们在赛格孜库勒附近的营地，把他们领过来。第二天早上，尼亚孜·阿洪回来了，把那些猎人全都带了过来，包括帕萨（Pasa）和他四个衣衫褴褛的同伴。帕萨经验丰富，足智多谋，看上去有点像藏族人（图 19-4）。经过询问，帕萨说，在玉龙喀什一个叫扎依里克（Zailik）的侧面山谷有几个小金矿，至今仍有一些克里雅人在那里淘金，距离此地有两站地的路程。我告诉他，我不想走赛格孜库勒南面的那条路，而想走另一条路去玉龙喀什河的源头最东端，他说他知道一条路线，途中可以环绕整个玉龙喀什河的源头。

以前，顽固的普鲁人假装不知道有这些金矿，不久以后，帕萨也受到了这些人的感

图 19-4　帕萨是克里雅野牦牛猎人和我们的向导

染，学会了撒谎，以至于当我们在普鲁高处的峡谷中找到了废弃的金矿时，这些顽固的普鲁人仍然否认这个地区有依然在开工的金矿。但是，那已经太晚了，尤其是因为帕萨说谎一点儿也不在行，在丰厚回报的诱惑之下，他也不想撒谎了。经过我耐心的劝说，他终于指出了一条从西北通向玉龙喀什河峡谷最高处的路线。我解散了大部分普鲁人和毛驴，把眼下不需要的给养以及大部分毛驴留了下来，作为补给站。伊布拉希姆伯克（Ibrahim Beg）和那些不很积极的搬运工，将把留下来的东西运到乌鲁克库勒湖（Ulugh-köl），那里正好处在去拉达克的路上，离我们现在所在的地方西南一站地的路程，还能找到牧草。然后，他们将在那里等着我们归来。

8月18日，在帕萨的引导下，带着经过精简的行李，我们开始西行。爬上西北部一个宽阔荒凉的盆地，穿过一个海拔16 200英尺，相对容易攀登的山口，终于在第二天晚上到达了陡峭的扎依里克峡谷，所有的普鲁人对这个峡谷都讳莫如深。片麻岩河床之上是悬崖峭壁，就在这个悬崖峭壁之上，我们发现了大量的金矿，很显然，人们在这里已经淘金很多年了。现在，仍有大约五十个淘金工在这里淘金，对他们来说，我们的到来成了十分传奇的事件。对我们来说，这个岩石环绕的狭长峡谷也是一个绝佳之地，这里海拔14 500英尺，俯瞰山谷，在人几乎无法到达的地方，蜂巢一般的淘金坑遍地都是（图19–5）。

这里气候极其寒冷，人们的生活就像奴隶一样，真无法

## 第十九章　普鲁峡谷和扎依里克峡谷

图 19-5　扎依里克峡谷砾岩峭壁上废弃的淘金坑

想象这种艰辛的工作可以追溯到多久以前。在扎依里克山谷到玉龙喀什山谷十二三英里的地面上，几乎每一块小平地上都有坟墓，从满眼都是废弃的金矿坑可以看出有多少人死在了这里。在清政府统治时期和阿古柏时代，当人们被迫去淘金时，正是气候最恶劣的时候，他们所承受的痛苦和不幸是常人无法想象的。在世界上所有开金矿的地区，这个位于昆仑山北部山谷的自然条件最为恶劣，给人一种赖德·哈格德[①]

---

[①]　赖德·哈格德（Rider Haggard，1856—1925），英国小说家，以撰写非洲的冒险故事而闻名。

河西探险

的氛围。

　　发现这个幽暗的峡谷对我们有重大作用。我们在现在仍使用的淘金矿的中心地带附近的一块草地上扎下营地，这里海拔 13 600 英尺。离开营地，沿着凶险的路径，我和拉尔·辛格向玉龙喀什河峡谷前进（图 19-6）。随后几天，我们攀上了一个又一个的昆仑山北面的山嘴。我们建立了观测点，可以一览山脉的轮廓，这里平均海拔在 20 000 多英尺。我们用了经纬仪、平板仪和照相机，对周围地区进行观察和测量，观测到了东面还未曾勘测过的玉龙喀什河源头的大部分地方，那里山区的环境极端恶劣。在南边 60 英里以外，山谷两侧是

图 19-6　从扎依里克河入口处眺望玉龙喀什河峡谷

## 第十九章　普鲁峡谷和扎依里克峡谷

皑皑的雪峰，海拔超过 23 000 英尺，比我在昆仑山其他地方看到的冰川都更为壮观。

幸运的是，在西南方向的山峰中，我们认出一些山峰，早在四十多年以前，在拉达克北面的青藏高原曾经对这些山峰进行了三角测量，所以现在我能确定所在的位置。更加庆幸的是，一阵雪下过之后，西面慕士塔格雪峰仍然被云层笼罩，那座山峰为我们这次的喀让古塔格山考察提供了一个地界标志。

沿着山脊，我们爬上了扎伊里克，眼前特别开阔，它给我留下的印象比我以前见到的任何景色留给我的印象都要深刻。极目远望，看见了昆仑山两大山系之间壮丽的雪峰和险峻的峡谷，玉龙喀什河就流经那里，一个振奋人心的念头掠过脑海，眼前这辽阔的山区都还是未开发的土地！还从没有过谁像我这样享受这里的美景，在猎人和矿工中有谁能够爬上如此高、寒风终年不停、寸草不生的高峰？这是一片广阔的田地，要把这如此广阔、如此险恶的地区勘测完需要多少个月，甚至多少年！我们在各个测量点做了长时间的测量工作，使用了经纬仪、平面测量仪、相机等测量工具，凛冽的寒风吹个不停，把我们握测量工具的手都给冻麻木了。

我雇用可怜的矿工，来帮我们拿仪器（图 19-7）。在拍照时，我需一个人蹲伏在相机架的下面，握住相机，以免晃动，但由于寒风吹个不停，即使在响晴薄日，这个人必须每十分钟左右和人轮换一次，让他那冻僵的手暖和暖和。但是，

图 19-7 在扎依里克矿场雇的搬运工

我给他们的报酬很丰厚，对这些矿工来说，这些费用远比在黑黑的洞穴里可怜地劳动要强得多。最后，我赢得了他们的信任，获取了有关下面山地金矿的信息，他们还说出了一条难走的路，通过这条路可以从甘株河（Genju River）源头穿过主脉而到达玉龙喀什河，我一直以来都猜测有这么一条路。然而，我们已经没有足够的时间和给养往山谷下面走，况且山下仍旧洪水泛滥，根本无法通过。

只有在夏季，人们才可以到达扎依里克的金矿。这些金矿现在大部分已经闲置，按办委托的承包人费尽周折，每年收集起来的金子总计也就300盎司。矿工与承包人签字画押，

## 第十九章　普鲁峡谷和扎依里克峡谷

矿工实质上沦为承包人的奴隶，承包人供给他们吃穿以及其他生活必需品。幸运的是，我们从这些矿工中雇了八九个搬运工，如果没有他们，在那样困难的条件下，我们根本无法搬运这些必需的行李和仪器。我的向导帕萨也是一位牦牛猎手，他说前往玉龙喀什河源头的冰川所走的路只有人和驴行得通。所以，我把行李减到了最小量，把十头驴无法驮运的东西用马驮回乌鲁克库勒湖补给站。

# 第二十章 前往玉龙喀什河的冰川源头

河西探险

8月25日，沿着两边危岩矗立的山谷，我们向南出发，从17 700英尺高的山口处穿过了在扎依里克和玉龙喀什河之间的大峡谷，前往显然曾是古代冰床的崎岖隘口。在帕萨所说的夏勒干达坂（Shalgan Dawan）上面的山脊上，我又一次得以欣赏美妙的景观（图20-1）。在这里以及上方的狭窄山谷中，被侵蚀的岩石非常引人注目。在山口下1 000英尺的地方我们露了营。第二天，我们在一条冰川作用形成的布满巨石的峡谷中，爬过了最艰难的一段下坡路。在稍宽一些的峡谷较低处，我注意到了古代冰碛，尽管上面山脊上的雪床已所剩无几。在快到峡谷与玉龙喀什河山间小路交会的地方，我们惊奇地发现有一处地方铺满了折断的树枝，这暗示着扎依

图20-1　从海拔约17 700英尺的夏勒干达坂南望雪山

第二十章　前往玉龙喀什河的冰川源头

里克的矿工们为了烧木炭曾修整过这里。

在海拔略高于 13 000 英尺处，看玉龙喀什河峡谷，它所呈现出的地貌给人异常荒凉的感觉。灰白色的冰川融水在百码宽的河床上流淌着，两岸是光秃秃的红、黄沙石悬崖，下面还有碎石斜坡（图 20-2）。我们模糊的足迹在这片死寂的碎石斜坡绵延了约 2 英里长，而后不得不落入河床中，以绕开一堵巨大的突出来的岩石墙。在它的后面，我们忽然发现自己是在帕萨说的曼达尔库勒（Mandar-kol）的源头。

我们在那里露营过夜，前面的大峡谷有一道大弯，几乎无法通行。第二天，我们只得爬到东边一座很高的隘口顶上。山口大约有 17 000 英尺高，而运气这回又光顾了我们。帕萨

图 20-2　从哈斯普河（Hasib chap）的出口俯瞰玉龙喀什河峡谷

所说的路线恰好经过一座荒凉的山峰，作为一个观察点真是太完美了（图20-3）。因此，在8月28日，我们离开了古冰川脚下布满苔藓的小山谷中的营地，登上了顶峰，我们的工夫算是没有白费，看见了一片绚烂的景色，后来通过三角测量，得出它的实际高度是18 612英尺。有一两个小时，浓云笼罩着南边积雪覆盖的山脊，但到中午时，雾终于消散了，随后一片真正壮丽的景观展现在眼前。

一片冰雪覆盖的群山，也就是玉龙喀什河最东部的源头，在东南方完全显露出来了（图20-4）。不过，南面和西南面大量美丽的冰川才是更壮观的，而且不是那么遥不可及，在这个不错的位于塔尔库勒（Tar-kol）上方的观察点，我竭尽所能地用相机和大量的笔记记录下了许多有趣的山岳特征，但这里不是讨论它们的地方。不过，有一个惊人的自然现象值得一提，在我们后边朝南大山嘴的斜坡上，雪线明明是在19 500英尺，而在我们前面北边的斜坡上，雪线下降到了大约17 500英尺。

在8月29日的旅途中，我们翻过了一列连绵的低矮支脉。在它们的斜坡上，遍布着牦牛的足迹，这些足迹在天黑时把我们带进了图格塔什（Tüge-tash）小山谷。在那个海拔15 000英尺的地方，我们度过了雨雪交加的一夜。所幸，第二天我们终于如意以偿，到了帕萨所说的可进一步前进的玉龙喀什河峡谷。在图格塔什河两岸，是由板岩构成的侵蚀严重的岩面墙，我们最后到达的玉龙喀什河右岸位于2 000多英尺的高处（图20-5）。

## 第二十章 前往玉龙喀什河的冰川源头

图 20-3 在塔尔库勒山口之下的营地远望昆仑山主脉

注释：它位于玉龙喀什河峡谷之南，宿营地的海拔约为 16 000 英尺。

图 20-4 西南望昆仑山主脉，自塔尔库勒山口之上的三角测量点瞭望

图 20-5　从西面看赛格孜布扬（Saghiz-buyan）之下的扎依里克峡谷

## 第二十章　前往玉龙喀什河的冰川源头

现在，我们距离那列绵延至青藏高原巨大分水岭北麓的大冰川已经不远了。但是，我们在海拔大约 14 000 英尺的高度，连上方海拔 15 000 英尺陡峭山脊的拱壁间突出来的一角也看不见。在图格塔什河源头往上约两英里，碎石遍布的宽阔河床提供了易行的捷径，这也是历经艰苦攀爬的毛驴求之不得的。而后，碰到一个崎岖的山岬，迫使我们涉水到了河的右岸。幸运的是，河现在分成了两支，宽分别是 40 码和 20 码，再加上越发阴冷的天气阻碍了冰川融化，水深不超过两英尺。过了河我们就沿着河边的冰川融水汇成的河流冲积而成的斜坡上，向上继续前进了几英里。在一个地方，我观察到了一片横跨半英里的古代冰碛，亚格里克萨依（Yagheliksai）冰川一定曾经坐落在这里。

一天当中，对这些吃苦耐劳的毛驴来说，相对悠闲的时刻真是太少了，这趟旅途中最困难的工作还在前面呢。这一夜又时有雨雪侵袭，起床之后我们就出发了，向上走了不到一英里半，就到了河水突然转向东北方的转折点。这里有一条冰川河，河水来自我们曾在图尔库勒顶峰清楚地见过的三座冰川，水量略逊于东边来的主流。河水穿过巨石，波浪大得很。有一个多小时，我们在漩涡与瀑布中徒劳地寻找一处地点，以期安全过河。然而，那天的冰融还没开始呢！最后，分派了人手到对岸方便的巨石旁，再加上绳子，我们终于使毛驴安全渡过了 30 码宽、三四英尺深的汹涌冰河。大部分行李尽管由人来背，但还是浸了水，所幸仪器没有受到任何

河西探险

损坏。

在一阵暴雪的短短间歇中，被冻得快麻木的人和牲畜得以取一会儿暖。这时，我们不得不开始登一个又窄又陡的岬角，它的峭壁在两条峡谷间突耸了出来。我从没搞懂那些毛驴自己那么轻，又驮了行李，它们是怎么爬上这500英尺的高度的（图20–6）。而后，我们发现自己是在一条以45度角延伸到河流主干的峡谷顶上。像阶梯似的板岩岩礁，虽说它很光滑，更适合我们下去，但对牲口来说太窄，弯曲度也太大了。所以，它们只能被用绳顺下去，到达填着碎石的峡谷中心，碎岩片也随着它们像雪崩一样滚了下来，几头可怜的毛驴失去平衡，摔了几个跟头，可它们竟然没严重受伤，这真是奇迹。

下来之后，我们还有最困难的路要面对。河上游的水汹涌奔来，在这儿穿过曲折的底部不过60—80码宽的河床，颜色变成了浅绿（图20–7）。河流石岸的岩石墙一般无法通过，一条可走的路线是由以前的牦牛探出的。事实上，除了像帕萨这样经过训练的人偶尔跟着，从曼达库勒开始，这些牦牛的足迹就起了为人们带路的作用。这条路宽不足1英尺，在心惊胆战的毛驴通过以前，我们必须在岩面上清理这条路线。险峻的斜坡铺满了大石块，看上去像是从上边山脊上因地震或山崩滚下来的，相当危险。我们花了足足六个小时，方才整理出这条大峡谷前方两英里的路。

经过一条小瀑布后，道路虽然还是十分陡峭，但已不那

## 第二十章 前往玉龙喀什河的冰川源头

图 20-6 毛驴自玉龙喀什河源头的山嘴沿岩石通道下行

河西探险

图 20-7　从海拔约 15 000 英尺的山地俯瞰玉龙喀什河源头的山谷

## 第二十章　前往玉龙喀什河的冰川源头

么危险了。与我们所在的小峡谷相对，有一连串墙壁一样的山嘴和深深的陷坑，我们前面是碎石堆积而成的山脊。爬上山脊时，上万的褶皱山嘴呈现出各种稀奇古怪的形状，像塔、城墙等。风化作用在天山同样为乌什山崖上的唐王城创造出了惊人的悬饰，我把酷似阔纳沙尔（Kone-shahr）的风化山岩指给扎依里克人看，可他们立刻想到我们是来寻宝的。他们怎么能这样，怀疑我来到这片禁忌山区真的是为了寻宝吗？

终于，我们爬到了碎石坡上，从营地到此4英里半的路程让我们辛苦了九个小时。很快我就确认我们正在穿越的就是巨大的冰碛末端。它曾是从一个1 000英尺高的大山嘴上滑下来的一大块冰，现在埋在碎石下。之后，我们又经过了位于大冰碛一侧不到1英里的依然尚存的冰川末端，非常庆幸这片浸湿了的地面很好通过。我们现在已经到达了海拔约15 000英尺的地方，空气明显地更加稀薄了。

在沉沉的乌云下，雨雪一整天下个不停，终于挨到天黑了。不过，这倒使如画般的壮观景色更动人了。积雪掠过平缓斜坡，而南边的山峰和冰川也在银装素裹中突出来。在暮色中，玉龙喀什冰川穿凿出的峡谷隐隐地探出了险峻的山岩。大概我们已经把那个阴暗的迷宫般的深谷出口抛在后面了，而后又进入了被冰覆盖的绵绵山脊中的贫瘠低地，那是西藏的边缘。最后，在一条切过冰川斜面的狭窄山谷中，我们找到了一个栖息的地方，在篝火旁让我们疲劳冰凉的四肢休息一下，心里甚感愉快。

河西探险

第二天清晨，也就是9月1日，天空晴朗，我们继续向东北方前进。走了不到4英里，我们就欣喜地发现驮着帐篷和急需供给物资的马匹按照先前的安排，已从乌鲁克库勒湖补给站安全到达了，它们在帕萨一位同伴的带领下，在河左岸的山坡上吃草。我们在那个海拔15 600英尺的地方停下来，让人和毛驴在阳光下难得地休息了一天。我们现在已从圆形剧场似的冰峰中走了出来，下行到玉龙喀什河主干交汇的高海拔盆地。从地理学和山岳学角度看，这是个很有趣的地方。有大量证据表明，在距今相对较近的一段时期，冰川曾占据了这座现在为冰土覆盖的高原和散布冰盖的巨石区，并向下扩展过很大一部分。这使我想起那些沙漠中的古代遗迹，这些冰川的扩张与衰退一定影响了它们的命运。

9月2日，我轻松地爬上一条被命名为拉尔·辛格（Lal Singh）的山脊，向西北方向出发。在山顶约海拔17 400英尺处，被大地板块再造出的全景呈现了出来，景色清晰而广阔，可以看到西南和南边一系列连绵的雪峰在远方绵延了60多英里。我非常高兴地看到了在先前观察点见到的老友们（图20-8）。一尘不染的三角形雪峰高达23 000英尺，还不知道那些冰川叫什么名字，这更让我兴奋。南面覆盖着冰块的山嘴真是壮观极了，近处可见的冰川给向南方最上游延伸的盆地镶了一圈亮边。那些冰川应该处于20英里远的巨大冰川上，河水从最深处流出积雪山丘后，只是偶尔才穿出云雾，露一露面。

## 第二十章　前往玉龙喀什河的冰川源头

要描述昆仑山深处这片壮丽的景象简直是不可能的，连照片也无法完整地表现。但是，我应该提一提那些我所看到的，隔开我们和乌拉库勒低地东北方光秃秃的山脊上挺拔耸立的尖针似的山峰。它们组成了昆仑山主脉的北部，克里雅河和尼雅河流经那里。在那些山谷之间，透过淡黄的薄雾，我望见了干燥的山间盆地。

真不忍心离开这绵绵群山，更不忍心就此停下勘察玉龙喀什河源头的进一步努力。不过，我现在已成功找到了河流的源头，也大致搞清了为什么不竭的冰源可以提供给和田河夏日汹涌的洪水，以及几个月不断地穿越干旱沙漠的水流。从伊布拉音伯克那里传来供给站仍有足够给养的消息，一切都证明从出发探寻河源开始，我们没有浪费一天。

9月3日，我们向乌鲁克库勒湖进发。穿过满是旧冰川遗迹的砾石高地，渡过年轻的玉龙喀什河，其河床在此急转向南而去，而后轻松地穿过四分五裂的古格如格冰川最末端的碎石床，到达了一条海拔不到16 000英尺的绿草覆盖的鞍状山脊，这时我们还没意识到玉龙喀什河早就被抛在后边了（图20–9、图20–10）。那天晚上，我们到达乌鲁克库勒湖最南边的补给站，又一次在典型的青藏高原上露营。在我们走过崎岖的雪山世界后，这里显得平坦而温驯。

河西探险

图 20-8　玉龙喀什河源头冰川周围的昆仑山雪景全貌 [ 这张照片是在海拔 17 400 英尺的山脊上鸟瞰在库鲁木鲁克萨依（kurumluk Sai）之上的玉龙喀什河源头地区拍摄的 ]

注释：上图的范围是从东北部（左）延伸到东部（右），下图的范围是从东南部（左）延伸到西部（右）。关于这部分一般特征的描述请参见第 320 页。图中每个部位的标注仅是大概方位。A、B、C、D 标注的四至中，下图与上图是重叠的。上图的景观是从被雪覆盖的山峦（E，它把玉龙喀什河源头和赛格孜库勒盆地分成

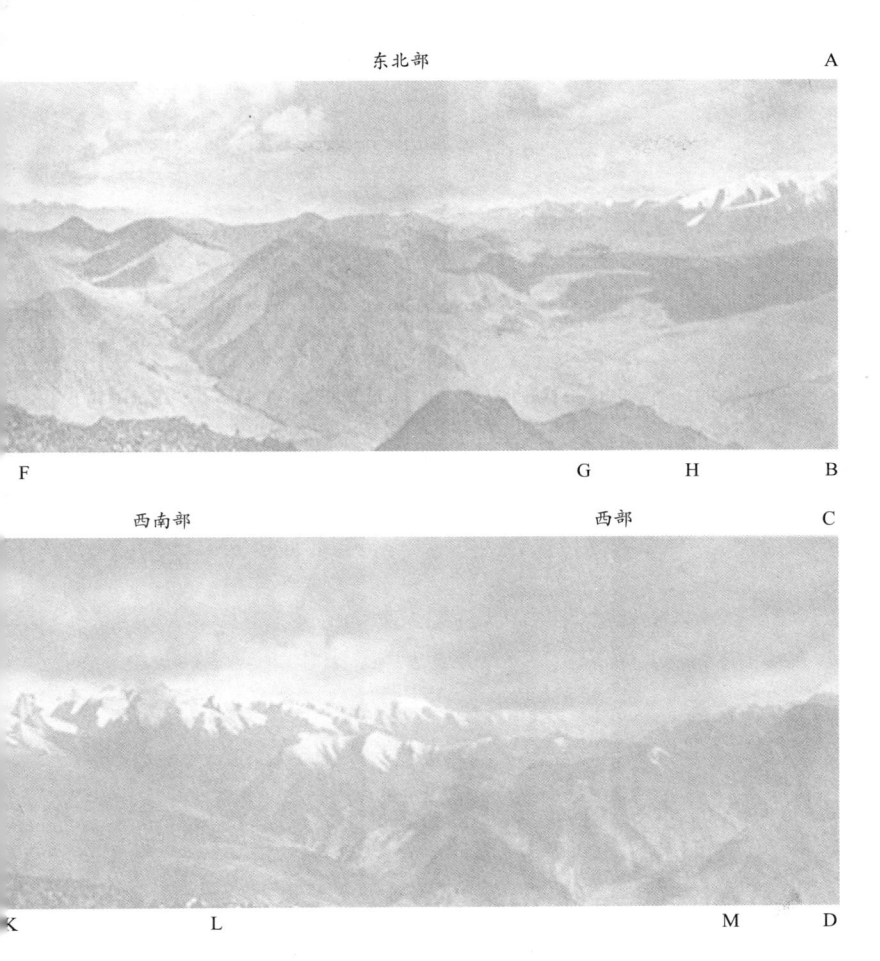

## 第二十章　前往玉龙喀什河的冰川源头

东北部　　　　　　　　　　　　　　　　　　　　　　　　　　　　　　A

F　　　　　　　　　　　　　　　　　　G　　　　H　　　　　　　　B
西南部　　　　　　　　　　　　　　　　西部　　　　　　　　　　　　C

K　　　　L　　　　　　　　　　　　　　　　　　　M　　　　　　　D

两部分），到克里雅和尼亚之上的北昆仑山系远处的山峰（F），再到玉龙喀什河河床海拔最高的地区（G）和古格如格冰川（H）。下图中，连绵的海拔超过22 000英尺的冰封山系（I）把玉龙喀什河与克里雅河的源头分开；巨大的冰盖（J）占据了昆仑山南部的主题部分，并为玉龙喀什河最东部的源头提供水源；图赛（Tu-sai）和其他大的冰水从莱顿湖（Lake lighten）和玉龙喀什河的高耸的分水岭流下来；幽深陡峭的玉龙喀什河峡谷（L，请参见第315页）；以及我们进行三角测绘的塔尔库勒山口（M，请参见第312页）。

323

河西探险

图20-9 自玉龙喀什河源头的盆地南望昆仑山的雪山

图20-10 位于图格塔什河入口附近的玉龙喀什河右岸的板岩峭壁

# 第二十一章 穿越青藏高原

河西探险

在乌鲁克库勒湖的整个晚上和白天，我都在挑选最合适的毛驴，准备干粮和行李。这些毛驴和我们一起经历了重重困难，表现非常优秀，看到这一切，我对随后的探险活动充满了信心。看上去不太健壮的毛驴被送回了普鲁，因为二十头驴就足以驮运我们的给养。为了照看这些毛驴和给养，我们雇用了五个强壮的克拉喀什人。那些给了我们许多帮助的在扎依里克雇来的矿工将返回，我发给他们丰厚的报酬，让他们带上足够的干粮，只留下了帕萨和他的一个猎人伙伴同行。我从一个即将返回的马夫身上买了一件很好的皮衣，作为礼物送给了帕萨。

9月4日，那些逃过劫难的劳工为我们送行，我们出发了。我知道前面还有各种艰险等着我们，我的目标是先沿着东南方和南方玉龙喀什河上游南侧的雪山行进，到达喀拉喀什河最高的河谷，继而完成对已经确认的昆仑山主脉的勘察（现在已经证实那里就是昆仑山主脉）。为此，我们必须首先沿着普鲁——拉达克路线行进，到达海拔 17 000 英尺的盆地，即克里雅河的发源处。

沿着这条路线，经过五个行程，我们到达了迪西上尉勘察过的地方。所以，我的有关叙述将很简略。第一天，我们绕过一个山嘴，向西绕过一个弯，走上了上面所提到的那条路线，领略了玉龙喀什河上游的部分景色（图 21-1）。当晚，我们遭遇了一场大雪，趁着下雪，狡猾的帕萨带着他的同伴悄悄溜走了。在这些山区考察中，作为一个猎手和"向导"，

## 第二十一章 穿越青藏高原

图 21-1　从乌鲁克库勒湖东部的山口远望玉龙喀什河源头的冰川

他显得很有经验，足智多谋，尽管他一再申明从来没有到过比克里雅河最高点更远的地方。不等拿薪水，他就匆匆地不辞而别，充分证明了他深怀着因半原始的生存状态和流浪生活而形成的对昆仑山原始地带的恐惧，他不想继续跟我在荒凉、严酷的昆仑山腹地考察。但我仍然感谢他曾经作为向导给予我们的帮助，后来我不念他当时擅离职守的过失，通过巴德鲁丁汗把一笔丰厚的报酬送到他在于田附近的家中。

拉尔·辛格和贾斯旺·辛格都曾走过这条路线，所以除不时飘落的雪花外，我们并没有多大的困难，就找到了通向海拔 17 600 英尺的巴巴哈提木山口（Baba Hatim Pass）的道路，从那里可以进入克里雅河。但从山口下来，却遇到了我未曾料想到的困难。之前几天的雨雪已经将陡峭的峡谷变为巨砾和泥沙混杂的深壑，要不然越过峡谷并不困难。花了几个小时才把马牵下去，可怜的毛驴更是等到深夜才被赶过来。即便如此，一半的行李也被留在了峡谷那一面，只有等到第二天再把它们搬运过来。

从这个荒凉萧瑟的地方向南，在海拔 17 200 英尺的盆地行进（两站地的路程），克里雅河就发源于那里大冰川的脚下。冰川所在的山脉与玉龙喀什河源头东端周围的雪山看上去完全一致。在去克里雅河河源的途中，以及以后几天的时间，恶劣的天气严重影响了我们的行程。暴风雪频频袭击着高地和峡谷，留下了满地的雪泥。尽管每次雪下得不大，但很快碎岩斜坡就变成了名副其实的沼泽，马和毛驴很难通过这些沼泽般的斜坡，尤其当它们不仅遭受着高海拔、严寒所带来的痛苦，而且还几乎吃不到任何草料。

在这样的条件下，9 月 7 日，沿着克里雅河源头宽广的盆地继续前行，尽管大多数路段是平地，但走起来非常艰难（图 21-2）。每当暴风雪停下来且阳光普照大地的时候，我总能看到西边色彩绚丽的冰川，它阴影中那醉人的淡蓝色给我带来了无穷的享受。这里，可以观测到许多有趣的地貌特征，比如克里雅河源头那不可逾越的峡谷（玉龙喀什河的源头也是如此）。然而，无论景色如何诱人，都无法让我忘记那晚扎营时的痛苦。牲口精疲力竭，我们不得不在一个长潟湖的岸边停了下来。平地太湿，我们只好在河边狭窄的山脊上扎营。

第二十一章　穿越青藏高原

图 21-2　自西望克里雅河河源盆地的冰川
注释：盆地海拔约为 17 200 英尺。

整个夜晚冰冷的暴风刮个不停，不时地夹杂着雪花。除了有限的燕麦，牲畜其实已没什么可以吃的。次日早上悲惨的事情发生了，一匹马成了这次考察的第一个牺牲品，它已经无法动弹，我只好用一颗卡宾枪子弹了却了它的痛苦。

第二天，我们还是不得不把大部分精力用来解救那些疲乏的牲畜，以免它们在泥泞中跌倒；同时，还必须在不可逾越的沼泽地周围寻找出路。我们承受了这么多折磨，到后来爬上海拔将近 18 000 英尺山嘴时的短暂逗留，也几乎成了一种暂时解脱痛苦的方式，这个山嘴正好横亘在我们的行进路

## 河西探险

线上。奇怪的是,我们已经翻越的克里雅河和莱顿湖之间的分水岭,现在已经看不见了。我们走过山嘴,来到了一个宽广的大峡谷,谷底非常平坦,以至于经验丰富的拉尔·辛格开始也弄错了它往哪个方向倾斜。

最终,泥泞旷野上的河床与另一个轮廓分明的河谷相会,一块沙质高地出现在眼前,我们这才长出了一口气,这里还有野驴吃剩下的一点点可怜的"黄草"(yellow grass)。夜幕降临的时候,我们就地扎了营。对筋疲力尽的牲畜来说,这儿不啻于天堂。倒霉的是,这晚天气极端寒冷,气温降到了华氏 17 度。虽然牲畜吃了草,这严寒仍使得它们痛苦难耐。人相对好一点,我们有卜尔刺①的根,点上篝火来取暖。

9月9日一大早,我们从这里离开前往拉达克的路线,转往西南方,前去莱顿湖。从莱顿湖我们开始对其西边大片的土地进行勘察,在一般的地图中,那个地区被称作阿克赛钦荒漠(Ak-sai-chin Desert)。我们接下来所走的峡谷是一块未命名的土地,不过在过了一整天的长途跋涉后,我发现它也正如我当初预想的那样,最终接入了一个湖泊。

天空晴朗无云,行进也容易多了,只是土地一片荒凉。四天了,牲畜们几乎没吃过什么青草,身体状况越来越令人担忧。所幸,走了 20 英里后,我们遇上了一些零星的"黄草",就在这里,我们第一次看见了波光粼粼的湖面。燃料已

---

① 卜尔刺(Burtze),西藏人这样称呼它。

## 第二十一章 穿越青藏高原

经耗尽,做饭又成了问题。不过,令人感到鼓舞的是,向北我们望见了通向玉龙喀什河源头分水岭那白雪皑皑的高大山峰,西北方还有一座更高的雪山。看着那些雪峰,我暂且忘记了吃不上饭这回事。向远方伸展的湖面,高耸的雪山组成一幅奇特的画卷,给人以一种壮丽而又荒凉的感觉。

由于人们先前只从南岸的一角观测过这个湖,所以我决定绕道去湖的北面。首先,我们穿过一个宽阔的碎石三角洲,这个铺满由峰顶雪水冲击下来的碎石而形成的三角洲如今已经完全干涸了;接着,穿越地势较低的高地,正是这片高地形成了主脉坡度平缓的山嘴的山脚。主湖泊中,淤积的沙子形成了半岛,几乎把以前的湖岸和潟湖分隔开,表明潟湖正在收缩。然而,在这长度超过20英里、平均宽度约为4—5英里的空间里,风景倒也很迷人。从浅绿色到紫色,各种颜色绚丽多彩,湖南岸山脉绵延,虽然不高,但是十分陡峭,满山覆盖着刚下过的白雪,这样的景色为我们提供了极佳的背景图案。测量数据显示,山脉高出湖面约16 100英尺。

接近中午时,我们在一个山谷里路过古老的冰碛,山谷从一个小山嘴延伸而下,虽然有雪,但山嘴清晰可辨。一连串巨大的冰砾表明,湖中半岛最大的一个也是由这些古老冰碛延伸而来的。所以,在地质历史某个时期,冰川一定曾把它的尖岬延伸到了湖内。湖泊以它灿烂的色彩以及无数的水湾吸引着人们,让人看了以后不由得想要畅游一番,不过宽广的水域和湖滨却是一片凄凉。

河西探险

经过了13英里的行程，到了一块宽阔的高地。站在高地之上，北方和西北方展现给我们一片壮丽的美景。在玉龙喀什河和克里雅河源头，巨大的雪峰林立，虽然相隔遥远，但个个看上去都极为壮观。山嘴从雪山延伸下来，湖泊与山嘴相隔12—15英里，看上去坡度很平缓。宽阔的山谷在山嘴间伸展，这与弯曲幽深的山谷形成了鲜明的对比，后者把从北面同一座山脉向玉龙喀什河延伸下来的山嘴分离开来。较高的斜坡上都覆盖着白雪，但看不到任何冰川。总之，从这一侧攀登分水岭并对其进行详细的考察，遇到的自然障碍将会少得多。然而，我们的给养已经所剩不多，牲口已没力气了，我必须抓紧时间进行勘察。

现在，我们必须很快通过喀拉喀什河流域。站在上面提到的高地之上，我们看见了湖泊的西端。在湖泊之外有一片洼地，我们所盼望的西行路线可能就在那里，这再一次给我们增强了信心。下坡来到了一块宽广的山谷，里边有大片大片原生的野草，一群一群的牦牛和野驴在更高的地方吃草。扎营的时候，明亮的阳光让这片风景变得更加鲜艳夺目。在落日温暖的余晖中，看着精疲力竭的牲口在草地上纵情享受，我心中顿时也觉得松快了许多。但是，阳光并没有持续多久。夜幕降临的时候，一阵暴风雪又从山上袭来，横扫了我们的营地。

9月11日，灰色的天空布满了积雪云，我们也开始向西进发，前往湖泊西端。很快，一个陡峭的岩岬在湖岸边拦住

## 第二十一章 穿越青藏高原

了我们的去路,我们不得不沿着山谷向上爬,希望可以找到一条能让牲口攀越的通道。我在山谷西面见到的景象,诱使我们向那里而行,到达湖泊西端,从那里可能抄"捷径",进入湖泊西边的洼地。在下午早些时候,虽然下着雨雪,大雪覆盖着大地,我们也没费多大的劲,来到先前看见的那个鞍状山脊,海拔约有 17 700 英尺高,要是现在行李也运了上来,那就更好了。可那些赶马和毛驴的山民胆怯懦弱,害怕攀越山口,宁愿在后边拖拖拉拉地磨蹭,还编造谎言,欺骗伊布拉音伯克。待到我们回去取行李的时候,天色已晚,已无法穿越山口,不得不又返回山谷,在那里扎营,这就意味着白白浪费了一整天的时间。晚上,狂风刮了一整夜,我们的士气更加低落。

  第二天一早,我们找出了一条通道,可以让负重的牲口翻过湖岸的山脉,那些山脉虽然很低,但很险峻。爬下坡,走了 6 英里后,我们来到一个矮小的山嘴,从这里可以俯视湖泊最西端的一个水湾。一小群一小群的野驴吃着草,它们也很小心,这倒帮它们免受我们来复枪的袭击。刚一走过山嘴,就发现眼前的景色和先前的有很大的不同。我们到了一片宽阔的洼地,南侧是红色小山丘连成的低矮山脉,这些小山丘明显是砂岩,这条山脉向西延伸到远方;洼地北面连着大雪山的山脚,雪山背后就是玉龙喀什河河谷。至此我终于可以确信,我们走的正是预期的路线。没有被频繁光顾的暴风雪和冰冷的寒风所吓倒,队伍在易行的大地上继续前行,来到一个冲积扇，一条条小水沟给碎石冲积扇画上了条条纹理，不过水沟都已经干涸，呈一片凄凉的景象。

这是侧面大山谷的谷口，山谷源头有许多冰川，明显是由玉龙喀什河分水岭永久性冰雪形成的。又走了20英里路之后，我们在一个小土丘旁边停了下来，在这个广阔的碎岩三角洲上，土丘就像是海面上升起的小岛。夜晚月朗星稀，北面雄伟的山脉光彩照人。在大山谷之上，屹立着一座雄伟的雪山，约有23 490英尺高。根据它的双峰和方位，这座雪山就是我们在塔尔库勒上面的观测点观测到的那座雪山。从主脉延伸而下的所有山谷里，大冰川林立。从小土丘上看到的壮观景色给人以一种"准北极"的味道，而四周的荒凉和寂静更让我产生了一种辽远的感觉。但是，我们不能在此进行三角测量，哪怕是耽误一天的行程，我和拉尔·辛格都为此痛惜不已。

9月30日早上，温度计显示气温最低达到了零下17华氏度，天空阴霾，能见度降低了不少。一路上，不断受到狂风和暴风雪的袭击，我们遇到了一座几乎无法辨认的分水岭，分水岭北部是另一个巨大的河床。阳光时断时续，我们有机会再一次从另一边领略已经做过三角测量的几座雪山。行走在赤裸裸的碎石地上，我思量着什么时候阳光可以让这稀薄的空气产生海市蜃楼，让我们看看幻影中蓝色的湖水以及悬浮在空中的土丘。不过，就算这土地能长什么东西，那也只不过是些更加让人沮丧的东西罢了。最后，走过20英里之

## 第二十一章 穿越青藏高原

后,我们来到了一块有溪流又有茁壮草皮的地方,溪流岸边非常适合扎营。驮行李的牲口总是姗姗来迟,这似乎预兆着什么。果然,经过一晚上更加痛苦的折磨后,又有两头毛驴因为无法站起而在我们出发时被射杀了。

那天,我们一直在这宽阔洼地的上游向西行,几近干涸的溪流看上去也在洼地上向下伸展。我们绕着从北面延伸而来低矮山嘴的山脚前行,但由于白雪皑皑的主脉向西北方向来了个大转弯,山峰就消失在视野中。这里和抚育了生命的冰雪之间的距离在扩大,从而解释了三种现象产生的原因:一是土壤的绝对贫瘠——甚至在河道附近也是如此,二是土壤的含水量不断减少,三是动物数量的剧减。西面的景色非常开阔,让人兴奋不已,但我却看不到任何大盐湖的踪迹。60年代早期,印度三角勘测局所进行的勘测,粗略地确定了这个盐水湖在本地区的位置。我觉得,经过过去不懈的努力,它一定就在附近。

顶着灼热的阳光,穿越一个大冲积扇,我们找到了已经完全干涸的河道,这给我们增加了新的困难。在这里,根本没有找到水的可能,尽管枯死的卜尔刺的根表明这里曾经非常靠近水源。于是,我转而走向西北,朝着一条低矮的小山脉前进。在那里,我们碰到了努拉赫河(Nullah)浅浅的河道,可惜也已经干涸了。不过,在河床里却发现了几块长着绿草的地皮,就像塔克拉玛干沙漠那样,我们立即选定一个潮湿的地方打井,大约挖到3英尺深的时候,泉水冒了出来。

终于，在海拔 15 500 英尺的高地上，走了 20 英里后，人和动物至少都有水喝了。寒风猛烈地吹个不停，可燃料又不够，使得夜晚非常冷，可我们的牲口连个避风的地方都没有。第二天一早，又有一匹马一动不动地在我的帐篷后站了整整一晚上之后，无奈地死掉了。

9月15日，离开营地约 4 英里，正当我们穿过一个低矮的鞍状山脊的时候，看到了满地闪着光的盐霜，一直向远方伸出好远，我这才松了一口气。其实，那就是大盐湖的湖床，总长度超过了 16 英里，大部分已经干涸，直到走进了它西边的一部分，我们才发现沿着湖南岸的一个分支里还有些水。接下来，我们不得不绕着极度萎缩了的湖床，向西北出发，路面却比以往任何一次都要糟糕得多，下斜坡地面非常软，双脚陷下去很深。沿着干涸了的湖泊岸边，地面被"肖尔"分割得支离破碎。除了一只跟着我们已经很长时间的兀鹰，看不到其他生命的迹象，很明显，兀鹰跟踪我们也无非就是为了那点死掉牲口的肉罢了。我想着那些无声的伙伴们，它们中的哪一个会成为兀鹰的下一个目标呢？

到了夜晚，在翻越了一座小山之后，我们发现自己身处一个宽广山谷的东边，山谷从主脉雪峰上陡然而下。云层散开了一会儿，我们又一次看到了上次在喀让古塔格山上看到的"覆冰的金字塔"。但是，眼前我们需要在山谷的碎石地上，找到有水流的地方，以便扎营。可惜没找到，前途也因此变得黯淡了许多。抢在行进缓慢的行李队之前，我带着拉

## 第二十一章　穿越青藏高原

尔·辛格先穿过了碎石地，终于碰到了一片长着些许"黄草"的土地。一到那里，我就让那些意志消沉的马夫们动手打井。幸运的是，才挖了 4 英尺，就有水涌了出来。虽然浑浊了点，但也还可以喝。在青藏高原上，一次次重温到那些熟悉的沙漠场景，真叫人觉得奇怪！我放开一些马、驴，让它们去湖边附近一个视距之内的潟湖去喝几口水。不过，水太咸，它们连碰都没碰一下，晚上就又被带回来了。

## 第二十二章 一条古老的山道

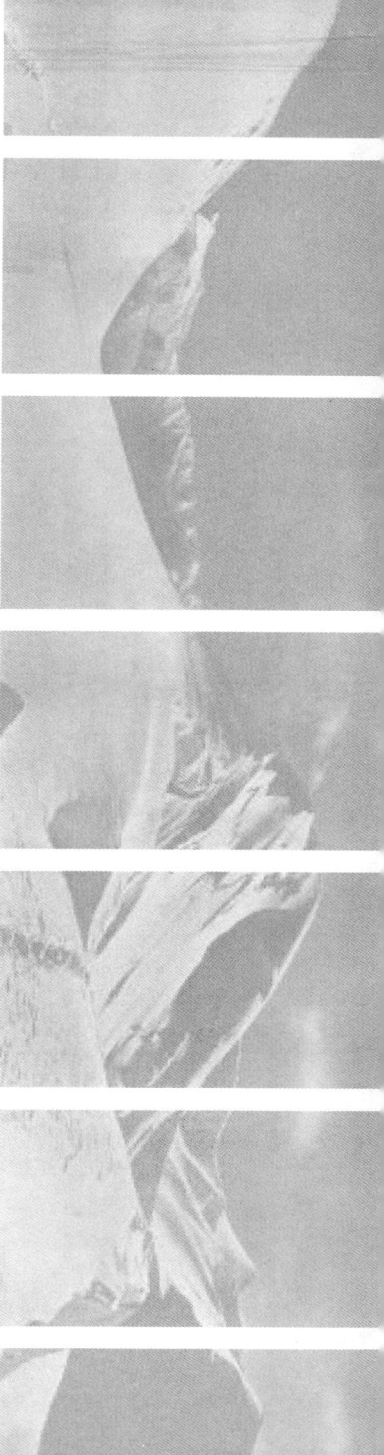

## 河西探险

我们在9月15日所环绕而行的那个盐湖在有关约翰逊（Johnson）探险的草图中也有明确显示，虽然轮廓很不一样。（1865年，约翰逊由拉达克起程，经喀让古塔格山到了和田）。这个发现进一步证实了我原来的行进计划，即向西北方而行，穿越喀拉喀什山谷最高处，直到找到当初约翰逊走过的路线。我们目前处境艰难，牲畜大都筋疲力尽，粮草也几乎耗尽，考察活动还面临着各种危险，我把这种处境告诉了拉尔·辛格。那幅草图是约翰逊在极其艰险的环境中绘制完成的，根据以前的经验，那幅草图的很多细节也是不可靠的，即使我们找到了约翰逊走过的路线（大约还有两站地的路程），但毕竟当初约翰逊是用牦牛走过去的，那么我们那些已经累得筋疲力尽的马和毛驴能吃得消吗？不管怎样，命运的骰子已经掷出去了。

9月16日，攀行了8英里后，登上了西北面一座低矮山脉的鞍状山脊，海拔约16 800英尺，但我们怎么也兴奋不起来。面前是一个巨大盆地，极其贫瘠和荒凉，上面是一个挨一个的马蹄铁形的潟湖，潟湖已经干涸，覆盖了一层盐质。盆地的面积不会少于400平方英里。在这片像青藏高原那样荒凉的盆地里，我们上哪儿去找植被呢？又去哪儿找饮用水呢？盆地之中弥漫着死亡一样的呆滞之感，这里根本没有生命的迹象，连动物尸体或植物生长的任何痕迹都找不到。我突然有种预感，在遥远的将来，当所有水源都已耗尽，山川在极度严酷的气候下崩塌，那时地球表面莫非就像这个盆地

## 第二十二章　一条古老的山道

一样？那就如同月球的表面，没有了生命，没有了希望。

沿着平缓的碎岩坡，穿过完全干涸的河床（河床出口处整整宽 4 英里），我们朝着盆地中心方向攀行。傍晚，带雪的狂风迎面吹来，盐碱地面上根本找不到水，因为在这样的土层上挖井是没有用的，这令大家非常恐惧。趁着天还没黑，我到西边看了看，竟然发现了一个干涸的河床。河床很醒目，更令我惊异的是我们还发现了一条小河，流着可以饮用的水。虽然周围没有植被，哪怕是枯死的植物也好，但毕竟有了水，我不禁松了口气，示意把营地扎在这里。

在这个凄凉之地，最让我伤心的是失去了我那匹巴达赫矮马。从我进入新疆以来，除了我在沙漠考古期间，这匹马一直伴我左右，从来没有丝毫的抱怨之情，即使横穿塔克拉玛干沙漠严重缺水的时候。它总能胜任最艰苦的工作，在无东西可吃的情况下，它竟欣然嚼食着古代的朽木。仅仅是那天早上，它才显出生病的征兆，队里所有的人都绞尽脑汁，但仍一筹莫展。当它被牵进帐篷里的时候，病情已经相当严重了。

我这位忠实的同伴已经陪我度过了二十七个月，在这样一个寒冷的晚上，我竭尽所能，让它更舒服一点，把所能拿来的毛毡和毛毯都给它盖上，把一整瓶波特一世（Port I，这是我准备在紧急状况用的）酒和热水掺和在一起，让它喝下。从上一个营地里，我们带来了一些卜尔刺根，但仅仅能用来烧茶做饭。然而，这一切都无济于事。夜里，队员轮换着照看它，黎明前我去看它的时候，可怜的它正浑身抽搐。当我抚摩着它的时候，它仍然认出了我；我把燕麦递到它嘴边的时候，它挣扎着，还想站立起来。然后，死亡悄然而至。

　　失去了心爱的同伴，我痛心不已。在长期的旅程中，我们相依相伴，患难与共，它匀称的头型如同阿拉伯人的头型，它热爱在野外活动，我是那样地喜欢它。我时常回忆起我们在一起时的幸福时光，如果它还活着，在克什米尔草地我就可以让它品尝一下真正的鲜草和如同阿尔卑斯山野花一样的滋味。但是，天不遂人愿，离目的地近在咫尺之际，它却死在这凄凉的地方。

　　9月17日早上，我们怀着极其悲痛的心情起程了。经过仔细分配，每匹马每天分得4—5磅燕麦，每头毛驴则是这个数量的一半。对牲畜来说，从9月12日以后，路上再也没遇上什么牧草，现在即使每头牲畜吃原来定额的一半，剩下的草料也仅够半日之需。但是，只有等到达喀拉喀什山谷时，我们才有希望找到植被。现在，仅仅依靠约翰逊的草图，无法确定我们的方位，所以我们现在距离喀拉喀什山谷有多远也还无从知晓。队员士气低落，牲畜也筋疲力尽，就连我也感到靠人力对抗大自然的压力确实很难。

　　首先，我们向西北而行，在柔软的地面上行进，间或碰上干涸的潟湖，直到沼泽地越来越多，阻挡了我们的去路，我们被迫取道向北。然后，我们遇到了一个正在遭受风蚀的干枯河床。这条河床挺奇怪，在某种程度上，上面相互独立

## 第二十二章 一条古老的山道

的黏土阶地与疏勒河终端盆地典型的地貌特点相似。这些阶地只有6—10英尺高,清晰展现了湖泊的沉积层理特征,从中可以清楚地看出,这里的风是从西向东刮。就在西部雅丹旁边,有一些碱化水质的大湖泊(图22-1)。

沿着这些沼泽北边绕行的时候,我们遇见了蜿蜒的河床,以前我们就曾经在这样的河床边扎过营,但这条河床里的水几乎不再流动,河水也太咸,无法饮用。接着,我们沿着满是红色碎岩屑的横岭底部向前行进,到达高出沼泽地80—100英尺的高度,古老的湖岸线轮廓清晰可辨;在某些地段,还

图22-1 莱顿湖西南端的景观
注释:莱顿湖的海拔约为16 000英尺。

可以辨认其中的八九个湖泊。当湖水高涨的时候，它极有可能连通了西边的盆地，这个盆地在现存盐碱沼泽地边缘断断续续的山脉以西，仍在我们的视野之内。在这些碎石阶地上行进，我们感到非常忧郁和无聊。没有一丝生命的迹象，我不禁想起了童年时期所读的儒勒·凡尔纳（Jules Verne）小说中描述的一个大型地下湖。前天，在盆地西北角我曾看见一个山谷，我原来满心喜悦地期待着能通过那个山谷到达喀拉喀什河流域，而现在它却好像离我们越来越远了。

最终，我们离开营地10英里后，到达了一个冲积扇，就在雪峰林立的努拉赫河之下，这时正北方向上出现了一个开阔的大山谷。从它宽1.5英里的入口，我们看到了几座雪峰，也许那是一个离主脉很近的山嘴吧。眼前的景象令人鼓舞，我想那也许已经接近了约翰逊草图所标识的黑大爷达坂山口（Kitai diwan Pass，朝向西北），越过那个山口，可以抵达喀拉喀什河的源头之一。但是，约翰逊草图上的某些特征与本地的实际情况不符，日后证实草图中存在诸多的错误。然而，在靠近山谷的入口，出乎意料，我发现了两个小石堆掩埋在粗糙的沙砾和碎石之中，这是离开巴巴哈提木山口后我们所见到的第一个人类活动遗迹，这充分证明了有一条路延伸过来。

半英里以外，在悬崖峭壁的脚下，一行行摆在一大块平整沙地上的石头映入我的眼帘。后来证实，这些石头是一个穆斯林祈祷用的长方形诵经台的一部分，它们也许是用来象征安息之地吧。毫无疑问，我们已经踏上了被遗忘了近四十

## 第二十二章 一条古老的山道

年的那条老路。通过这条路线,在最近一次穆斯林起义之初,和田的首领哈吉·哈比布拉汗(Haji Habibullah)曾试图打通与拉达克以及印度的直接联系,虽然当时喀拉库木(Karakoram)路线在阿古柏的控制中。就在这条路上,1865年这个倒霉统治者的特使带领约翰逊到达和田。哈吉·哈比布拉汗可能曾下令在这条艰难路线的沿途修建防风避寒的住所,正如我在喀让古塔格山附近的兰干所见的那样,他的手下仅仅把粗糙的板坯扔在荒山野岭,就溜之大吉了。

他们把这个象征性的兰干之地选在如此荒凉的地方,说明附近应该有水。因此,经过半英里的行程,我们发现了一条浅浅的小河消失于远方宽阔的碎石地,我并不为此感到惊讶。河边的土壤非常松软,若不是有一行马的头骨引导我们前进,我们将很难跨过这个沼泽。当找到了一条前人所走过的道路时,所有人都为之感到欢欣鼓舞。但是,如我们身后盐碱覆盖的盆地一样,这个山谷依然非常贫瘠,我不得不为晚上宿营的问题而担心。最后,离开堆石4英里,我们看到了第一片死卜尔刺。再往上两英里,发现了侥幸活下来的卜尔刺,考虑到马和毛驴,我们就在这海拔17 500多英尺的地方安营扎寨。再往远处侦察,我发觉我们离第一个侧面山谷的谷口只有1英里之遥,谷口那里有石堆,很明显从那里可以到达约翰逊所说的黑大爷达坂。

整个晚上,西风一直吼叫个不停,寒冷刺骨,快把帐篷给掀翻了。幸运的是,我们有足够的燃料,只是可怜了牲畜,虽

河西探险

图 22-2　1908 年 9 月 16 日营地附近干燥的风蚀湖床的"见证者"
注释：艾再孜（Aziz）站在一个"见证者"上，在另一个"见证者"之后的是骑着马的伊布拉音伯克。此地海拔约为 15 300 英尺。

然有厚厚的皮毛，但它们仍然难以忍受这样的严寒，第二天早上，我被迫又用枪结束了两头毛驴的性命。然后，我们继续前行，进入了西北方的侧面山谷。在谷口处的石堆旁，发现了大量的卜尔刺根，虽然时间已经太久，但是仍然可以用。

与约翰逊草图所标识的相比，前方这个山口与我们的实际距离更近，海拔更低，大约 16 500 英尺（图 22-2）。沿着标识清晰的小路，牲畜不怎么困难就翻越了山口。到了山顶，发现了一个精心修建的保存完好的大圆锥形石堆，这让队里的和田人大为高兴，他们现在确信我们就在帕迪夏赫[①] 大路，

---

① 帕迪夏赫（Pādshah），即帝王。

## 第二十二章 一条古老的山道

只要顺着这条道,就一定能见到人烟。在这样高的地方,石堆、做燃料用的卜尔刺根以及其他遗迹,如马蹄铁,那大约是在 1864—1866 年这条路还在使用时遗留在这儿的,这充分证明这里的气候很干燥。

尽管四十多年来无人涉足此路,但现在路的标识仍很清楚,走在宽阔的碎石斜坡上,往下走令人非常愉快。有人不辞辛劳,每隔几百码就用一堆碎石做记号。是有人多管闲事还是胆怯在作祟?离开山口约 6 英里我们停在了成行的大型板岩旁,像是为西藏敖包做标记一样,石堆里曾有一些栖息的小鸟,它们是在去南方过冬途中,在这里被冻死的吗?

往下走约 3 英里,这个山谷与一个更开阔的山谷相连,坡度平缓地向南延伸,那里有大量野草,那个山谷很可能与我们先前行进过程中所看见的西边那个未被勘察过的盆地连在一起。但是,更让我感兴趣的是,又发现了我们早先在对面山头看见的那个隘口,我希望通过那个隘口,进入喀拉喀什河流域,结果它不是一个山口,而是一个海拔约 16 000 英尺的宽阔平坦的鞍状山脊。越过了隘口,我们继续北行,越过一个隐约可见的分水岭后,出现在我们眼前的是两座平行的山谷,山谷之间被一个陡峭的山脊隔开,山脊向西延伸。在那两座山谷之上,高耸着一座雪山,显然雪山就是昆仑山主脉分水岭的一部分,其后是喀让古塔格山,通过我们眼前的山谷就可以到达喀拉喀什河。因此,这段路程不再折磨本已疲惫不堪的牲畜,我心里的一块石头才落了地。

沿着较近的一个山谷下行，约 1 英里的路程就像到了一个狭窄的平底盆地。在布满碎石的松软的谷底，我们发现横七竖八的野牦牛和野驴蹄印。突然，两个人新近留下的足印映入了我的眼帘，这些柯尔克孜人是来这儿狩猎的，还是来寻找我们的呢？再往下，山谷渐渐变窄，山谷中心是个陡峭的沟壑，沟壑右边是大冰碛的遗迹。花岗岩巨砾高度超过了 100 英尺，赤裸裸地暴露在空气中。

顺着用石堆标识的绕着这些巨砾的小道蜿蜒曲折前行，我们到达了这个山谷与第二个山谷的连接处，那里有一条雪水汇成，水流很快的小河，河边长着少量的植被。就在两座山谷的连接处之下，四周悬崖环绕的地方，我们发现了用石头堆积起来的简陋小屋，这只能是柯尔克孜伯克、老萨提普·阿勒迪曾提到过的根据哈吉·哈比布拉汗穿越喀拉喀什山谷时下的命令而建造的哈吉兰干（Haji Langar）。

历尽磨难之后，正当草料用尽之时，我们安全抵达了这次探险征程的目的地。但是，当我看着身边的马贪婪地享受牧草的时候，虽然牧草很有限，我心中顿生酸楚，因为我勇敢的巴达赫商马已经长眠在高原险恶的盐碱地下。很自然，我们在这儿停留了一夜，所有人都不必再受寒风之苦，心里在为修建兰干来庇护路人的哈吉·帕迪夏赫祈祷。

同样，我也对叛军的首领心怀感激。他运用他那短暂的权力，大费苦心，修建了通向昆仑山主脉的这条我曾在喀让古塔格山尽力搜寻的通道。毫无疑问，16 世纪初的暴君阿

## 第二十二章　一条古老的山道

巴·巴克尔（Aba Bakr）也是通过这条通道，成功逃到拉达克的。几个世纪以来，这条通道被狡猾的山地人用以应付危机，被逃亡者用作通向平安的通路。但是，在哈吉·哈比布拉汗之前，没有一个和田首领试图把它变成与印度通商的路线，这种试图和努力就如同哈吉·哈比布拉汗使用和田最后一次独立所拥有的权力那样短暂，令我感兴趣的是，和田的历史与冰雪覆盖的昆仑山有着什么联系。

9月19日上午，我们沿着山谷下行，希望如果有可能的话，到达阿布都拉贾法尔塔木（Abdul-Ghafur-tam）——喀拉喀什山谷的最高点，那儿有充足的牧草，没准萨提普·阿勒迪伯克带着牦牛和给养，正在那里等着我呢。用石堆标出的老路在荒芜的冲积高地绵延很远，沿着这条老路，走了1英里多，到了这条路与水流湍急的宽阔河流（流向侧面山谷）交会的地方，我注意到有人曾整修过这条道路。一行直直的石堆标记穿过一个巨大的冲积扇，向西北方延伸，朝着一个从主脉上延伸而下山谷的谷口。据此，可知约翰逊所述横跨高峻的喀让古塔格山的英达坂就在那个山谷谷口附近的某个地方，也就是为了找到这个地方我们历经艰险。

继续沿着河岸向下行进，河床逐渐变宽，河床里所有的水都已经消失在碎石之中。最终，经过9英里的跋涉，我们来到河床与喀拉喀什河干流汇合点的对面。在这里，喀拉喀什河穿过了从南面延伸而来的山脉，宽阔的河床足足有整整1英里宽，分成几支浅浅的小河，我心里不禁松了口气。离开哈吉兰干以来，一直没有遇到任何植被，马和毛驴也累了，显得很疲惫。往下走了约 5 英里，河流两边山地的山脚下出现了草地。我们被迫停止前进，很晚的时候，行李队才赶上我们。

傍晚，我派穆罕默德朱骑上最强健的马，沿山谷而下，把我们到来的消息带给在距此不远的阿布都拉贾法尔塔木的柯尔克孜人。然后，再走 80 英里，前往素盖提喀热勒（Suget Karaul），看看提拉巴依率领的护送出土文物的队伍是否已经到达那里。三小时后，营中一阵骚动，萨提普·阿勒迪伯克亲临，令人惊喜。这个守信的老柯尔克孜人带着牦牛和手下，已经等了我们将近半个月。为我们数月前就已筹划的即将开始的穿越喀拉克兰所做的筹备也都按时完成了。同时，他告诉我提拉巴依已经安全抵达素盖提喀热勒。他还给我带来了 D. G. 奥里沃上尉写给我的信，信是在八月初写的，上尉表示他会全力帮助我在拉达克这边的考察工作。就在当天晚上，老伯克携带我给 D. G. 奥里沃上尉的一封信骑着马离开了，前去通知 D. G. 奥里沃上尉我将要考察喀拉库木的大概日期，以及让他为我们准备好牦牛。过去这些天好像漫长的几个月，现在我终于可以放心休息一下了。

# 第二十二章 寻找英达坂

河西探险

9月20日早上，来了五名健壮的柯尔克孜人，他们赶着牦牛和少量的骆驼，运来了我们的牲畜所需的草料和人所需的面粉、黄油与羊肉。这天过得很平静，这使我们得到了很好的休息，同时也使我和拉尔·辛格得到了一次安静写作和放松的机会，我也能够对业已进行的研究工作做个安排。这一次，我将沿着哈吉·哈比布拉汗选择的路线，到喀让古塔格山上面穿越昆仑山主脉的地方。与此同时，我打算再次考察英达坂，虽然我1900年至1906年两次考察过这个地方。小雪飘了一夜，但第二天早上，阳光明媚，我安排留下不用的牲畜和多余的行李物资，只带了牦牛和两峰轻装的骆驼，开始重返哈吉·哈比布拉汗路线。牦牛行进得很快，中午我们到了先前曾看到过的通向山间狭路的一个山谷。气压表显示这里的高度是海拔14 700英尺以上，与在哈吉兰干测量的结果几乎一样。

大约5英里后，山谷上面的道路伸向沿宽阔、干燥的河床右岸的充满碎石的高地。仿佛建于昨天的小石堆标明了路线，它穿过从西面延伸过来的深峡谷，这里有用坚硬的石头砌成的规则墙壁，为人们行走在陡峭的"之"字形路上提供方便。我并没有发现斜坡道路被侵蚀破坏的痕迹，但这条被人长期遗忘的高原山谷里竟然有一段如此的小路，实在令人吃惊。它究竟有多长，不得而知。再远些，从北面山脉延伸下来充满山石的峡谷底部，我们沿小路攀缘而上，走了大约1英里，在石壁下面一个小石堆挡住了去路。在石堆的前面，

## 第二十三章 寻找英达坂

我们发现了一大堆腐烂的卜尔刺根，它们恰恰应该是四十年前最后一批探险者所留下的。所有的迹象都表明这个地区特别干旱，而我选择的路线也是对的。

从山谷出口走大约 6.5 英里，经过一个石堆标记（事后证明是最后一个石堆标记），石堆在相当狭窄的峡谷底部，被一个看上去像片麻岩的巨大峭壁给围住。前方不远处，道路变得越来越陡峭，也就在那里，两条峡谷相会，一条向北延伸来自 1.5 英里外像猪嘴状的冰川；另一条向东延伸来自被冰雪覆盖的山谷一侧。后者的山脊上没有洼地，看上去似乎上升到 20 000 英尺。沿着北面的峡谷继续走，我们很快到了一个稍稍宽阔的地方，从西北和东北来的支流在这里相汇。我们在一片充满碎石、大岩石和积雪的荒地扎了营，这里海拔近 16 700 英尺。

两位柯尔克孜人告诉我们，早在十六天前，在他们奉萨提普·阿勒迪伯克之命寻找我们时，凭他们先前寻找英达坂的经验，他们已经很接近这个冰川了。从这个冰川自西沿着陡峭的山翼向上攀爬，他们发现了覆盖着积雪坡度相对缓和、可以通行的冰面。很明显，这有可能是到达分水岭的道路，但是由于天气原因，他们没有到达那里。

柯尔克孜人的描述坦然而又真实，让人喜欢他们的为人。他们看到的洼地实际上就是我所要寻找的通道。除了要解决这一必需的路线问题外，一些其他的因素也使我渴望到达这一分水岭，这是我澄清一系列有趣难题的唯一机会。比如，被积雪覆盖的山脉从喀让古塔格山南面和西南面是否一直延伸至此，因为约翰逊旅行路线所描绘的一些特征与实际情况不符，似乎根本没有希望把我们近期的考察与先前从北面攀登考察时所绘的地图拼合起来。为了准确确定我们所在地三角测量点的位置，我知道应该找两个接近我们所处峡谷的测量点。

所以，我决定如果天公作美的话，第二天我们继续攀登较高的山峰。除了穆萨这位坚定的跟随者外，还有四位柯尔克孜人同意与我和拉尔·辛格一同前往。柯尔克孜人习惯于在冰天雪地的峡谷中驱赶牦牛，他们认为我所指示的使用绳索对付冰河裂谷的方法是一种有效安全的预防手段。晚上，从西面来的刺骨寒风带来了一阵雨雪。但是，当我们四点前起床时，天空完全放晴了。由于身体疼痛难忍，我一夜未眠，这段时间我身体状况欠佳，但我不愿意错过这次千载难逢的机会来进行探险考察工作。是继续攀登，还是放弃到达分水岭？这是我做出最后选择的唯一机会。因为我们几乎没有草料供牦牛吃了，而且两到三天的快速行程后，这些帮我们运送仪器的柯尔克孜人与它们的牦牛将不能在喀喇昆仑山上继续给我们提供帮助。清晨五点，我们就都骑着牦牛出发了。

在一堆堆山脊乱石中，攀爬上行不到 1 英里，我们便到了呈猪嘴状的冰川跟前，冰川西面横亘着一块巨大的冰碛，挡住了冰石堆积。天气变得越来越冷了，一层薄薄的冻雪使冰碛表面变得很光滑，因而我被迫放弃骑牦牛，宁愿徒步行

## 第二十三章 寻找英达坂

走。在我们右边，一大段冰墙很奇怪地裂开，形成冰塔耸立入云，垂直高度大约有 150 英尺。我们的左边是一堆几乎不能通行的乱石，我们在两者之间躲躲闪闪地绕行。上午八点，到达了柯尔克孜人先前到达的海拔约 18 000 英尺的地方。那里冰河变宽，山谷宽度约有半英里，坚硬的冰面平坦地延伸到对面，因此我们能够在冰川冰面上继续前进。为了减轻负担，也因为还要原路返回，留下牦牛驮运供急需时使用的燃料。所有的牦牛由柯尔克孜人照看，我们则沿着冰河继续攀登。冰川表面覆盖了一层厚厚的积雪，只要这些积雪足够坚硬，那么我们的牦牛可以走在前面探路，这样我们就可以不用捆绑安全绳索了。然而，晴朗天空中太阳穿过稀薄的空气，直接照射着积雪，积雪表面融化强烈，因而牦牛就不能在松软的积雪上行走了。

为了预防雪崩和掉入冰川裂隙，我们大家彼此用绳索捆绑以便连在一起。最前面的引路人每每陷入几乎深及肩膀的雪坑中，这情景一次次地提醒我目前面临的困境，但我授意继续跋涉前行。向远处看去，积雪覆盖的山坡表面都较整齐，坡度相对缓和些。但是，现在我们在它上面行进非常困难，依然只能痛苦地行进着，山坡看起来很平坦，但走起来还是非常吃力，花费数个小时并没有走出多远。每一次我都满怀希望，相信能到达前面积雪覆盖的山脊，因为我已经可以看到分水岭，但是每次我的希望都破灭了。现在，积雪变得如此松软，以至于引路的柯尔克孜人每走一步，都要踏入到大腿深的积雪深处。在他后面的人，则不得不从一个雪坑挣扎着走到另一个雪坑。我们这次攀登比 1906 年 5 月在达尔阔特（Darkot）的雪岭攀登还要艰难。因为那次那里的积雪很坚硬，海拔也没有这里高，也就没有呼吸方面的困难。但令我惊异的是，柯尔克孜人表现的与帕米尔其他族别的人群不同，他们更坚韧且充满毅力，服从并拥护我登上山顶的决定。当然，我也许诺给他们一笔不菲的报酬。

我意识到，在像这样的冰川上长时间的攀登不可能到达山口。但幸运的是，下午一点后，到达了一个较长且容易爬的斜坡上。这里的情况表明我们现在正处在一个可能十分接近分水岭的冰原地带。因此，我决定继续前进，进而利用这次机会完成这次人类首次进行的测绘勘察。尽管英达坂就在前面不远的地方，拉尔·辛格似乎已经开始有很强烈的高原反应，但只要他继续活着，坚定的信念就不会破灭。他每隔10—15 步就要休息一会儿，这耽搁了我们的时间。既然雪崩的危险实际上已经不存在了，我决定让三个柯尔克孜人在前面带路，我和穆萨用绳索连在一起，走在拉尔·辛格前面拖着他走。幸运的是，由于山脊冰原地带顶部宽阔，巨大积雪覆盖的陡峭山脊还在我们上面很远处，我们并没有遇到雪崩的危险。在我们前面，意志坚定的柯尔克孜人继续平稳地行进。终于，他们发出了到达山顶的欢呼声。我们很快也来到他们身边。时间已经是下午三点，从我们开始踏上冰川再行走到达山顶部，路程不足 4 英里，可足足花费了七个小时。

## 第二十三章　寻找英达坂

由于担心从数百英尺高的地方滑到大峡谷北面陡峭的冰原地带，柯尔克孜人已经停止走近积雪覆盖的绝壁边缘。为了解雪檐，我爬上了一块积雪覆盖的小山崖，此地已经十分靠近悬崖边缘。此时，呈现在我面前的景色漂亮极了（图23-1）。向北望去，冰川覆盖的山谷被一个轮廓清晰的昆仑山支脉所包围，山脉上覆盖着积雪。在这支山脉的右边，我看到一座锯齿般的山峦，这使我立刻想起了两年前在尼萨山谷（Nissa Valley）中看到的群峰。北面再远处，是一系列错综复杂的光秃秃的山脉，上面没有雪。毫无疑问，在这些风蚀的荒凉山峦之下，就是喀拉喀什河源头。群峰以及我周围是常年不化的积雪，头顶上是湛蓝的天空，但这也不能抹掉北面远处地平线微黄的色彩。显然，那是和田地方沙漠上空布满沙尘的薄雾，也就是映入我眼帘的塔克拉玛干沙漠上空的浮尘。

我们马上用水银海拔计测量，气压表还是很准确的，它显示我们目前的位置大约接近20 000英尺，另外测高仪所显示的数字也证明了这点。我忘情地欣赏着西边和西南边积雪覆盖山峰和山脊的美景，但从仪器测得的数字中我意识到我们目前所处的位置海拔很高。尽管分水岭有许多面向南侧的斜坡，但这里也到处仍是常年不化的积雪，几乎就是一副阿尔卑斯山式的图画。我在昆仑山其他地方还从来没有见过这样的美景。左边数英里的地方，主峰的山顶突然转向北，这大大增加了我们从目前位置所能看到积雪覆盖山峰的数目。

# 河西探险

东部　　　　　　东南部　　　　　　　　南部　　　　　　　　西南部

A　　　　　　B　　　　　　C　　　　　　D　　　　　　E

图 23-1　在海拔 20 000 英尺的地方拍摄的哈吉兰干以北的昆仑山分水岭雪山全貌

注释：全貌（参见第 357 页）包括地平线上超过 3/4 的昆仑山地形，它从东部（左）延伸到北部（右）。图上部基本点的大体位置已标出。位于最左边的是雪坡和高大的三角形山峰（A），其海拔约 23 071 英尺。从山口可见的山峰顶点在被复制的图片中没有显示出来。东南部因巨大山脊斜坡的出现，三角形山峰顶点的海拔有 21 750 英尺（B），其下的山谷可能通向英吉达坂（Yangi Dawan）。在山谷较远处的南部（C），景观变为有干涸盐湖床的高原，这些曾出现在约翰逊从拉达克出发的路线上。标注着哈吉兰干位置（D）之上的山谷显示了南部喀拉喀什河最高处的侧面山脉。西南部的雪山圆顶（E）的海拔超过了 21 000 英尺，是昆仑山脊线的一部分。离此地较远的山势向北急转，并且可看见金字塔形的雪山（F）。在前面景观的下面，是分水岭处白雪皑皑的山口，可鸟瞰西北部的冰原地带（G），它促成了延展到北部无人涉足的山谷冰川（H）的形成，它也是帕纳孜河（Panaz Dalya）的源头（参见第 359—360 页）。在正北方和这个山谷右边白雪覆盖的支脉的侧翼，是一座锯齿状的山，上面没有积雪，它可能是帕纳孜河与尼萨河的分水岭的一部分。图右侧是海拔 23 071 英尺的三角形山峰西侧山脉斜坡（I）的终结处。

向西 1 英里外高耸着一座美丽的积雪圆顶山峰，有 21 000 英尺高，但它的高度却在我们所在隘口延伸出的巨大山峰和从东面来的冰川之下。要想看清楚更高部分的全景，只有进一步增加镜头的倍数，它们看上去比西部的圆山顶更远了。

## 第二十三章　寻找英达坂

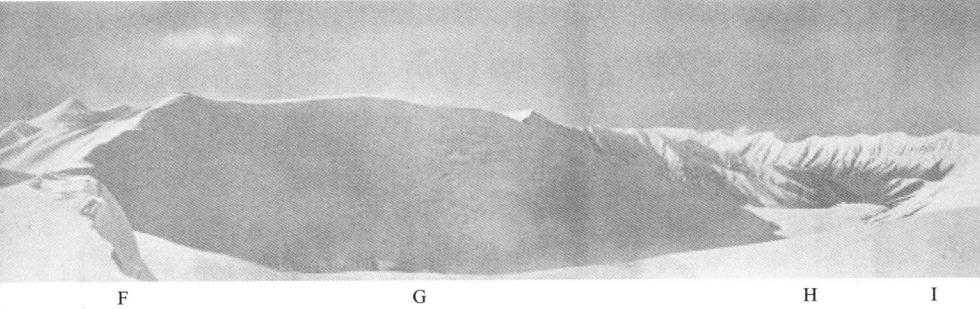

| 西部 | 西北部 | 北部 |
|---|---|---|

F　　　　　　　　G　　　　　　　　H　　　I

　　尽管我不能够看清楚这一山系的北部山峰，也无法确认我们目前所看到的山顶究竟是不是它的最高峰。随后有关喀喇昆仑山地形的思考和判断，使我确信目前我们所处的位置低于西部顶峰的山脊，这一山脊突起耸立于尼萨河流域最大冰河的源头。1900 年所测量到的三个山峰顶点中，最高的一座山峰高度是 23 071 英尺。

　　东南面相关的巨大山脊所形成的山脉，像是一副设计精美的冰雪覆盖的金字塔。通过观测点的观察，可以认出山峰 K1。很久以前，它曾是拉达克方向的三个测量点之一，海拔 21 750 英尺。现在，我很清楚，去英达坂的道路就在这几个狭窄的山谷中。站在我们所在的山口，看不到最低的山脉山峰部分，最低的部分向上成为了坐落于 K1 北面分水岭的一部分。它应该正好隐藏在巨大的山脊后面，在我们的视线之外，这也和约翰逊地图中位于山口和 K1 之间的相对位置相符。同时，根据我们的测量结果，对地图的修正将有助于我们解释分水岭北面实际情况与约翰逊地图不同所带来的问题。

但最吸引我的景色是,山脉向南面延伸的地区。在那里我的视野可以穿过哈吉兰干流域到高原巨大的盆地,还可以看到光秃秃的山脉以远的无边无际的景观。在一系列山脉上,山顶高度似乎很少超过我们所处位置的海拔高度,山脉向南更远的地方是印度的给水区。站在这里,世界看起来好像缩小了,好像能够直接把塔克拉玛干沙漠和印度洋相比一样。这是一个结束这次长途探险考察最合适的地点。在这最后一次攀登喀喇昆仑山的过程中,我克服重重困难,终于到达了分水岭山口,我为此感到十分欣慰。

甚至到现在,当经过了相当长时间后再回首那段痛苦的经历,我能够理解当时胜利完成任务时的愉快心情,同时几乎忘记了我所遭受到的身体伤害,这个胜利意味着我在筋疲力尽后的放松和恢复。但是,眼下我们还有相当多的工作需要做。我们花费了很长的时间,才把观测平台建了起来。通过对先前看到的主峰南部和印度三角测量局地图中所提供的三角测量山峰顶点的仔细鉴定,我们能肯定地确定和测量我们所处的位置了。此后,我们对向北延伸的支脉和山谷进行了仔细测量,以便能够确定它们同先前所考察过的昆仑山之间的关系。

至此,取得的数据使我最终确信,我们脚下的冰河是帕纳孜河(Panaz Darya)的一条支流,也是拉姆·辛格1906年穿越喀拉喀什河时经过的一条非常重要的支流。拉尔·辛格对于观测工作的特殊需要耽误了我自己的摄影工作。对拉

## 第二十三章 寻找英达坂

尔·辛格来说，昆仑山北面斜坡是完全陌生的。由于酷寒和厚雪，又花费了大量时间艰难地寻找一个供拍摄全景用的平稳和有正确水平高度的地方。

大约四点三十分，勘测工作才完成，虽然有阳光照射，气温还是只有华氏零下16度。在柯尔克孜人要求下山之前，我几乎没有时间吃东西。无疑，柯尔克孜人有充足的理由担心回程可能会因时间不够要在冰河上过夜。他们突然提出必须马上返回的请求，使我失去了更换摄影机角轮的机会，我本来指望它能发挥作用以拍摄出最理想的全景照片。在登山途中，我的登山靴已经湿透了。在分水岭上温度急速下降的情况下，长时间待在这个狭小的冰雪山顶，脚一定会冻僵的。但是，我并没有感到脚上有什么不适，这大概是由于我把身体的不适归因于和拉尔·辛格还有穆萨继续我们艰难行程中所遇到的困难，以及先前探险考察积累的疲劳和今天攀爬于冰川厚雪深坑的缘故。

下山非常慢，我们艰难地走到冰川边的岩石平地时，天已经黑了，柯尔克孜人和牦牛正等着我们。由于害怕在冰川上过夜，我们不可能停留，不牢固的冰碛斜坡上是成堆的乱石和薄雪，骑着牦牛要比步行安全，所以我也学柯尔克孜人，骑上了牦牛。哎，这是一个致命疏忽！因为我忘记了我的靴子是潮湿的，而脚没有任何保护，而柯尔克孜人的鹿皮靴是能保持干燥的。

牦牛仍和从前一样行走正常，但行进速度很慢，这段路程在黑夜中似乎无边无际的漫长。我试着让脚活动起来，但由于太疲倦了，以至于没有一点警觉。当到了牦牛载人难以通过的有乱石的地方，我只有下来步行。这时我才感觉到我的脚非常不舒服，需要按摩，但我又错误地认为是由于冰雪地面光滑才导致行走不便，而没有意识到这是脚严重冻僵的症状。最后，到达宿营地易于行走的地面时，我仍然感觉到行走困难。这时，我才意识到我脚部血液循环不畅所带来的危险。当牦牛把我拖到带来温暖和舒适的篝火旁时，我迅速从它身上下来，蹒跚地走进我的小帐篷，立刻脱下靴子和双层袜子。我的脚趾像冰一样凉，迅速检查后，发现它们已经被严重冻伤了。

我立即用硬雪屑进行恢复血液循环的治疗，穆萨和艾则孜，即我的拉达克仆人，也尽力帮助我。根据医疗手册快速指南，我知道这是最安全的治疗方法，必须坚持。在这些得力的治疗之下，左脚脚趾有了一丝暖意，尽管我们发现脚部某些部位的皮肉已经受到严重伤害，但右脚脚趾的最后关节却始终没有感觉。最终，我不得不在床上寻找温暖和休息，从用废报纸做的药箱里，找来用来减轻疼痛的药物，包扎在受伤的脚上。

此时，取得艰难胜利的一天终于在痛苦中结束了。运气实在是糟透了，但同时我仍然感到很高兴，因为计划的昆仑山勘测任务终于完成了，并且所有的队员也都安全归来了。

# 第二十四章 从昆仑山到伦敦

第二天，即 9 月 23 日早上，我脚部的疼痛更加严重，几乎已经不能走动了。这是遭受冻伤事故的严重后果，急需进行治疗。从冻伤症状，我自己不能判断冻伤究竟是仅仅影响到皮肉，还是已经影响到了右脚脚趾骨头部位。我的登山手册里有一部分内容谈到这一问题，但只是简单地说在这种情况下会发生坏疽，并建议立即寻找有经验的医生，及时进行治疗。

建议很好，但却难以实现，在没有任何医疗设备的山里，到哪里寻找这种帮助呢？同时，我想或许坏疽不会继续扩散，所以我所有的精力和想法都集中于如何尽快返回拉达克。我在石头堆砌成的宿营地休息了一天，以蓄积力量。同时派拉尔·辛格向东前往东边的峡谷探路，那里有可以通向英达坂的道路。但是，在走了不远后，他发现冰雪堵住了道路，因而不得不返回。很明显，沿着冰河前进的所有过去旧的道路都被毁掉了。

第二天当我们开始返回主营地时，我脚部的疼痛更加厉害。骑在牦牛上，由于脚部位于较低的位置，所以脚钻心地疼痛。世世代代生活在恶劣环境下的柯尔克孜人，坚决拒绝用一副担架抬着我走的要求。这，并不是他们不习惯于高原负重，而是在如此高的海拔地带，用担架抬着一个人走无疑是一件艰难无比和极为危险的事情。所以，我能做的事就是把自己捆绑在骆驼鞍部的垫子上，骆驼在如此的重负下，安全地通过了陡峭的峡谷地带。不断的颠簸和摇晃使我疼痛难

## 第二十四章　从昆仑山到伦敦

忍，我想我不会轻易忘记那天的遭遇。

在阿布杜拉贾法尔塔木，我发现了伊布拉音伯克和我们的毛驴，我设法将梅杰·埃利奥特（Major Elliot）样式的椅子改造成一个可以休息的担架，通过两根杆子将其固定在前后两匹马上，但从帐篷中的短竹竿里找到两根足够长的大杆子绝非容易。每隔大约1英里路，这些捆绑在一起的东西就会变松或从马鞍上滑落，随时有把我掀翻到地上的危险，但是至少我能将脚高高地放在毛毡和毛毯上，从而使脚得到休息。幸运的是，我们轻松地穿过了宽阔的喀拉喀什河的上游流域。

已经不需要再用语言详细描述路途中的艰辛和烦恼。不管每天出多少差错，我总是对我的临时担架感到欣慰。在行程的最后，我为自己能站立在地面上而感到激动。在返回波尔塔什（Portash）的途中，我指示提拉巴依带着沉重的行李加入我们的行列。现在，我遇到了穆罕默德朱带着重重的邮包从拉达克穿过喀喇昆仑山而来，朋友们的许多来信都急切希望我现在返回印度和欧洲。尽管我的脚被冻伤，但熟悉拉达克路线的忠实朋友出现，以及他们给予我的真正同情，使我很兴奋。拉尔·辛格、贾斯旺·辛格和穆罕默德朱都力所能及地给了我许多帮助，来减轻我的痛苦。终于，我们在9月27日到了波尔塔什。在那里，我很满意又看到了装着珍贵古代文物的驼队已经安全穿过桑株山口，到达了目的地。尽管旅途中历经坎坷，并在峡谷中遇到了罕见的洪水，但我们并没有遇到大的麻烦。

两天来，我躺在帐篷里，忙着写关于萨提普·阿勒迪与和田的克拉喀什的报告。那些克拉喀什人，尽管在马匹和毛驴方面遭受损失，但与最初谈好的条件相比，我支付给他们的报酬增加了，这是作为他们和我们共同经历风险的奖励。同时作为奖励，我们也增加了他们牲畜饲料的供应量。因此，他们的牲畜体力也很快得到了恢复。同时，对下一步运送我的珍贵出土文物也做了必要的安排。它们将由骆驼载着，穿过喀喇昆仑山，在接近和穿过萨瑟冰川（Sasser Glacier）这段艰难行程时，运送文物的任务将转移到拉达克雇来的牦牛身上。珍贵的文物由五十峰骆驼驮运，沿着世界上最大的高原商业路线运走。我把这个重大任务交给了拉伊·拉尔·辛格，他谨慎仔细、永不疲倦、甘愿奉献，完全值得我信任。早在一周前，萨提普·阿勒迪手下一个能干的柯尔克孜人就将我到来的消息带到了拉达克的第一个村庄，即帕尼米赫（Panimikh），并确保提供我们安全穿越萨瑟冰川所需的人力和牦牛，另一个不知疲倦的信使跟随着他，报告了我的伤情。如果可能的话，将从驻列城（Leh）的摩拉维亚代表团（Moravian Mission）寻求医疗帮助。

9月30日，我和我的几个私人随从带着轻装的马匹，从喀拉喀什山谷出发了。鉴于喀喇昆仑山的道路之艰难，为了尽快到达列城，翻越海拔18 000英尺的山隘和穿过充满险情的萨瑟冰川是可行的路线。我同我忠实能干的从于田来的伊布拉音伯克道别，他设法从柯尔克孜人的毛毡帐篷里寻找木

## 第二十四章　从昆仑山到伦敦

棒，用来加固我那在两匹马之间所搭起的临时担架。经过两段行程，我赶到了萨日克奥特达尔瓦孜（Sarigh-ot-darwaza），这是一个十分寒冷的高地，在那里我们发现了喀喇昆仑山的商队道路，然后我们沿路前行。途中，我看到许多动物骨骼和一些遇难者的尸体，这是萨瑟高原险恶的自然条件下悲惨事故的证明，运输的牲畜都难以适应这里酷寒的气候。10月3日，我们终于穿过了位于中印边境，海拔18 687英尺高的喀喇阔拉穆（喀喇昆仑）山口。

这次长途跋涉对于无助的我来说，虽然漫长而又劳累痛苦，实际上除了海拔太高、牲畜缺少草料等问题外，我们并没有多少自然方面的困难。但是，第二天到达卜尔剌营地后，在乱石堆积的慕尔格（Murghe）山口，我们遇到了麻烦，慕尔格山口的岩石使放置担架的马匹根本无法继续前进。我们几乎陷入了绝境，直到遇到了一些强壮的藏族苦力，这个问题才得以解决。拉勒·乌托·达斯（Lala Udho Das），一位能干的热情的尼泊尔税务员，带领我们穿过了萨瑟冰川。如果没有拉达克的英国联合地方长官D. G. 奥里沃上尉（印度政治部和英国驻拉达克的高级委员）及时提供帮助，我是无法依靠自身的力量穿越前面艰难的高原山路，以及可怕的萨瑟冰川的。我不愿再去想固定在马鞍上的担架对我来说意味着什么。

10月7日，我被抬着穿过了冰河山坡和布满冰碛的萨瑟山口，耐心善良的拉达克苦力尽他们所能减少我的痛苦。但是，回想起数周前我还能够欣赏到这座山的壮丽景色和享受攀登的喜悦，不禁使人沮丧。对于悲惨现状和我脚的病情，我有些忧虑。我现在只能依靠阅读来转移我的痛苦。我从手头一本小册子《伊拉斯默斯选集》（Selections from Erasmus）中得到享受，这本书是我的挚友P. S. 艾伦（P.S. Allen）先生送给我的。他是牛津大学默顿学院著名的"人文主义者通讯"的编辑，这本书是他一部巨著的抽印本。

10月8日晚间，当我们走向努布拉河（Nubra River）最高的拉达克村庄，即帕尼米赫，我们遇到了尊敬的S. 施米特（S. Schmitt）先生。他是摩拉维亚代表团驻列城医院的负责人，这下我终于解脱了。尽管S. 施米特本人也承受着一种严重疾病的困扰，但是凭着最仁慈的自我牺牲精神，他仍迅速穿越高大的喀尔墩山口（Khardong pass）赶来给我治疗。S. 施米特曾在伦敦利文斯顿学院（Livingstone College）这一优秀的科研机构培训过，后来成为了一位医学传教士，来到了列城。通过精湛的医术和努力的工作，他积累了丰富的临床经验。第一次检查中，他便认为我的右脚趾开始溃烂了，将要废掉。这个消息糟糕透了，但还是让我从可怕的担心中感到一些欣慰。要是像先前确认的那样坏疽不扩散该有多好啊！左脚趾所受的冻伤没有那么严重，不会导致永久性的损失。

由于我的身体状况很糟糕，很大程度归于事故发生前昆仑山中艰苦的工作，因此我容易被感染。S. 施米特不得不推迟给我的右脚做手术，直到我们到达了列城。在他们友善的照

## 第二十四章　从昆仑山到伦敦

顾和陪伴下，四个行程的疲劳大大减轻了。10月12日，我到达了列城。从我在英达坂山脚下结束我的考察工作到现在，我们几乎走了将近300英里。

两天后，S.施米特成功地为我的右脚做了手术，他不得不将我右脚部分全部脚趾或部分脚趾上部的关节切除。他友好无私的照顾和传教士特有的关怀，使我倍感舒适。我住在代表处装备优良的舒适病房里，伴着和煦的阳光，看到如画的牛群和美丽的列城，秋日的阳光在贫瘠的群峰之间闪烁。对我来说，这是一个全新而美丽的世界，它是西藏西部美丽的一角。我非常遗憾视野所及的范围如此有限。

切除手术后的伤口很痛，而且恢复很慢。在去克什米尔的路上，对卓吉拉山口（Zoji-la Pass）的探险被大雪阻止了，如果我要想在来年春天前到达印度，就必须及早从列城出发。当我的体力恢复到能应付去斯里那加连续两周的颠簸时，已经过去三周了。我还是很满意，因为我可以利用这些时间，去处理那些棘手的文字事务，包括将我所收获的文物资料好好整理一下，以便于路上安全地携带。那些运送珍贵文物的动物在拉尔·辛格的照看下，前往克什米尔，然后再经长途旅行通过马车、铁路和邮船到达伦敦。

11月1日，我终于告别S.施米特和他工作站的其他同事。在那里，为了减轻我的痛苦，鼓励我同恶劣气候和其他困难作斗争，他们给了我极大的帮助和关心。由于不能坐起来骑马，我只能坐担架前行；旅程的大部分主要在大风肆虐的荒谷中行走，所以漫长的行程令我很累。11月10日，当我安全穿过卓吉拉时我很欣慰。这个关口虽然海拔只有11 000英尺左右，但却很难行进，特别是当隘路上发生了雪崩。当又看到克什米尔美丽的景色时，我兴奋极了。我必须休息一下，我很高兴，因为我被带着从高高的高山草地脚下通过，对我来说，在长长的令人愉快的夏日，那是一副醉人的美景。

11月13日，我终于到达了斯里那加。根据我的登山老朋友A.内弗博士的建议，我在此停留了很长时间。他确信尽管我的脚趾被切掉了，但只要被切割后的伤口能很好地愈合，我行走和攀登的能力实际上是不会受到损害的。按照A.内弗博士的意思，在斯里那加较长时间的停留是为了利用当地便利的医疗设施，使我尽快恢复。在我的朋友D. G.奥里沃上尉和当地的另一位助手麦克弗森（Macpherson）上尉的关心和照顾下，我恢复得很快。温暖舒适的居室，克什米尔秋天壮丽的美景，使得我建立营地和准备最后报告的工作都变得轻松多了。

但是，尽管在优秀专家的治疗下，我的伤口仍然愈合得很慢。在我住院的十七天里，最令我振奋的是我收到了总督传来的消息，总督一直通过他的私人秘书，也是我的老朋友詹姆斯·邓洛普·史密斯（James Dunlop Smith）了解我的情况。洛德·明托（Lord Minto）继续了我的探险，虽然他们的成果不大，但仍然引起我的极大兴趣。现在，总督很高兴通过史密斯转达了我所急于知道的一些消息，这些消息是对我

## 第二十四章　从昆仑山到伦敦

一年前从敦煌发给印度政府的信所提到的问题的回应,信里提到的问题大都是关于我考古科研方面的,印度国务秘书同意我带着收集到的资料,回英国继续我的专门研究。

11月底,我终于可以挂着拐杖尝试着走路了。12月1日,我起程回印度,我的伤口仍然增加了不少麻烦。因此,在拉合尔我的旁遮普老朋友麦克拉干先生家里进行治疗和休息。在那里,我忙于整理印度财政部审计员所做的最后报告等事务。前往加尔各答的途中,有许多官方会见,还有印度议院的邀请,我还匆匆访问了德拉敦(Dehra Dun)。在那儿,得益于伯拉德上校(现在是悉尼爵士)——后来的印度三角测量局的主管的友善帮助,保证了我能够为出版包含我们调查结果的三角测量图做充分的安排。

穆罕默德朱和穆萨,我最忠诚的维吾尔人追随者,在旁遮普离开了我,以便能在第二年春天返回莎车的家里。由于他们忠实的服务,他们获得了大量的报酬。在德拉敦,我又欣慰地看到了我的两位能干的印度同伴,拉伊·拉尔·辛格和拉姆·辛格,他们在忠诚的拉吉普特、贾斯旺·辛格的帮助下,看起来身体都很好。他们在自己的工作岗位上都得到了大大的提升,这使我感到真正的舒心。

在卡勒库塔停留的几天,洛德·明托向我表明了跟随我探险的助手的个人利益,和他对我印度助手的仁慈想法。非常感谢洛德·明托的提示,使我离开印度首府前满足他们的心愿。在旁遮普看到无助的奈克·拉姆·辛格时,我被他的境况深深打动了，在我的要求下，可怜的他很快获得了一笔远远超过他职位和工作报酬的专门抚恤金。

拉伊·拉尔·辛格在异常艰苦的条件下表现出的工作热忱和能力，是我在其他任何印度人身上未曾见到的。他得到了官方的高度赞扬，被授予拉伊·巴哈杜尔（Rai Bahadur）头衔，名列1909年新年荣誉名单，并获得了部门的提升。对于测绘员拉伊·拉姆·辛格，皇家地理学会不久给了他一笔可观的奖金，认可了他在几次考察中的突出表现。通过印度外务部尊敬的H. 巴特勒（H. Butler）爵士的友好帮助，我那优秀的中文秘书蒋师爷得到了一块昂贵的金表，作为印度政府对他表示感谢的特殊纪念品。

1908年圣诞节后的第二天，我终于从孟买乘上了开往欧洲的轮船。这天早上，我被迫和我最后的忠实探险伙伴达什——最心爱的猎狗（可能在我心里它是最亲近的伙伴）分开了，因为P. & O. 邮轮不能人货同运。它单独在另外一艘汽船上，也是相当安全的。最后，在英国自由口岸交了四个月的滞纳金后，它又回到了它的主人手中。当时，我是住在牛津的艾伦先生家里。回家的航程给了我一个短暂但很迫切的休息机会。舒适的海风和必要的调养使我在卡勒库塔还深受其痛的脚伤竟然痊愈了。在船到马可·波罗城时，我已经能站立一会儿。1月中旬后，当到达伦敦时，我已经能够毫无疼痛地行走了，同时感到我要再爬山时，也不会有任何不适的疼痛感了。令我倍感高兴的是，我那数量庞大的文物箱将马

## 第二十四章　从昆仑山到伦敦

上要安全到达这里了。

像我这样的人，我知道从漫长的旅途中归来并不意味着休息，而是某种程度上继续一些更重要的工作。对我来说，这些工作比野外工作更艰苦。我所到各地那些基于当时物质条件下进行的测绘和考察、遗址的考古发掘，还有同时发现和想方设法获得的那些数以千计的古代文物和写本文书手稿，如果得不到我认真的整理，那就不能为进一步的学术研究提供条件，那么我探险所得到的成果中那些最重要、最有价值的部分也会因此失去。

我们在地形方面的调查和测绘，是另外一项等待进行整理的重要工作。现在，印度三角测绘局正在出版详细的地形图，要出版九十四张，它们的比例是4英里比上1英寸，每一张都需要我反复仔细地进行审定，那些似乎像囚禁在不列颠博物馆地下室的大量考古出土文物，仅仅将它们取出并进行初步的整理就花费了近六个月的时间。文物数量大约有14 000件，关于出土文物中那些各种文字古代写本的释读、研究和出版，则需要一批熟悉东方语言、历史文化的学者花更长的时间才能完成。挑选和组织这些专家，并使他们在不同的方面精诚合作，这本身就是一项艰巨而又责任重大的工作。这些工作在没有经过我对各种事实、数据等材料进行筛选和恰当处理前，不能仅靠热情而去开展工作。

面临着这么多的任务和使命，因此当我获得印度政府特别批准我在英国停留两年三个月以完成此项工作时，我非常

373

感激。由于这些考虑,我在不列颠博物馆和牛津大学继续我的工作,在沃登学院和墨顿学院所提供的我所期望的宁静学术环境中,我的工作得以顺利开展。我确信,我有机会完成这次探险活动带来的学术研究成果。但是,什么时候才能对我年轻时就向往的领域和那些至今还没有涉猎的领域进行研究呢?!

# 斯坦因西域考古探险记

《西域之路》

《敦煌发现》

《西域宝藏》

《河西探险》

《和田探秘》

### 图书在版编目(CIP)数据

河西探险 /(英)奥里尔·斯坦因著；巫新华译. —北京：商务印书馆，2023
（斯坦因西域考古探险记）
ISBN 978-7-100-20866-6

Ⅰ.①河… Ⅱ.①奥… ②巫… Ⅲ.① 西域—考古—研究 Ⅳ.① K872.4

中国版本图书馆 CIP 数据核字（2022）第 045343 号

**权利保留，侵权必究。**

斯坦因西域考古探险记
#### 河西探险
〔英〕奥里尔·斯坦因 著
巫新华 译

商 务 印 书 馆 出 版
（北京王府井大街36号 邮政编码100710）
商 务 印 书 馆 发 行
北京市十月印刷有限公司印刷
ISBN 978-7-100-20866-6

2023 年 7 月第 1 版　　开本 850×1168　1/32
2023 年 7 月北京第 1 次印刷　印张 12 3/8

定价：68.00 元